高等教育的心盲

郭 位

學研出塵 Beyond Boundaries

目錄

遠離空談

錢財來去，似車流進出隧道；
不如活用知識長伴思考。
學位只是文憑的短暫驕傲，不值得執迷緊抱。
激發潛力由小到老；永續再造不落俗套。
果真重視教育，遠離侈言招搖。
何不認真檢視「心件」成效？

自序

郭位
香港城市大學
香港高等研究院

《高等教育的心盲》（*The Absence of Soulware in Higher Education*）由台北聯經出版公司及紐澤西 Wiley 分別出版中、英文全球版。此書反映近五年來全球及台灣、香港、中國大陸高等教育（高教）發生的鉅變，並舉出實例分析優勢及缺失。

緣由

二〇〇八年出任香港城市大學（城大）校長前，教研美歐三十四年，一步一腳印，由研究生起，到教授、講座教授、大學傑出教授，再擔任系主任、工學院院長，大學系統的學術助理總校長；其間出任傅爾布萊特（Fulbright）學者，長期訪問歐洲，被推選擔任美、加工業工程系系主任學會會長，又出任美國工程認證（ABET）成員逾十年。

曾主持美國國家實驗室科研管理、擔任高科技公司顧問四十多年，主編可靠性旗艦學術期刊 *IEEE Transactions on Reliability* 十六年，評審並提供第一手科研資料。關於科研創新，身歷其境，有許多感想。

我以英文纂成 *Soulware: The American Way in China's Higher Education*，於二〇一九年春由 Wiley 出版。書中揭櫫「政（治）教（育）分離」（政教分離）的重要性。過去四年，兩岸三地高教變化甚鉅，但是基本上不脫多年來的觀察，台、港不約而同地把政爭、街頭政治、民粹濫情引進校園，甚至還有媒體專門為政治教育糾纏（政教糾纏）而穿針引線，這種情景在美、歐可是聞所未聞。此為撰寫《高等教育的心盲》一書的緣由。

本書表述論點，以事實為依據；對高教不妥之處，提出具體例子，分析、評論，並提改進之道。

心件

在繼續探討之前，必須先定義幾個術語。借用電腦科學的用語，提到高教的「硬體」（hardware）與「軟體」（software），香港與大陸分別稱之為「硬件」及「軟件」。

硬體是指基礎設施或者大學使用的設備，如教室、辦公室、校舍、圖書館、互聯網、實驗儀器等，他們為良好的教研提供基礎架構。而軟體則是指政府的政策、社會的投入、師資員工的招聘及培養、策略計畫、科研經費，還有學生的教育背景。常有人說大師比大樓重要，大樓是硬體，大師是軟體。工欲善其事必先利其器，硬體與軟體對高教的成功與否固然重要，但是一所大學要走上正道、超卓不凡，還有第三個重要的因素，這與教育成效及國際化有關。千里馬常有，伯樂難尋；千里馬是大師，伯樂則是心件的認可。

古人認為教育可以改變個人的氣質，修身齊家治國平天下，做個君子，更可以入仕，報效朝廷。今天受教育，當然也要檢視教育的功能：個人日後就業的功能、公民盡責的反饋功能、促使社會進步和諧的功能，以及維持世界永續發展的功能。國際化是大學、政府及社會經常談論的話題，需要一種超越使用硬體和軟體的心態；這種心態可以達成順暢的交流與協調，成就教研卓越。

立德立言，無問西東，當然也無問今古。我將這種為本的心態稱為高教的「心件」(soulware)。那麼大學的心件究竟是什麼呢？

從較為抽象的層面而言，心件是一個願景，是精湛科技、人文主義與精神活動的關鍵融匯。心件許下承諾，讓我們真心真意接受應有的程序。當教書育人時，遵循國際規範；當學習研討時，真心向學。心件是格調，也是教養。前人重教養，今人輕教養。

蘇東坡曾寫道：「竹杖芒鞋輕勝馬，誰怕，一蓑煙雨任平生。」世上的事情，守住了內心，順其自然，方能輕裝上路。

從營運層面而言，要善用可以支配的硬體和軟體，率先創新，實踐「教研合一、政教分離」的理念，進而造福社會。心件是教育的靈魂、一股內蘊的偉力。

圖一：大學組成的三要件

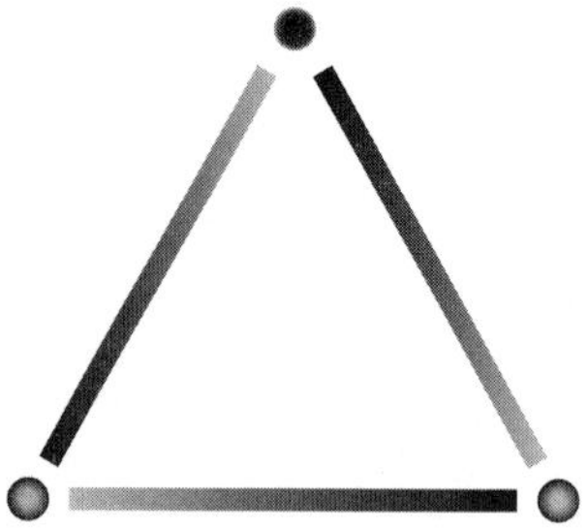

從觀念上而言，設想心件與硬體、軟體協同工作，有如圖一所示，他們是高教組成的三要件，也是大學組成的三要件。

本書闡述的心件概念，涵蓋反歧視、開通透明、公平競爭、平等待遇與問責（accountability）制等基本要素，這些要素適用於高教的各個方面，涵蓋大學、政府乃至社會。理想的大學應該引領潮流，為啟迪學生、激發潛力提供機會，培養文修武德，不受政治導引，也不該像代工似地，跟著世俗或被政客牽著鼻子東搖西擺。這都有賴健康的高教心件發揮功能，政治勿干涉、政府少插手、民粹不囉嗦。

簡要來說，政教分離、學術自由與大學自主等三個高教心件的理想組合，是推動一流大學發展的智慧三柱，也是高教心件的智慧三柱；如圖二所示，政教分離為上，才可能達至學術自由與大學自主。在清晰的程序下，大學應該帶動產、學、研的結合，避開產、官、學三棲的傳統觀念。學界推動創新，更應該拋開產、官、學三棲的心思，但求產、學、研三方面的合作。社會人士更不得為產、官、學吆喝挾持。

圖二：高教心件的智慧三柱

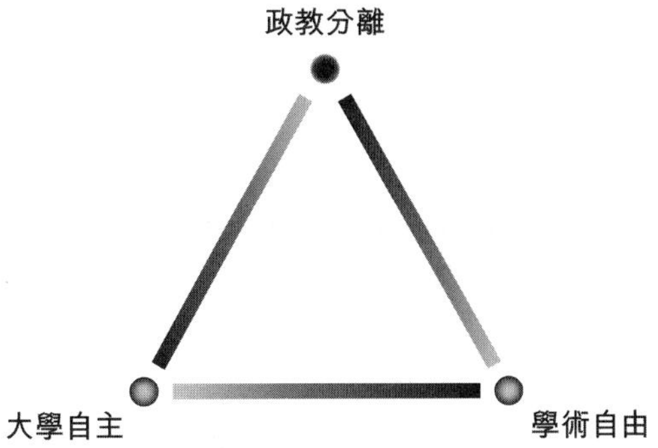

兩岸三地的高等教育

美國的高教系統從上個世紀至今都是世界首屈一指，因此值得研究和尊為標準。

本書絕大部分涉及的高教系統包括台灣、香港和中國大陸，分別以台、港、大陸簡稱，或曰「兩岸三地」。在與美國比較時，書中有關兩岸三地高教的觀察及分析，同樣適用於美國境內、外的大學，包括歐洲、韓國及日本的大學。

兩岸三地重視教育及高教，值得誇獎。可惜或有台、港人士從政治、經濟，甚至教育上的角度，將自己與大陸斷絕聯繫。有人認為自己不是中國人，而以此詮釋教育、影響大學。不識廬山真面目，只緣身在此山中，事實證明他們更像中國人，保留了更多的傳統中國習性，只不過可能沒有意識到，或者不願意承認。

從文化而言，由於沒有遭受過文化傳統被連根拔起的苦難，這些人比大陸人更具中國人的特徵。一九六六年至一九七六年文化大革命期間，大陸的文化傳統遭受嚴重破壞，從小學到大學的教育機構被關閉，知識分子飽受摧殘，不僅意識形態上受到批評，而且體軀與精神同遭扭曲，至今深留遺恨，甚至隨時可見「沒有文化的知識人」生存各角落。

客觀而言，兩岸三地的大學相似之處頗多，因為畢竟來自同根同源的文化。從消極的角度看，台、港及大陸人士——學生及其父母均如此，還有社會——對學位趨之若鶩，認為越多越好，又過於崇尚西方的人、事、地、物，卻又未必取人之長、捨己之短。舉目所視，學位浮於學識。這些人士或許自律，但缺乏創新精神與創造力。他們大多勤奮過人、精力充沛、愛好和平，樂於求知，敬仰有學位、有官職、有勢力之士。趨利避害，乃是受了中國近代的遭遇及過往歷史傳統的影響。

屢屢見到有人批評大陸學生缺乏人文素養：一般的大陸學生給人的印象可能有如機械人，具有電腦般的記憶，懂得大量技能，卻缺乏藝術人文教養；而一般的香港學生則斤斤計較，中、英文寫作差勁，又對中、外歷史茫然無知。近幾年的台灣年輕人，也常被以政治主導而改寫的歷史搞得七葷八素、六神無主。

鑒於就業是人人必須達成的目標，再加上因材施教的準則，所以我不贊成採用一種普遍的方式來教書育人。許多大學倡導的通識教育須作調整，以適應不同學科的學生。在某些情況下，目前流行的通識教育對於大學層面的專業教育並非必要，甚至有害。

另外，教育的宗旨是啟發學生服務社會，而不只是盲目地向社會需索無度，起舞徘徊風露下，不知今夕是何夕；這種自我中心，索取外人施捨的現象，在今天的台、港社會尤其明顯。兩岸三地鼓勵大學諄諄教誨學生人文素養，悟已往之不諫，為時已晚，因為大多數人在進大學前早已形成自己的行為模式，知來者之可追嗎？

心盲

香港或者大陸的人們常在正式文件上，按當地拼音習慣記錄別人的姓名，有時候把姓與名弄顛倒。居美國多年，少見有人拼錯他人的姓或名。美國人不懂中國人名字代表的意義，卻反而不至於胡拼亂湊，因為拼錯他人的姓名非常失禮。美國人的姓氏千奇百樣，大家都小心對待；以小見大，這就是一種教養，一個心件精神的體現。

不只人名拼寫錯誤，把外國的大學名字搞亂搞錯也就罷了，明明多次交往且手邊有白紙黑字為證，還常有人把香港城市大學的英文簡稱 CityU，錯寫成香港中文大學的英文簡稱 CUHK，甚至誤植為香港大學 HKU；把城市大學教授的論文算到香港大學或中文大學的名下，而且有時候如此錯誤居然來自政府主管教育的機構。美國教育學生，尊重他人，而兩岸三地自掃門前雪，比較關心自家的感受。花招多、正義少，是兩岸三地的某些寫照，正是心件精神的缺憾。

除了較不尊重他人，兩岸三地的社會把大學視為政治資產，設法掌握並充分利用。就算表面經歷民主洗禮，政爭衝擊的台灣把大家搞得失魂落魄。西方民主制度雖不完善，總設法為民眾提供社會進步的穩妥途徑；許多台、港人利用大學與大學生作為政治宣傳的手段，忽視了實踐民主為民眾帶來的益處。台、港、大陸的社會皆或多或少受政治的控制，提些空泛的口號，採取些民粹的舉動。上有所好，下必甚焉，年輕人也就有意無意地融入政爭的廉價循環，既甘願當棋子，又奢望當棋手。

結果，擺著正事少幹，甚至不幹。他們在處理學術問題和重大決策時幾乎一味模仿，忙於應對當地社區或外來事件所遇到的議題，而忘了理想的大學應率先造福社會。譬如，其中在課堂使用互聯網是一回事，建立大數據研究又是另一回事，然而幾乎所有的大學都只是步人後塵的使用者。大學開始關注這兩個例子前，這些技術在業界早就習以為常。為什麼如此貼近社會的重要論題，並不來自大學？

大學之可能落後，主要原因是心態欠佳。遵循大學自主和學術倫理的同時，實踐高教國際化，不僅在外觀上，而且在精神上都應一致。

只要具備良好心件，專注精進，讀經不貴多，讀書不貴博，學位不貴高，研究不貴廣。教研合一、政教分離，高教天下無難事。王夫之有言「以知為首，尊知而賤能，則能廢」，而何況不知乎。治療心盲、力行健康的心件精神，是本書論述的重點。

出版

除〈前言：大學怎麼辦？〉，《高等教育的心盲》從高教國際化、教研合一、政教分離、品質與評鑑、創意與創新等五個方向，分二十七章闡述台、港、大陸的高教，並穿插列舉以美國高教為主，值得學習的特質。大家要努力做到嚴守程序、簡化行政、博採眾議、主管負責等基本訴求，否則一切都是空中樓閣。

本書以〈大學如何引領潮流？〉作為後語。圖表製作根據〈圖表參考資料〉而成，因為時間點的關係，或有誤差。附錄「學術管治的基本原則」陳述政教分離是學術自由和大學自主的根本。

二〇一五年台北天下文化刊出《高等教育怎麼辦？》，初步探討心件概念，並於二〇一七年發行香港的商務版《高等教育的心件》及北京中信的簡體字版《心件—大学校长说教育》。心件一書引起日本注目，二〇一八年東京城西大學出版日文版《高等教育とはいかにあるべきか 両岸 の大学における「心件（ハートウェア）」の探求》。本書是《高等教育怎麼辦？》的改寫版，在二〇一九年Wiley 英文版的基礎上作了大量的更新與充實，並出版中英文版《高等教育的心盲》，為歷史留見證，供高教界參考。

本書版稅將全數捐出，作為大學生獎學金。

視頻

過去三年，親自訪談世界三十所大學及台、港、大陸、法國六所中學的校長，加上總結，共做出三十六集《大問於市：與全球頂尖校長對話》視頻系列。這些高品質的視頻，自二〇二二年三月起，除休假外，逢周五，經城大網頁播出二十二分鐘的短片及四十分鐘的長片，並由《灼見名家》轉播；此外，自二〇二三年一月底，香港有線電視英文台，播出十部經節錄編輯的訪談，每部介紹我與兩所大學校長的對話。這些視頻引起 Times Higher Education（THE）的注意，特別專題逐集介紹，算是特例。

應邀訪談的校長所代表的大、中學校若非歷史悠久屢經波折，即是成效卓越引領士林，更多的則是兩者兼備，足堪景行。這些彌足珍貴的視訊訪談是高教界的創舉，不但有助了解當今多樣且東西先進大、中學的教研及經營理念，同時先後、多面向地應對了書中闡述「教研合一、政教分離」的來龍去脈，因以充實本書的內容、見證本書的立論。

圖三示出遍及南亞、東亞、高加索、歐洲、北美、中東、南非、澳洲等接受訪談校長的學校。大部分的訪談經由面對面交流，少部分則因為新冠疫情（COVID-19 pandemic）隔離的關係，採用視訊方式進行遠距訪談。高教必須與時併進，拋開陳腐；訪談豐富書中標示的論點，可為借鏡。請點閱城大網址，參考我與三十六位校長訪談的視頻。

因為新冠疫情及身體抱恙，十分遺憾未能在二〇二二年計畫結束、也是我二〇二三年春天從城大校長退休前，與以下幾所約定、且具指標性的先進大學校長完成訪談：赫爾辛基大學（University of Helsinki）、韓國科學技術學院（Korea Advanced Institute of Science and Technology）、麥基爾大學（McGill University）、國立台灣大學（台大）、首爾國立大學（Seoul National University）、雪梨大學（The University of Sydney）及清華大學（清華）。

圖三：訪談世界 36 所大、中學校長的地理位置

1. 日本東北大學 (Tohoku University)
大野英男 (Hideo Ohno)
校長 (2018 -)

2. 臺北第一女子中學 (Taipei First Girls School)
楊世瑞 (Yang Shih Ruey)
校長 (2014 - 2019)

3. 臺北建國中學 (Taipei Municipal Jianguo School)
徐建國 (Chien-Kuo Hsu)
校長 (2015 - 2022)

4. 上海交通大學 (Shanghai Jiao Tong University)
張杰 (Zhang Jie)
校長 (2006-2017)

5. 北京第四中學 (Beijing No.4 High School)
馬景林 (Ma Jinglin)
校長 (2017-)

6. 香港拔萃女書院 (Diocesan Girls' School)
劉靳麗娟 (Stella Lau Kun Lai-kuen)
校長 (1999 -)

7. 香港培正中學 (Pui Ching Middle School)
何力高 (Ho Lik Ko)
校長 (2018 -)

8. 新加坡國立大學 (National University of Singapore)
陳永財 (Tan Eng Chye)
校長 (2018 -)

9. 德里印度理工學院 (Indian Institute of Tech, Delhi)
拉奧 (V. Ramgopal Rao)
校長 (2016 - 2022)

10. 印度德里大學 (University of Delhi)
尤吉西・堤亞吉 (Yogesh K Tyagi)
校長 (2016 - 2020)

11. 喬治亞第比利斯國立大學
(Ivane Javakhishvili Tbilisi State University)
捨爾瓦希澤 (George Sharvashidze) 校長 (2016 - 2022)

12. 烏克蘭切爾卡瑟國立大學 (Cherkasy National Univ)
亞歷山大・切列夫科 (Olexandr Cherevko)
校長 (2015 -)

13. 特拉維夫大學 (Tel Aviv University)
阿里埃勒・波拉特 (Ariel Porat)
校長 (2019 -)

14. 以色列理工學院 (Technion-Israel Institute of Tech)
烏里・西萬 (Uri Sivan)
校長 (2019 -)

15. 以色列高教委計資委
(Planning & Budgeting, CHE)
約瑟夫・莫冠里 (Yoseph A. Mekori) 主席 (2021 -)

16. 維也納大學 (University of Vienna)
漢茲・恩格 (Heinz W. Engl)
校長 (2011 - 2022)

17. 柏林洪堡大學 (Humboldt University of Berlin)
扎比內・孔斯特* (Sabine Kunst*)
校長 (2016 - 2021)

18. 慕尼黑大學
(Ludwig Maximilian University of Munich)
貝恩德・胡貝爾 (Bernd Huber) 校長 (2002 -)

19. 斯圖加特大學 (University of Stuttgart)
鎢・羅素 (Wolfram Ressel)
校長 (2006 -)

20. 魯汶天主教大學 (荷語)
(Catholic University of Leuven, KU Leuven)
盧克・希爾斯 (Luc Sels) 校長 (2017 -)

21. 魯汶天主教大學 (法語) (U of Louvain, UC Louvain)
樊尚・布隆代爾 (Vincent Blondel)
校長 (2014 -)

22. 路易大帝中學 (Lycée Louis-le-Grand, Paris)
喬爾比安科 (Joël Bianco)
校長 (2020 -)

23. 法蘭西學院 (Le College de France)
塞爾日・阿羅什 (Serge Haroche)
校長 (2012 - 2015)

24. 巴黎文理大學 (Université PSL)
阿蘭・富克斯 (Alain Fuchs)
校長 (2017 -)

25. 法國光學學校 (Institut d'Optique Graduate School)
阿蘭・阿斯佩 (Alain Aspect)
主任 (1992 -)

26. 巴黎綜合理工學院 (École Polytechnique)
艾瑞克・拉巴耶 (Eric Labaye)
校長 (2018 -)

27. 巴黎綜合理工大學 (Institut Polytechnique de Paris)
艾瑞克・拉巴耶 (Eric Labaye)
校長 (2019 -)

28. 博洛尼亞大學 (University of Bologna)
約翰・莫里拉 (Giovanni Molari)
校長 (2021 -)

29. 開普敦大學 (University of Cape Town)
莫克吉・帕肯 (Mamokgethi Phakeng)
校長 (2018 -)

30. 康乃爾科技校區 (Cornell Tech)
朱麗葉・萬斯曼 (Juliet Rothschild Weissman)
管理長 (2015 -)

31. 喬治華盛頓大學 (George Washington Univ)
馬克・萊頓 (Mark S Wrighton)
校長 (2022 -)

32. 伊利諾大學-厄巴納-香檳, 明尼蘇達大學
(U of Illinois at Urbana-Champaign, U of Minnesota)
瓊斯 (R・Jones) 校長 (2016 -), 首席副校長 (2004 -13)

33. 聖路易華盛頓大學 (Washington University in St. Louis)
馬克・萊頓 (Mark S Wrighton)
校長 (1995 - 2019)

34. 加拿大不列顛哥倫比亞大學
(The University of British Columbia)
小野三太 (Santa J Ono) 校長 (2016 - 2022)

35. 西蒙菲莎大學 (Simon Fraser University)
喬伊・約翰遜 (Joy Johnson)
校長 (2020 -)

36. 昆士蘭大學 (The University of Queensland)
黛博拉・特里 (Deborah Terry)
校長 (2020 -)

37. 結語 (Epilogue)
香港城市大學 (City University of Hong Kong)
郭位 (Way Kuo) 校長暨大學傑出教授 (2008-2023)

*2021年10月在接受訪問後不久，孔斯特宣布辭去校長一職，抗議議會修正《柏林高等教育法》，政府強制要求所有大學應聘的教授都授給終身職（tenure），以示政教分離。

正道

「物有本末，事有終始，知所先後，則近道矣」。心外無道，道外無心。「教研合一、政教分離」才是高等教育的正道。聞道猶迷，是謂心盲。

二〇二三年二月
香港

鳴謝

亞特蘭大喬治亞理工學院校長（2009-2019）G. P.“Bud”Peterson、北京清華大學校長（2015-2022）邱勇、及台灣國立清華大學校長（2002-2006）徐遐生為二〇一九年紐澤西 Wiley 的 *Soulware: The American Way in China's Higher Education*，以英文賜序；此處的中文序為二〇一九英文版的翻譯文。

中文版《高等教育的心盲》承蒙資深傳媒記者王彩鸝女士及城大黃懿慧教授校閱斧正。

田納西大學校長（2003-08）Loren Crabtree，亞利桑那州立大學校長 Mike Crow，康乃爾大學學務副校長 Mike Kotlikoff，及城大教授張隆溪、李金銓都曾在寫作過程中提供寶貴意見。

二〇一九至二〇二二年間，我親自訪談世界三十所大學校長及台、港、大陸、法國六所中學校長，並做視頻。這些超高品質、超低成本的視頻，由城大何舟教授帶領的五人團隊設計、導播、配樂、製作，及陳慶茵女士肩負聯繫而成。大部分的訪談經由面對面的交流，並協同他帶領的團隊，隨我萬里跋涉，一手採訪。證明成事在人、心件至上。

過去幾年，應邀在百餘所大學、中學、學術機構及歐美國際專業會議中，專題報告教育科研面對的問題。其中包括：

大學：國立台灣大學、國立清華大學、國立交通大學、國立成功大學、國立政治大學、亞洲大學、中國醫藥大學、國立中山大學、淡江大學；香港中文大學、香港城市大學、香港理工大學、香港科技大學；北京大學、清華大學、浙江大學、上海交通大學、西北大學、西北工業大學、復旦大學、北航大學、西安交通大學、哈爾濱工業大學、中國科學院大學。

高中：台北市立建國高級中學、台北市立第一女子高級中學、台南第一高級中學、台中第一高級中學、高雄市立女子高級中學、台北市立景美女子高級中學、台中衛道高級中學；香港數十所高中；北京市第四中學、河北省衡水中學、四川省鹽源縣民族中學；土耳其伊斯坦堡羅伯特學院（Robert College）。

專業機構：台灣教育部、國立科學工藝博物館、中國工業工程學會；香港賽馬會、香港青年協會、灼見名家傳媒、芝加哥大學香港中心、城大城賢匯、香港專業及資深行政人員協會、香港放射科醫學院、香港清華同學會、香港作家聯會、亞太台商聯合總會、國際扶輪社、Global Institute For Tomorrow（GIFT）、二〇二一年香港書展；中國工程院、中國科學院、鳳凰衛視世紀大講堂、中國質量協會、中國系統工程學會、清華大學質量與可靠性研究院年會、Asia-Pacific International Symposium on Advanced Reliability and Maintenance、Eurasian Conference RISK。

兩岸三地以外地區的機構：俄羅斯國家經濟和公共管理總統學院；美國愛荷華州立大學、舊金山的八方論壇（DIALOGUE360 live TV）、德州農工大學、美國運籌學與管理科學研究協會、新奧爾良的美國電化學學會年會；清華企業家協會；清華大學北美校友會；法國巴黎第六大學；孟買印度理工學院；澳洲雪梨大學舉辦的電機電子工程師學會新南威爾士分會；日本橫濱日本原子能學會；澳門兩岸四地大學校長論壇。

本書的文稿曾在以上的演講中提出，部分曾刊載或轉載於香港的《信報》、《明報》、《星島日報》、《信報財經月刊》、《明報月刊》、《亞洲周刊》、《東周刊》、《經濟日報》、《灼見名家》、英文《南華早報》；台灣的《遠見》雜誌、《中國時報》、《聯合報》、《經濟日報》、《風傳媒》；大陸重點大學及機構的內部文件，以及 *IEEE Transactions on Reliability* 社論。本書內容也曾為ＴＶＢ、彭博、台灣評鑑、通識教育季刊、商周、鳳凰衛視世紀大講堂、網易、搜狐、人民網、亞太衛視、*New York Times*、*The Chronicle of Higher Education*、Times Higher Education、港台大陸媒體等採訪報導。

以上各樣人物、訪談、學校、機構提供珍貴的機會，有助成書，特此致謝。

推薦序

高教工作者的挑戰與解方

G. P. "Bud" Peterson
喬治亞理工學院校長（二〇〇九—一九）

能從國際視野縱覽高教的趨勢、挑戰及機遇，郭位教授可謂不二人選。

郭教授擁有豐富的國際學術經歷。他在二〇〇八年出任香港城市大學校長之前，先後於美國田納西大學、德州農工大學、愛荷華州立大學任職高級管理層。他先後在台灣及美國獲得學位，並且獲頒多個國家的榮譽學位。

我與郭位相識於一九七〇年代中期，當時我們都是堪薩斯州立大學的工程學研究生。他在攻讀博士學位，我在攻讀理學碩士學位，共用了一個學期的辦公室，直到我不得不做回全職工作，同時繼續修讀兼職研究生。有意思的是，後來我們都去德州農工大學擔任工程學領導，兩人得以重逢，我是機械工程學系主任，他是工業工程學系主任。郭教授在德州農工擔任終身教授期間，其中一段時間是Wisenbaker 創新工程學講座教授。談到下文之前，這點須著重指出，因為在郭位的全部學術生涯中，他以創新思維而著稱，尤其是問題驅動式研究。他亦一直專心研究高教用到的各種方法及其與社會之關聯，並對此作了深入思考。

郭教授在其近著中，介紹了「心件」的概念，並將之與高教國際化聯繫。他首先描述了數個可察覺的衝突、教學與研究、質量與評鑑、創意與創新。他從高教的歷史及文化角度介紹了上述概念，並以親身經歷分享全球大學如何籌劃各自的道路，以應對全球化，隨後探討了簡化的優點、操守及溝通的重要性。對於高教工作者面對的諸多問題及挑戰，他作了大膽的探討，並提出解決這些問題的方案。

技術變革、交互式教學方法的採用、研究突破與全球化，都在以前所未有的方式跨越國界將高教緊密聯繫。郭教授的大作不只是與今昔有關，更對未來提出有益的見解。現今的時代，機械人與人工智能影響著我們的工作和日常生活，他獨創了「心件」的概念，分析了「心件」對高教的重要性。健全的「心件」對人類價值觀有深摯的了解，幫助學生為變幻莫測的未來做好準備。推動心件的發展可教誨學生講效率、立大志，其方法是透過體驗式學習和國際交流，讓他們參與解決現實問題，培育他們的同理心能力。健康的心件可促進合作，使科技人性化，改善人與機器的聯繫。它開啟了新思路，並拓寬了界限。對全球高教感興趣的教育人士、決策者與其他讀者來說，此書提供了寶貴的參照體系。郭教授的分析鞭辟入裡，內容有條不紊，讀者能夠充分利用這種相互聯繫，解決我們作為教育者面臨的許多挑戰，因為我們大家都在努力追求卓越的高教。

二〇一八年八月

推薦序

對未來大學發展提供睿智的思考

北京清華大學校長（二〇一五—二二）

邱勇

得知郭教授出版新作，表述他對高教的思考，深感高興。作為一位經驗豐富的大學領導和學者，郭教授為高教獨創了一個新詞「心件」，將其定義為「許下承諾，真心真意接受應有的程序，在我們努力教書育人時遵循國際規範。」他比較了北美與中國大陸以及兩岸的高教體系，從自己豐富的教育及工作經驗中提煉了這個概念。

在現代大學的悠久歷史中，十九世紀德國教育家威廉洪堡、英國約翰紐曼等偉人對大學之宗旨與角色已作了定義和討論。英國伯特蘭羅素對現代大學的定義值得留意，「大學乃是為了兩個目的而存在：一方面是要訓練男女習得某種專業；另一方面是不講急功近利，而專門從事學術及研究。」（《論教育，特別是幼年教育》，一九二六年）除了專業訓練與學習知識外，大學的辦學宗旨亦包括貢獻社會，保存發展文化，促進全球化合作。羅素還說過：「就某些方面，傳統的中國教育在若干方面與鼎盛時期的雅典教育頗為相似。雅典的男童被要求從頭到尾背誦荷馬史詩，中國的男童被要求完整領會儒家的經典。」（《教育的目的》，一九三六年）

若比較當代中國大學與西方大學，可以發現不少近似之處。教育資助、建築物及設備自然不可或缺，但是一所大學遠不止於此。大學是師生的知識共同體與精神家園，他們聚集在校園以獲取知識、靈感、理解及鑒賞。過去數十年，中國高教有了飛速的發展，迄今最重要的成就是硬體，軟體尚須付出更多努力來完善，這是世所公認的。心件一詞正好促使我們思考高教的整體發展。

能為郭教授的書作序，我深感榮幸。我們擁有某些共同的高教背景。他於一九七二年在台灣新竹清華大學獲得核子工程學士學位，我一九八八年在清華大學獲得學士學位，並在一九九四年獲頒博士學位。目前，我們都擔任大學管理工作，他是香港城市大學校長，我是清華大學校長。身為校長，我們不僅對大學當前的狀況做著同樣的思量，而且思考著大學未來的發展。

中國高教機構近年來取得令人振奮的進步，有目共睹。在二〇二一年，清華大學慶祝建校一一〇周年。與西方大學相比，中國的大學還年輕。但是，隨著經濟的快速發展和政府大量撥款，中國的大學展現出更強的活力。但高教的發展絕非一場短跑，而是一場追求卓越素質的馬拉松。

二十一世紀的特點是創新與開放。再過七十年，我們將見證現代大學的千禧年周年紀念。大學為人類的發展貢獻良多，並將繼續發揮重要作用，尤其是在教育後人以促進可持續發展方面。

中國的大學會以獨特的方式發展嗎？很多高教觀察人士有此一問。我相信，未來的中國高校會越來越開放，越來越創新，將通過國際合作向西方大學學習，這不僅對中國的大學，而且對全球高教都大有裨益。

眾所周知，大學的創意通常源自文化。我相信中國的大學會不忘初心，獲得中國文化的熏陶。中國的大學將展示有別於西方大學的獨有文化特色。就此而言，郭教授的大作為我們提供了不少睿智的見解。

二〇一八年十二月

推薦序

點燃火花，啟迪讀者的智慧之作

徐遐生
台灣國立清華大學校長（二〇〇二—〇六）
聖地牙哥加州大學榮休教授

《高等教育怎麼辦？兩岸大學心件的探討》是對美式（美國、日本）及中式（台灣、香港、中國大陸）高教方法之優劣所作的精闢分析。要討論這個重要問題，作者郭位教授完全勝任。他在台灣接受大學教育，到美國攻讀研究生，後在貝爾實驗室從事科研工作。作為可靠性工程的研究員、教師及管理者，他在出任現職香港城市大學校長之前，曾在美國愛荷華州立大學、德州農工大學、田納西大學和橡樹嶺國家實驗室擔任過重要職位。

對於高教事業，郭教授開出的成功秘訣以教研的協同融合為基礎。高教基礎設施的有形資產和營運管理，是高教事業的硬體和軟體，對以創新為基礎的未來競爭具有深遠影響。對於這場競賽的硬體及軟體，郭教授對台、港、大陸在國際舞台上的表現及彼此關係作了尖銳深刻的分析。要建立和維護硬體／軟體的基礎結構，前提自然是要有足夠的資金。不過，郭教授的見解之所以高出平庸之見，在於他認為，中國高教方法未如美國的高教那麼成功，是因為缺乏學術文化的「心件」（或心態）。

郭教授認為，「心件」包含多個相互對立的矛盾：

- 國際化與本土化；
- 大學運作自治與受政治機構監督；
- 權責分明的主管部門與多個大型委員會，前者要對不良後果負責，後者的職權已超出諮詢範圍，而進入決策層次，但對決策後果卻不承擔責任；
- 學術機構與政治活動人士組織；
- 修學求知與追逐權力或利潤；
- 專業操守的標準與常見之商業行為；
- 簡單的行為準則與因缺乏信任及對優秀同事的嫉妒，而導致產生的錯綜複雜的規則；
- 同行評審及專家體系對績效進行定性和定量評估與因私人關係獲得獎勵；
- 為共同目標而協同合作與為牟取私利而四分五裂；
- 獎勵創意與對創新口惠而不實，並牟取他人開拓性努力的成果；
- 以有意義的獎項及排名為基準，與亂頒學位和虛銜或自吹自擂；
- 理解學術自由及隨之而來的責任，與投機利用給予學術界的豁免權。

通過統計分析和趣聞軼事，郭教授按照一個又一個主題，具體而微地介紹了中國大陸及台、港的高教在實踐中落後於全球先進大學（常以美國為榜樣）的多種弊端。

郭教授強調「研究」與高教的「教學」使命密不可分，並將「研究型大學」細分為以下四個不同類別（附示例）的大學，既發人深省，又令人增長見識：

- 以人文科學為中心（例如普林斯頓大學）
- 以科學和技術為中心（例如麻省理工學院）
- 綜合大學（例如柏克萊加州大學）
- 匯聚學有專長的菁英，例如 Cal Tech（加州理工學院）或 Rockfeller Univeristy（洛克菲勒大學）

他指出，美國沒有聯邦教育部來規定各大學應在社會教育中扮演什麼角色。美國在高教領域取得成功，是因為從本質而言，美國允許私立大學（由校董會管理）和公立大學（由州政府指派的校董會管理）探討各自擅長的學術領域。美國是個大國，擁有眾多高等學府，經過反覆嘗試與摸索制定了不同的治理制度，「容易做對的事情，但要做錯卻很難」。

發展和維持優良的高教營運系統，其關鍵之處是社會對專業知識的重視。可惜的是，正如郭教授幽默地指出的那樣，在兩岸三地，人人都自認是高教專家：計程車司機、學生家長、各派政壇人物、成功或失敗的商人、環保主義者……真是數不勝數。其實，只有具遠見卓識的學者才是知曉大學該做什麼和不該做什麼的專家。

大學自主賦予的權力越大，隨之而來的責任亦越大。從品質保證角度來看，郭教授提出，只有大學接受評估和問責制，大學教研人員才配享有他們如此珍視的學術自由。他甚至認為，無法經受專家評審的學科，稱不上真正的學術領域，現代研究型大學裡不該有這樣的學科。這種觀點是極有魄力的常識，並在幾個評選頂尖研究型大學的排名榜中得到證實；譬如，這些排名榜普遍認定哪些大學位列前一百名。

高教對於任何一個國家的經濟健康，乃至公民的身心健康和福祉，都頗為重要。有鑑於此，不禁會有人問，郭教授此書是寫給誰看的？在兩岸三地，決策者、大學管理人員、教員、學生及有文化的公眾很可能會讀中文版。那麼根據二〇一五年發行的中文版經過大幅度更新擴充的英文版，讀者又會是誰呢？是對大陸及台、港為何落後於高教國際領先者這個問題感興趣的美國人，或其他英語國家或地區的讀者嗎？

我個人的回答是：是的，這本書應該也會吸引大量國際讀者，即使是母語不是英語的讀者。二十一世紀出現了不少大問題，要解決這些問題，需要全球合作並對何為可實現的目標達成共識。其中最主要的困難可能是氣候變化和環境嚴重惡化帶來的挑戰，這兩者都是因營銷技術進步而造成不斷擴張的消費主義造成的。要挽救人類文明的未來，可能需要我們對能源及經濟體系進行重大變革。如果不對全球大部分地區的高教體系進行重大改革，又焉可實現這種變革？

我們同樣可以質問另一個問題：為何二十一世紀的民主政體受到日益走向獨裁政體之趨勢的困

擾？而這些獨裁政體對高教的高尚理想懷有惡意。某些專家將這種隱疾歸咎於不斷增長的貧富收入差距，隨之而來的，是富人凌駕於法律和慣例的相對能力不斷增強，從而加劇了收入差距。若未作深思即行推廣，人工智能和智能機器人的興起，會加劇在職貧窮人士的焦慮，視有錢有勢的菁英階層如寇仇。

其他專家強調，全球大國的軍事及經濟實力發生重大轉變時，就會發生「文明衝突」。解決這些衝突究竟是採用和平方式抑或戰爭，或許取決於受過良好教育的世界各國領導人的智慧。

因此，對於兩岸三地高教界的遠大宏圖，英語世界中許多有同情心的人沒有嘲笑或者恐懼，而是將其視為造就人才的途徑，以求為這些難題找到可持續發展的解決方法。其實，正如郭教授極力主張的那樣，要解決不良財政投資、收入不平等、環境汙染及氣候變化的方法，並非是遠離科學、工程與人文科學的創新，而是明智地運用人類的思想和對人類精神的同情。高教的最終目標是獲得智慧。郭教授的大作是希望點燃火花，啟迪英語世界或中文世界讀者的智慧。祝他好運。

二〇一八年十二月

前言：大學怎麼辦？

中華文化重視教育，那麼中國社會又是如何看待教育？具體地問，兩岸三地的高教從何而來、將會朝什麼方向發展？中華民族高教的現代化到底發展到什麼程度？

中國人在古代多是指一種文化概念，而非種族或族裔。長期以來，「華夷之辨」是中原人士用於區別中原華夏與邊區蠻夷的一種概念，「華」是指已受文明教化者，而「夷」則泛指中原以外非我族類的不同種族。即使處於國力貧弱之時，華夷之別經年累月地存於中國人的心中。直到今天，香港人還把洋人叫做「鬼佬」、女洋人叫做「鬼婆」、南亞裔人為「阿差」；台灣人的閩南文化則區分原住民、客家人、一九四九年後抵台的外省人及近年入籍的新住民。

除了台、港社會省籍歧視的南方文化，台、港校園內時有各類歧視個案，惟其嚴重程度或許不足以被看成違法，故甚少引人注意，甚至沒人在意。美國國內的歧視常見，但是美國嚴禁種族、性別、年齡和文化歧視，如果類似的個案發生在大學校園，將被視為嚴重事件，責任方將承擔後果。

時有台、港、大陸人嘲笑外國人，譏諷外國習俗，或者拿他人的名字或面孔開玩笑的情形。我曾經親耳聽到某位香港的大學校長譏嘲某個外國人姓名的發音。因為這並不被看做什麼了不得的事情，也就沒有人想為此道歉，反而聽後大家哈哈一笑。從側面而言，如此低級趣味，說明對基本的做人態度缺乏敏感性，以及對他人欠缺尊重。

世人希望向先進的文明學習，善用或更新各自的文化資源，同時又想創建自己的品牌。如果從高教的標準衡量，在許多場合裡，無疑地美國好像是「華」，而兩岸三地反而可能成了「夷」！此話何說？

美國高等教育的現狀

大學自主是美國高教的精髓。為了尊重高教的專業性，應該將大學填漏補缺的教研工作留待教授、而非外人來解決，從策略上促進良性且公開競爭，讓大學藉科研貢獻社會。

美國公民有接受優質教育的機會，其高等院校出類拔萃，多年來獨占鰲頭，在人類歷史上前所未有，甚至許多歷史悠久的歐洲大學都試圖效仿美國的成功經驗。但是，普及高教，不應就此降低學位的素質，雖然人人享有受教的機會，成事必須靠自己，沒有保證得到學位。美國的高教體系在這方面顯然做得最好，值得參考。此外，除了兩岸三地民眾熟知的私立菁英教育機構，美國的州立大學或許更令人欽佩，但是甚少受到世人注意。

當然，美國高教並非完美無瑕，仍在持續調整改進之中。儘管美國的大學採用嚴格的質量保證學位授予，由州政府資助的大學教育經費減少，私立大學的學費高昂，公、私大學學費按年增加，此與歐洲的大學不同，高昂的學費因此受到抨擊。此外，世界各地包括美國在內有許多成功人士的故事，他們並沒有上過大學又或者只受過有限的大學教育。這表明全球的高教有所不足，需要更具適應性、包容性及開創性的思考與做法。

近年來，美國的大學入學人數下降，原因是高中畢業生人數減少。越來越多的四年制大學積極招收外國學生，以抵消不斷下降的本國招生人數。然而，隨著英國、澳洲、紐西蘭以及中國大陸教育機構的激烈競爭，來自海外的申請人數也開始下降。

美國國家學生信息交換中心（National Student Clearinghouse）二〇二一年的研究報告指出，美國面臨半世紀以來入學人數最大的降幅。本科生入學人數連續兩年下降，二〇二一年新生人數較前一年下降6.6％。國際本科生入學人數也連續兩年下降，在二〇二〇年下降12％的基礎上，二〇二一年又下降了8.2％。國際研究生入學人數則在二〇二〇年下降7.8％的基礎上，二〇二一年上升了13.1％。在自由市場競爭及新冠病毒的打擊下，美國一些小型私立大學面臨破產。

川普

根據CNN一篇語調溫和的報導，二〇一八年八月七日與紐澤西州企業高管舉行的一次私人晚宴上，時任總統川普（Donald Trump）暗指大陸留美學生大多是間諜。若川普真有如此輕率的言論，則不但影響國際團結，而且從歷史角度來看，可危及大陸留學生乃至美國社會，既令人扼腕，亦不可取。

不知是否受川普講話的影響，繼二〇一九年麻省理工學院（MIT）在提前錄取（Early Action）中零錄取大陸學生之後，大陸的學生也不獲列入史丹佛大學（Stanford University）二〇一九學年招生備選面試名單，這表示有意報讀史丹佛大學的大陸申請人得不到面試的機會。

二〇一八年美國掀起美中貿易戰火，至今沒完沒了。據二〇一八年十月二十四日《自然》（*Nature*）雜誌「中國隱藏招募的頂尖科學人才身分，以應對美國日益嚴格的審查」的報導，美國政府對參與吸引華裔科學家和企業家以兼職身分前往大陸從事相關研究的「千人計畫」學者進行調查，旨在減緩中國的學術進步與科技現代化。城門著火，殃及池魚，類似「千人計畫」的台灣「玉山計畫」受到質疑，想必始料未及。

聽聞以上這些消息後，人們或許疑惑，中國學生留學美國的初衷為何，以及這些年來他們給中美社會帶來了什麼？兩國在留學交流的歷史上到底發生過什麼事？

老羅斯福

一九〇六年，伊利諾大學第五任校長詹姆斯（Edmund J. James）建議設立獎學金資助中國學生留學美國。他在呈交給時任美國總統老羅斯福（Theodore Roosevelt）的備忘錄中說：能夠成功教育當代中國青年的國家，會因付出此一努力，而在道義、智力及商業影響方面獲取最大的回報。（見 Mary Timmins, Enter the Dragon, *Illinois Alumni*, December 15, 2011）

老羅斯福沒有跟隨其他十九世紀帝國主義的國家，從滿清政府攫取巨大的經濟收益。他接受了成立「庚子賠款計畫」的提議，認同消除中美兩國在文化與傳統上的分歧，讓美國獲取最大的利益。一九〇八年，美國國會通過法案，支持老羅斯福的設想，將庚子賠款的一半用於資助中國留美學生，並於一九一一年在北京成立了為赴美國大學學習的中國年輕人而設的預科學校。這所學校被命名為「清華學堂」。

對於日後前往美國的中國學生來說，庚子賠款計畫是一個重要的里程碑，為「中國高教採用美式教育」奠定基礎。除了戰爭期間，赴美留學成為中國年輕人海外學習的主流。二〇一九年十二月，留學美國的大陸學生人數創歷年最高，達 372,532 人，其中博士生 55,661 人、初高中生 28,779 人，且成為連續十年赴美留學生最多的生源國。表 0.1 摘要近十二年中國大陸留美學生人數。

除了將美式教育及科技發展帶回中國，兩岸三地的留學生以他們獨特的視角，為美國的大學校園和社會增加新的價值，美國的高科技產業和國家實驗室對此體會甚深。創立清華的計畫與其他擴展項目對中美兩國的影響，遠遠超過了詹姆斯或老羅斯福當初的想像。

華人移居美國的歷史可以追溯到一百七十多年前，從十九世紀中協助美國完成首條橫貫北美大陸鐵路的勞工、十九世紀末及二十世紀初的公派留學生，到現在的大、中、小學留學生、投資者、高科技人才或者由於子女入籍留美而養老的人。截至二〇二一年，在美華人大約有五百五十萬（包括港澳台及東南亞地區的華人），其中 54％的成年華人擁有大學文憑，51％華人從事專業技術、管理等工作，27％擁有碩士學位；其他國家移民美國者僅 13％左右的人有碩士以上學位，而美國當地人則有

表 0.1：中國大陸留美學生人數

年度	中國大陸留美學生人數	年改變百分比
2020/21	317,299	-14.8
2019/20	372,532	0.8
2018/19	369,548	1.7
2017/18	363,341	3.6
2016/17	350,755	6.8
2015/16	328,547	8.1
2014/15	304,040	10.8
2013/14	274,439	16.5
2012/13	235,597	21.4
2011/12	194,029	23.1
2010/11	157,558	23.5
2009/10	127,628	—

註：《華爾街日報》（*The Wall Street Journal*）報導，由於美中關係惡化及新冠疫情，二〇二二年上半年美國簽發給大陸公民的學生簽證數量，較二〇一九年同期減少逾50%。

12%的人獲授碩士以上學位。

留學生為美國帶來榮譽與驕傲，例如有八位華人諾貝爾（Nobel Prize）物理或化學獎得主均曾長期在美國從事研究。共約二百多位華人為美國國家科學院、國家工程學院、國家醫學院院士。許多美籍華人在美國國家實驗室、高科技企業或高校機構工作，為美國的經濟與科技做出貢獻，並有形無形地推廣了美國的價值觀。當中，高層次科技人才分佈最多的前三名分別是加州矽谷、大紐約地區和大波士頓地區。當然還有許多藝術、體育、……等方面的傑出華人增加美國的光彩。

中華文化豐富了美國生活，

貢獻美國成為一個現代化的國家。貶低某個民族或任何族群都是錯誤，亦不符合美國傳統。詹姆斯建議美國引進中國青年，逾百年而不輟，直到川普的言論使之複雜化，並添加不確定性。綜觀中美局勢，兩國和睦則世界受益。因此，老羅斯福總統高瞻遠矚建立起的中美文化交流，應該加以鞏固而非貶損。

拜登

川普敗選，拜登（Joe Biden）入主白宮，美國的對華政策沒有改變。二〇二一年三月十八日，美中在阿拉斯加舉行高層會談，雙方外交官員針鋒相對，唇槍舌劍。兩國關係從接觸走向對抗，衝突尖銳，逐步演變成美國遏制中國、中國挑戰美國霸權的地緣政治大戰，大有「川規拜隨」、進入新冷戰時代的趨勢。

美中對抗沒有贏家，也不利世界經濟發展和實現人類可持續發展的目標。二〇一五年九月，聯合國全體一百九十三個成員國一致通過《二〇三〇年可持續發展議程》，並於二〇一六年正式導入「可持續發展目標」(17 SDGs)，涵蓋貧困、不平等、氣候變化、疾病、環境退化等十七項相互關聯的議程。一般的了解是二〇二二年後，美國與中國既有對抗，也有競爭，更有合作的空間。《二〇三〇年可持續發展議程》指出世界各國應該合作的項目。

然而根本的問題是，如果沒有國際高教的研究與教學合作，將難以達成以上這些目標。就此而言，美國的高教值得參考學習。

初遇香港

二〇〇八年五月十四日，我抵達陌生的城大出任校長。說陌生，那是因為除了短期訪問過香港科技大學（科大）及香港中文大學（中大）外，我對香港一片空白，而香港對我想必也是一片空白。我曾在北美高教機構及科技界學習和工作了三十四年。初遇香港，只能說是緣分，這個緣分既曲折又令人大開眼界。

二〇〇八年之前，我經常訪問台灣與大陸的高校與科研單位，對台灣的教改頗為關注，也曾留意大陸的高校革新與制度僵化的問題。由於我指導過好幾位韓國博士生，因而曾多次訪問韓國，研討高教、科技與創新。我也曾經與日本經產省（Ministry of Economy, Trade and Industry，METI，原通產省MITI）交流密切，對東北亞的高等教研具相當了解。

大學怎麼辦？

高教的領域包括大學、政府與社會。高教的心件指的是大學、政府及外在社會的心態。因為受傳統中華文化影響的現實關係，台、港、大陸的政府及外在社會往往是實現理想心件的瓶頸。政府撥款及推廣不以成效導向，而偏頗於當地特定的老牌大學，因此達不到投入的最大邊際效用，而社會居然習以為常、不理不睬。

只靠大學端正心件既辛苦又事倍功半，何況大學裡還有受外在社會影響的非學術性因子，譬如校內高調民運的學生、教研品質不一的教授、把大學工作當做鐵飯碗的某些教職員工、別有用心的媒體、更有政府伸手管控大學等許多數不清的雜音。與美國的大學比較，這些因子在台、港、大陸的大學裡特別突出，令人不勝其煩。這些因素與現象，統稱之為心盲。

東方的經歷、美國的歷練，加上親身感受，引發我寫作本書的動機。

本書共收有二十七章正文，除自序、前言外，分五部及後語總結，說出我對兩岸高教的觀察、看法與期望。本書視美國高教體系及實踐為基準，以此衡量兩岸三地的高教。整體而言，書中討論政府及外在社會的篇幅較多。台、港、大陸的大學值得敘述和分析的地方將在以下各章介紹，希望這些分析也可供美國以外的高教界借鏡。

高教國際化

兩岸三地的官員及大學談國際化，不外注重英文、擴增大學，同時外行微管（micro management）、學位至上、教研分家、政教糾纏、縱容民粹。其實，高教國際化應該專家治校，重視品質，尊重程序，多幹實事，少逞口舌之力，「恢弘志士之氣，不宜妄自菲薄，引喻失義，以塞忠諫之路也。」

身處美國時，我作為一個非主流社會的華人，領導學術管理多年，舉凡大學教研、行政事務，是非曲直，皆有章可循。抵港不久，目睹只因為一些講師的約聘到期，時任副校長決定不予續約，致使校園陷入混亂，甚感驚愕。一個平常、合法、合理的決定，居然引發校外人士參與鼓噪。風從哪裡來？又到哪裡去？非學術性的社會運動置入干擾大學，遠離就事論事的原則，為校園運作平添波折。

還有一個不尋常的事例，與一個學生的畢業論文有關。未加入城大前，有一名大陸博士生論文考試不及格，委員會要求他修改博士論文。但是他堅持自己沒錯，聲稱比委員會成員更有學術資格，要求大學否決委員會的決定。大學拒絕更改規定，他就到處放出風聲，以大學延遲其畢業為由，引入街頭政治和提出訴訟。即使在參加並通過第二次考試之後，他仍然要求法院下令城大向他支付延遲畢業相關的損失。如此違反博士候選人學位委員會學術規例的荒唐行為，匪夷所思，遭法官嚴正駁斥並加判鉅額罰款。此後，他居然銷聲匿跡，對法官判決不理不睬。

可以看得出，這個學生人品欠佳，正是缺乏道德素養與家教差的結果。為什麼此生拒絕委員會做出的學術判斷？強迫他完成學歷對大學何益？如果他在大陸、美國或台灣，膽敢這麼囂張嗎？

抵港十五年後的今天，大學校園裡流言蜚語瀰漫，街頭政治走入大學校園，仍然有人為學生主張引導校政而喝彩，不用負責任的網路文化充斥社會，政府干教、蠢蠢欲動，黑函、匿名人身攻擊的風氣每下愈況。手邊還有幾個類似上述博士生行為失常、無厘頭的個案，都是以前未曾聞見的。

香港是一個英語流通的亞洲城市，也是號稱世界上最國際化、最自由的城市之一。國際化的香港，尚且如此政教糾纏、風檐難解，台灣與大陸教育的現代化是否更等而下之？兩岸高教國際化，是否找錯了病根、用錯了藥（barking up the wrong tree）？

教研合一

到香港的第二個經歷就是教研分家，教課的講師純教課，研究的教授只研究。等到往訪台灣之後，我了解台灣也有研究型的大學重研究，教學型的大學不研究。可是，又感到奇怪，為什麼想學習的人竟優先選讀不重教學的大學，而不重研究的教學型大學又居然不停地授出博士學位？到底是些什麼樣的研究型大學不教學，又是什麼樣不研究的教學型大學，竟然膽敢招收博士生？

等再次訪問之前熟悉的大陸高校之後，終於了解，兩岸的大學裡，不曾做過研究的教師，把只懂教學任務的歸類為教學型大學，而那些從事研究的教授，只好被當做研究型的大學教授看待。

大家似乎先假設做研究的人，不懂得教學，甚至不需要教學，而教學的老師不研究，當然也就不懂得上窮碧落下黃泉的道理。心想，不從事研究的人，難道就一定懂得教學，而從事研究的人，就一定不懂得教學嗎？

如果有人只吃營養的食物並不運動，或者只顧運動而不重飲食，怎麼健康得起來？

教研分家亦存在於北美和歐洲的高教機構。但是，兩岸三地的情況似乎更糟。培育創新能力，結合教研，才能真正區分現代大學與其他大學。源於中國傳統浮誇不實的空談，兩岸三地的政界及社會所在多有，區別只在於程度不一。若不擺正心態，不杜絕空談，那麼高教體系繼續沉淪為培養學位的平台，充其量只是不入流的學堂而已。

政教分離

為維持大學的問責，大學要評估學生學習、畢業生就業能力、教師生產率、校友對社會的貢獻以及擔負的社會責任，凡此皆涵蓋了經濟與非經濟的影響力。不過，以上僅是大學取得卓越成就必備的一些先決條件。

如果希望大學在健全的教育體系下正常運行，則需要以正確的心態領導和管治大學，而非僅靠機械式的控制。大學的營運亦是一項業務，即與學習有關的智力業務，而不是營利性事業，更絕非政治鬥爭的跳板。

教授對教學與研究行使學術自由，不應將大學當作為處理非關學術問題的平台，不應將教學與研究當做謀利的誘因，當然也不應將其用於政治奪權的目的。無論身處何方，這是放諸四海而皆準的道理。為了確保學術自由與大學自主，堅守政教分離，學生不得利用自由的環境造反，政府的手遠離學校運作，教職員工一定要避開產、官、學三棲的傳統。

過往幾十年來，美國與大陸學者之間學術交流活躍。但是由於川普執政後期政策的轉變，麻省理工學院教授陳剛被指控隱瞞與中國的聯繫，獲取聯邦研究經費，於二〇二一年被拘捕入獄。事發不久，校長萊夫（L. Rafael Reif）發公開信，澄清麻省理工學院和大陸的合作項目，主動為他的法律辯護付費。一年後，聯邦法官撤銷對他的控訴。

麻省理工學院這樣鶴立雞群、為大原則發聲的校長，可以在美國存在，卻難容於台、港、大陸，因為，兩岸三地的政府高高在上，不可能接受這樣的反應！大學、政府、社會、傳統文化要為確保政教不分擔負責任，其中政府負的責任最大，因為政府掌握的權限最廣、權力最大。

品質與評鑑

大學的教職人員一度因各種藉口怕被評估，教學不能評估，研究不能評鑑，專業也不能評鑑，否則就是干涉學術自由。可是不評估，怎麼進步？就像不照鏡子，怎麼整理儀容？何況，有沒有想過，學術自由是指從事學術教研的自由。如果從事的工作與學術無關，怎麼套得上學術自由？從事學術科研的人，不見得沒有自由；不從事學術工作的人，反而侈談學術自由，這是怎麼回事？

高教要重視品質，在充分規定的範圍內，談該談的、做該做的，追求卓越與成效，其理至明。如今，品質的設計、評估、提升，從製造業推廣到服務、醫療、政府、教育、司法……等各方面。

必須指出，美國四年制大學學生的平均畢業率約為56%，沒有保證每個大學生都能畢業。大體上，美國頂尖大學（即排名靠前的大學）的畢業率較高；大學越差，畢業率越低。然而，海峽兩岸的大學生無論是否努力學習，幾乎所有人都可以順利畢業。可以合理地說，能從任何一所美國的大學畢業都必定掌握一定的知識。至於兩岸三地大學的畢業生，能力水平參差不齊，天知道誰的學位是真實的、誰的是虛假的。

這種心件的缺失，竟然是兩岸高教落後先進的另一要件。大學在品質保證的概念下，進步快速，已經超越硬、軟體的投資，是時候評估心件的投入。此外，政府和社會等舉凡與高教密切關聯的有機個體都應該接受評鑑。

創意與創新

創意可以隨性，創新要以品質為主，只有達到「一語天然萬古新，豪華落盡見真淳」的境界，創意才能算是創新。品質的推廣與改進就是創新，其導致的創業終究要改進生活品質。創新是國際化以外，兩岸三地最常被憧憬、推崇，也是最讓人不了解、可望而不可及的理念。中國傳統文化不重視創新，因此台、港、大陸高教的創意也少。

高教的執行有賴政府投入資源，導向政策，遠離微管，放手交給專家帶頭執行；社會應該尊重教研專業，遠離官僚；大學求新，以學生及學術為主，接受同儕評比，遵守專業道德。

政府鼓勵創新，自己反而官僚守舊，政教糾纏，誰相信誰啊？

學與問

古代中國有識之士希望投身社稷，不為良相，便為良醫，這是求知者的理想。今天，我們稱這種雄心壯志為社會責任；教研之外，還要創新，遠遠不止於本土化或單向的學習。為了提升國際化的心件，應該注重產業、大學與研究機構之間的團隊合作，但是要避免陷入學術—產業—政府關係的糾纏之中。創造力對於人類而言大有意義，只要達到這些基本要求，就會帶來希望；然而我們必須努力解決實際問題，而不是誇誇其談。

韓愈在《師說》一文中，舉例說明了中國傳統的教學觀念，至今已逾千年，其思想依然影響深遠。他認為，「師者，所以傳道、授業、解惑也。」從現代教育的角度來看，這篇偏見頗深卻被教育界一體遵行的文章顯然過時了。

學習的精髓在於質疑與探索研究。約一千年前，宋儒主張，要知事物本末，窮事物之理，用新知去除舊學。朱熹提出格物、致知的態度，久受忽視而且被遺忘。只有格致所得的知識才是科學知識。應該將格物、致知納入大學教育，甚至中小學課程中。

不學不成，不問不知。傳統中國人學得多、問得少；學究多、研究少。今天的大學也有這個老毛病。身處自我陶醉的一言堂，台、港、大陸有什麼值得討論的社會學理論或者令人景行止的看法嗎？

大學怎麼辦？應該辦什麼？什麼可以辦？什麼不該辦？什麼時候什麼地方辦些什麼？到底誰來辦？否則怎麼辦？以下各章節是累積多年發問而得到的陳述。

第一部 高教國際化

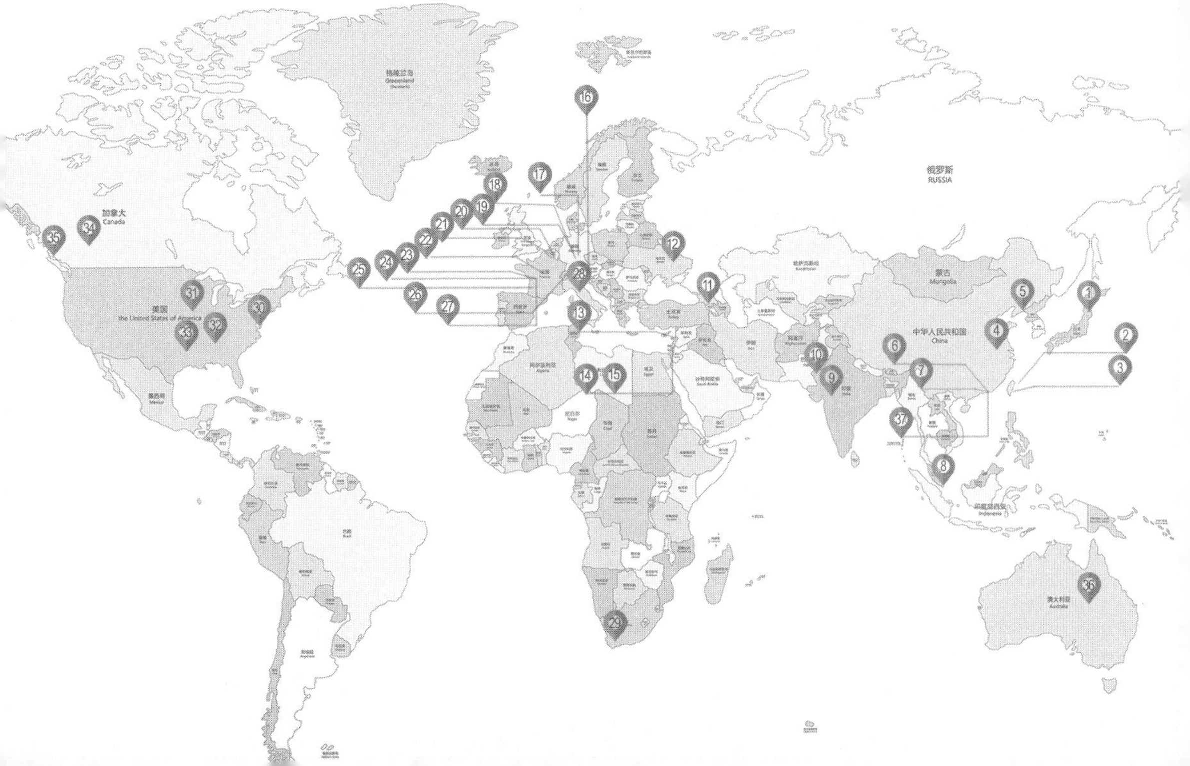

格陵兰岛
Greenland
俄罗斯
RUSSIA
加拿大
Canada
美国
the United States of America
蒙古
Mongolia
中华人民共和国
China

相逢不相識
何說平生意
高教國際化
永續緣滿庭

國際化是大學、社會、執行教育政策者無所不談的熱點。然而，什麼才算國際化？為什麼大家討論國際化？

國際化豐富世界文明

舉目所及，國際社會既呈現多元化的特徵，又具同質化的傾向，甚至危機也如影隨形，相伴而至。國際化帶動教育，特別是高教；高教加速國際化的推進，全方位引領全球溝通交往。高教與國際化息息相關，影響深遠。

美國影響二十世紀的原因之一，在於美國的大學培養的校友遍布全球，在政治、經濟、文化、科技、教育、社會各方面扮演舉足輕重的角色。

翻開歷史，紐約固然是當今世界最重要的城市，然而一千年前世界最大的都市卻是中國的開封，五百年前世界最有影響力的城市則是義大利的佛羅倫斯。再向前追溯，盛唐年間的長安曾經是一個國際大都會，周邊各國的使節和青年莫不趨之若鶩，紛紛前往考察或留學。二千五百年前，孔子帶領學生周遊列國，說明自古已有教育、文化國際化的概念。西元二十五世紀的世界應該是另一個多采多姿的特色文明。

自小聽說，二十一世紀是華人的世紀。是否成大器，還要看兩岸的大學能否擔當起培育人才，明練政體，以天下為己任。中國經濟快速崛起，包括世界銀行在內的不少國際機構都斷定中國有可能在二〇四〇年左右超越美國；BBC中文網二〇二〇年三月二十六日引述國際專業服務公司普華永道（PwC）的《二〇五〇年的世界》（*The World in 2050*）報告，指出三十年之後，世界前七大經濟體中將有六個是現在的新興國家，除了中國排第一之外，印度也將快速崛起，取代美國成為第二，日本將從第四退至第八。

此外，今時今日與一九五〇年代的高教還有一點不同。科技普及、網路發達促進國際交流，以往不曾或有。工業革命後帶來的大量生產（mass production），現在已演變成個性化生產（mass customization），如此引起的個性化發展與國際化並不衝突，因為科技濟世與質量為先都沒有國界。生產製造一度為人垢病的高庫存（inventory）曾幾何時被發現有其必要。個性化生產、線上分配等概念，流行並且豐富了內涵，也使得高教的範圍更寬廣，可供參考的資料更多樣、更方便取得。

生活方式隨著瞬息萬變的社會而相應改變。資訊流通快捷便利，人與人之間的溝通，無論正面或反面，都不再受限於文化、地域及時差。譬如，二〇〇八年的金融危機就曾經像海嘯般瞬間席捲全球，體現出世界個體彼此的影響急劇加大。二〇一八年，美國挑起與中國的貿易戰，採取聯合盟友共同抗衡中國以及中國政府展示的強硬「平視」立場與之對抗，兩國互增進口貨物關稅，全球貿易因之荊棘滿途。

資訊及人員的快速流通也造成後遺症。中美對峙、全球供應鏈受衝擊的當頭，二〇二〇年一月冒出新冠病毒，其後演發而出的幾種變異病毒，隨著國際化的腳步橫掃全球。

清零

新冠病毒壓境，三年間，全球逾六億人感染、近七百萬人亡故。只有台、港、大陸加上澳門，同文同種同步驟，採取與他人不同的防疫做法，全面「清零」，也就是寧願與人不便，也不允許有人感染。「清零」的確造成短暫成效。

秋風生渭水，落葉滿長安。疫情死傷枕藉兩年，二〇二二年開始微露曙光，許多國家地區已經群體免疫（herd immunity）。當歐盟二十七國宣布於二月一日起全面解封時，兩岸三地繼續和新冠病毒掙扎交手，不屑採用「與病毒共存」的新加坡模式。台、港、大陸自三月起陸續烽火蔓延，疫情一發不可收拾，難逃告別「清零」的下場，居然長時堅持執行全球少見的訪客隔離政策。

這時，「動態清零」的新辭彙開始出現華人世界，證明了一廂情願的本土化有行不通的時候。姑且不論「清零」政策恰當或成功與否，恐怕全世界只有兩岸三地，不約而同地採用如此對付疫情的做法。奇妙的巧合，顯然跟何黨何派掌權沒有關係，跟哪種政府執政也沒有關係。

台、港、大陸處理疫情還有一個共同點，就是皆非由一個跨領域、多功能，包括醫護、公共衛生專家、生物統計學者、工程師、安全可靠專業、社會工作者、財經人士、政策擬定者……等團隊主事。（見 Way Kuo, J. He, Crisis Management: from Nuclear Accidents to Outbreaks of COVID 19 and Infectious Disease, *IEEE Transactions on Reliability*, Guest Editorial, 69(3), September 2020 及我多次國際會議的主題演講）。幾乎三年之久，香港許多人不時以各種名義似有若無地發言、解釋、分析、指揮、預測疫情。二〇二二年春節後，香港疫情擴大，初時與歐、美、韓、日疫情相比微不足道。進入三月，超越歐、美、韓、日，甚至有病人瑟縮室外帳篷、等待病床。台灣同步後塵，同展窘態。大陸以經濟民生傲於世人，少有他長，雷厲風行清零，過著卡夫卡式（Kafkaesque）的生活，二〇二二年經濟成長大幅下降。濾紙裝水，閉關隔離病毒於一時，隔得了永遠嗎？會否未被病毒打敗，已先集體憋壞？千呼萬喚，果如所料，遲至二〇二二年底，台、港、大陸終於開放市集。可嘆冬來慘慘冢累累，一團亂仗，不聽當初我忠言逆身的報告，而今人心惟危、草木皆兵。

除了新冠疫情，兩岸三地在高教上，也有一些共同又獨特的盲點。國際化提供永續經營的環境，卻因為眼前過度消耗自然資源而造成環境破壞，地球生態因為錯誤的交流及無限制的擴充而失去平衡。大學本該帶領處理全球汙染、能源環保面對的挑戰；就此而言，台、港、大陸的大學相對呆滯緩慢。

有說見面三分情，也有說相見不如不見，可是相識未必相逢，其實更多的則是相逢未必相識。重點是有沒有用心，有心的話，相識勝過相逢；用心的話，相識不必曾相逢。國際化要用心才能見到效果，絕不止於到此一遊、交換訪問，否則見面不過聊備一格罷了。

第一章　高教的心件與心盲

美國三十年前興起高教國際化的熱潮，除了推廣美國文化，舉凡有關中文或中國的事務都曾經引起關注。那些年，香港可能因為處於離英國殖民統治結束的九七關頭不遠，因而自顧不暇，也可能認為本來就是國際都市，所以並不在意那股潮流；台灣力行本土化運動，忙著為國、閩、客、原住民四語並行而方興未艾，哪有心力研究國際化的原委與規範國際化的內涵；大陸百廢待舉，千山萬水，迷茫之中，棄俄文、唯英文是從，人手一冊學習英語的課本。有些英文文法與基礎讀物，曾經列入大陸暢銷書榜單上，即為明證。

三十年後的今天，兩岸三地討論國際化，不但沒有信心展現自己的文化，反而經常做些皮毛工作，把推行英文當成共識，視講英文為時尚。

全球大學的國際分校

大學設立外地分校被認為是當代現象。其實早在十九世紀殖民時代，國外設立分支機構的做法已很普遍。其中，黎巴嫩的貝魯特美國大學（American University of Beirut）成立於一八六六年。

一九五四年，比利時魯汶天主教大學（Catholic University of Leuven）於屬地剛果建立分校；一九六〇年，剛果獨立後，該校和其他兩間剛果的大學合併。截至二〇二〇年，共八十一個國家或地區開設外國分校，而開設分支校園的發起國則有三十三個。引進國外大學設立分校的東道國熱衷於西化；天普大學（Temple University）日本分校是日本歷史最久、規模最大的外國大學。

根據二〇二〇年十一月的 C-BERT 數據庫（http://cbert.org/），全球有三〇八個國際分校，美國開設了其中的八十六個分校，是最大的發起國，其中多個分校設於波斯灣及亞洲。俄羅斯有好幾所大學在蒙古首都烏蘭巴托設立分校，而英國遙遙領先其他歐洲國家，在已有的一百二十八個國外分校中占了四十四個。儘管謹慎建立分校，英國的大學表現頗佳，諾丁漢大學（University of Nottingham）位於馬來西亞和大陸的分校招生人數占英國海外分校招生人數的九成。英美率先創建海外校園，促使英語成為二十世紀廣泛使用的國際語言。

截至二〇二二年七月，澳洲、歐洲和北美共有四十二個國際分校設在大陸及香港，提供學位課程，除了寧波諾丁漢大學，還有杜克大學昆山分校(Duke Kunshan University)、西交利物浦大學(Xi'an Jiaotong-Liverpool University)、上海交通大學密西根學院（University of Michigan-Shanghai Jiao Tong University Joint Institute）、廣東以色列理工學院（Guangdong Technion-Israel Institute of Technology）、香港伍倫貢學院（UOW College Hong Kong）和芝加哥大學布思商學院香港分校（The University of Chicago Booth School of Business in Hong Kong）等。為提升中國的高教，紐約大學（New York University）、哈佛大學醫學院（Harvard Medical School）等許多一流大學皆曾經應邀在大陸開設分校。

二〇一九年二月，中國政府印發《粵港澳大灣區發展規劃綱要》，力圖發展新技術、新產業，誓言將粵港澳建設成充滿活力的經濟中心。因應訴求，香港各大學紛紛在珠江三角洲設立分校。大陸嚴管大學，強力主導國際合作建校。國際合作的大學的確吸引學生就讀，但是大體而言，只算差強人意。

與此同時，大陸的大學也積極在外地安排開設分校。例如，深圳大學有意到香港設立分校。二〇一八年，北京大學於英國牛津創立分校，清華大學與華盛頓大學（University of Washington, Seattle）及微軟攜手在美國西雅圖近郊提供碩士學位課程。復旦大學預計於二〇二四年在匈牙利首都布達佩斯設立分校，此議被當地居民要求暫時擱置；若順利，此為首個大陸在歐盟成立的大學分校。

跨國教育成為一種趨勢，創建分校對東道國的跨國教育有益，原因如下：

1. 分校可以為想要接受優質大學教育的個人提供額外的學習途徑。許多學生尋求海外學習經歷，希望滿足雇主要求的技能，又能夠跨越機構、國界及學科解決共同關心的問題。決定留在原地的國內學生，將有較多的機會經由分校接觸全球視野和國際教研環境。
2. 外國大學可以透過短距離交流，加速本地大學的現代化。外來的影響力和東道國的現代化，都與促進東道國社會的進步息息相關。
3. 成功的國際分校獲得必要的收入，活化當地城市的經濟。

瑞登（Elizabeth Redden）在其〈海外分校激增〉一文（二〇一五年三月十六日《高校情報》*Inside Higher Education*）中表示，根據德國漢諾威高教及科學研究方法論考斯慕斯基（Anna Kosmützky）的研究，把建立國際分校視為優先項目的議題，始於一九九〇年代末。當時一些澳洲、歐美的大學把卡塔爾、新加坡及阿聯酋等吸引外國高校開設國際校園定為優先政策的國家，視為開設分校的熱門地點。

國外設立分校是東道國的國力展示，但是困難重重，因此儘管開設分校的活動有增無減，卻有不少分校在短暫成立後被關閉。根據考斯慕斯基的說法，在杜拜國際學術城內的二十六個分校中，有五個已經關閉。《耶魯日報》*Yale News* 二〇二一年八月二十六日報導，耶魯大學（Yale University）與新加坡國立大學（National University of Singapore）合作成立的「耶魯—新加坡國立大學學院」將於二〇二五年結束。至今，許多歐、美及香港設在大陸的分校表現並不出色。

設立海外分校可以增加外國大學的知名度及對東道國的影響力。考斯慕斯基指出，對於來源國的大學來說，海外分校「關注的主要不是營收，而是冀望在國際市場上推廣品牌、提升校譽。很多大學都想實現這些目標，但僅有極少數能夠維持或達成所訂下的目標」。當然，除了設立海外分校，還有其他舉措可能更為有效，例如確定策略夥伴關係、國際研究、學者交流以及課程規畫。然而，開設海外分校經常遭到來源國的大學教授及所在地區居民的層層阻力，擔心經費分配、人力不足、校譽受損。很多人懷疑行無餘力，何生分校。

在極少數的情況下，歐美學生可以選擇去自己國家的國外分校學習，獲得具有國際經歷的本國大學學位。

除了設立海外分校，各大學共同合作，每年頒發成千上萬個學、碩、博士網路學位及短期課程結業證書。根據中國教育部二〇二一年七月的公告，多達二百八十六個大陸與外國大學之間的合作課程項目，被官方喊停。被中止的包括北京大學和香港大學間關於經濟和金融的碩士學位課程，華東師範大學和紐約大學的社會工作等課程。外界認為，這是大陸整頓校外培訓領域的延伸。

國際化的精髓

國際化並不只是一個形式，由各地大學簽約合作，互派學者、交換學生；國際化更是一個內容，推廣先進的課程與研究，以科學化的教育理念、運用經驗證後的教學與研究方式，培育合乎國際視野與創新的新世代先進人才。國際化是一個過程，而且是一種思維的方式。兩岸三地的大學及社會應體會進行先進教研的必然性，以評估教研品質、追求卓越為目標。跨國企業與公益團體為教師與學生提供實習機會，以便他們體驗社會的脈動與成功的經驗，這算是國際化的一種實踐（realization）。

對兩岸的大學而言，國際化的精髓應該是重制度、重職業道德，崇尚品質，強調高效率，帶頭節能與環保，講究邊際效益，可隨時被檢驗，豐富學習研究的內涵，並關注教育成果以與社會相輔相成。

大學可以是當今衝突與不確定性世界的穩定力量。國際化的大學推廣與實踐多元化，注重永續發展，尊重年齡、語言、國籍、種族與性別的差異，政治、宗教與文化的多樣性，以及意見與思想的多樣化。因此，國際化促進了世界各文化與經濟體制的相互激盪。在技術層面上，與人為善，遵守制度，鼓勵學生與教授交流。在內容上，兼容並蓄，藉學術與教育造福人群。

硬體與軟體

精確而言，國際化的高教可以振聾發聵、引領社會進步。準此鵠的，兩岸三地的高教界做到了嗎？

大學必須提供充分的教學研究經費，添置圖書資料、儀器設備等物件，提升教員素質，並且延攬大師及國際優秀的教研人員、招收好學的學生，與先進學府及科研機構合作交流，提供先進的教學、從事先進的研究及創新創業。

此外，大學必須建立與國際接軌的規章制度，以執行教研與行政事務。這是許多人熟知的。姑且把這些與設備相關的物件稱為大學的硬體（hardware，香港、大陸稱之硬件），而把包括禮聘大師、行政制度、政策等相關的人或事視做大學的軟體（software，香港、大陸稱之軟件）。

心件與心盲

《華嚴經》云：「心如工畫師，能畫諸世間。」

國際化更需要一種心態的確認。硬、軟體終究要靠人運作使用、溝通協調。運用之妙存乎一心，所以執政者的見解、社會的進取心、教育工作者的心態，可以說是高教國際化不可忽視的要件，稱之為心件（soulware 或 heartware）。

萬法心想生。心件是一種專業精神和文化，一種行為習慣和思想模式，一種需要學習、反思、沉澱的教育氣質。大學並非沽名釣譽的地方，兩岸三地學位至上的傳統文化，使得追逐學位的人如過江之鯽，失掉了方向，也失去了個人原有的利基。少了正確的心件，大學的價值必然極其有限。

大學以發現新知、培養學生為己任，但是越來越多的公眾期望名校的教研人員能夠造福社會，這可以由學生及其畢業後為社會做的貢獻、大學對社會的直接影響，或者大學、合作夥伴或教師設立初創公司的研究應用來實現。

兩岸三地的大學在硬、軟體上大體追上了國際標準，香港和大陸因此在國際評比上有些進展。然則台、港、大陸的高教，包括政府及社會，在心件上仍然阻力橫生，尚難與硬、軟體的進步相提並論。

舉例來說，台、港各大學仿效歐美大學設立委員會，負責大小事務。與西方大學相比，台、港的大學委員會人數甚多。按理說應該能集思廣益、擇善而行，擇其不善而避之，可是實際上決策效果及執行效率反而欠佳。為避免教師勾結營私和各自群體利益之間的爭議與衝突，委員會往往被複雜又難以理解的規章法條綁架。若沒有主管的判斷力，而由委員會全權定奪人事，因缺乏判斷互動等隱形因素，往往問題叢生，應引以為戒。

這種大行其道的現象，反映了高等院校的一大弊病。因為舞弊營私難以杜絕，成員在委員會中任職，本來是要防止他人牟取私利，然而不肯同流合汙的人規避加入，更多的則是設法避免個人責任，因為任何事故都可以視為集體決定，而非個人失誤、錯誤與否得以掩蓋。

西方的大學設立委員會、平衡任命各種背景的委員，其心態則是：既已銜命授權，則應秉公辦事，而各委員也以此自律。委員會的成員不以人多取勝，而以負責為指標，這就是問責制的由來。委員會的決議，在許多時候僅作為主管決策的參考，並非完全有束縛性（binding），此與兩岸通行的委員制不太相同。

香港政府及大學常聘用商業顧問公司、外籍顧問，甚至運用政界人士的影響力，處理高教問題。這些外地、外行顧問並不了解高教文化，所提供的建議隔靴搔癢的成分居多，因此諮議中要由大學解釋相關議題，甚至說明大學的運行方式。有一次在會議上，他們還要大學介紹 Postdoc 是怎麼一回事。他們做出的結論常被用為政令背書，以利執行事先規畫好的政策。正因為如此，我曾開玩笑地說，這些外行顧問應該為如此得到的教育諮詢，付費給大學，而不是由政府及大學付錢給他們。

這種請外行人或商業顧問公司為教研政策背書的行事作風，不足為訓，至少在外地或高教先進的美國甚為罕見。在美國，設立委員會是為了集思廣益，簡單但有足夠廣泛的代表性；委員發言表態，心口如一。而台、港的大學根據複雜的規條設立委員會，多是為了防範他人的不當行為，並且許多委員會的委員不具代表性、也無多元化的考量，香港各大學的學生會清一色幾乎只有本地生參與，就是個好例子。若委員會只是依例設立，而無相應的心件，自我關照，心術不正，即使開會如儀，也難確保運作得宜，又難服眾。

以上的盲點統稱心盲（the absence of soulware）。

黑函、耳語

擔負社會責任是高教的道德原則，大學負有謀求創造社會福利的職責。

在委員制大行其道的台灣和香港，照說眾人應該口服心服，事實卻非如此；而委員制未必盛行的大陸，問題更多。此中又以委員會成員不遵守保密守則，為人詬病。兩岸三地高教界常收到無署名的來信，不是指控某委員會處事不公，就是檢舉某人行為不當。這種黑函，或稱匿名信、打小報告，針對委員會決策。因匿名的關係，確實難以處理。指控而不署名，再次反映了不負責任的心態。

曾接到一名母親寄來黑函，要求接受其子入學。但是信件既不署名，連孩子的姓名也不說明，即便有權且考慮順其所請，也無從著手。更糟糕的是，匿名信與打小報告的習慣，在耳濡目染之下，有年輕化的趨勢。近年來，憑藉著網路、Google、YouTube等的便利，黑函及匿名的行為在台、港猖獗。另外常有個別人士在會議或交談中，偷偷錄音錄影。因此而誕生的網路媒體，常假藉新聞自由的面罩，謀求私利或凝聚個人的政治能量，其橫行無阻、囂張如無物，都不是普通的可惡可以形容。

相比之下，西方人遵從決議，心態磊落。在田納西大學（University of Tennessee, Knoxville）當工學院院長時，我曾收到老美當面遞交的信函，遞信者面有愧色地說：「對不起，這封信沒有署名。」但至少知道他是誰。西方的處事規矩是黑函概不受理；即便告密者致函有關當局，也須署名以示負責。

大學須抵制破壞專業精神、干擾追求真理的外部力量。香港擁有頗為完善的規章制度，台灣則以其民主制度而自豪。那麼，即使決議不被接受或不獲認同，又有何理由去寫匿名信、打小報告呢？

或許有人辯駁，東西歷史文化有本質上的差異，違反保密協議、告發他人、黑函或發匿名信等惡習是中國社會的傳統。社會互信不足，還有一層原因，有時候告發他人或發匿名訊息等惡習由政府、政黨引導，藉此以示威信。因此政府不能服眾是高教邁向國際化的一個瓶頸，也是心盲的表現。兩岸三地的高教界若想培養遵守現代標準與規則的意願，當務之急先要政府自清，放棄過時的行為，重立現代標準。否則，即使這個地區有一些知名的大學，國際化仍是空洞的口號。

五四運動已過百年，德先生（demoracy）與賽先生（science）略有長進，各界應尊重法制、按規章行事，莫造成心件的缺憾與社會的困擾。否則，即使再虛耗百年，依然咫尺天涯於當代高教國際化的標準。

本土化

國際化不限於對硬體和軟體的投入，建設一流的大學不限於招聘名師、獲高度引用的研究人員或家喻戶曉的媒體代言人。雖然沒有一個高教體系完美無瑕，兩岸三地國際化程度則低下，其中又以台灣和大陸為甚。其中原因是缺乏良好的心態，因此無法採用現代的管理標準，施行反歧視措施，結合教學與研究，保證畢業生的素質，尊重學術自由與大學自主。

如果缺少合適的心件，吸引國際學生只能治標不治本。許多人強調全球化，大學重視以英語為傳播媒介、追逐以職業發展為目的的教育經歷。但是，國際化不僅僅是語言學習。台灣歧視外籍新娘及香港歧視外傭。台、港政府用人近親繁殖（inbreeding），以本土為主，這些都值得檢討改進，卻不見大學生關心或探詢。

有意思的是，兩岸三地的政府官員長於大內文宣，他們雖然表面上為本土的大學感到自豪，許多人還是寧願不惜代價將自己的子女送去北美、澳洲或歐洲那些資金短缺、學費昂貴的大學學習。因此，儘管台、港、大陸大學的教研人員兢兢業業有所進步，但是大體上，本土化遠多過國際化。

心件不倚，心病難醫。
井底之蛙，誆語國際。

聽其言、觀其行，這個轇轕不清的毛病，在英語暢行的香港，可是格外嚴重。

參加台北馬拉松的體會

二〇一二年，領隊大學近百位師生、員工、校友參加了十二月十六日的台北富邦國際馬拉松，我參加了九公里賽。訪台北期間遇到三件事。

參賽前一晚，我發現忘了帶運動短褲，於是詢問台北遠東大飯店健身房的服務人員，附近可有地方買條短褲。驚喜的是，一位年輕員工知道我想買褲應急，表示可以借我一條乾淨的運動褲，建議不用買了。如此聽之感動的經歷，在香港或大陸不知會否出現？

其次是在台北搭計程車。車費合理，運將和藹友善，邊開車，邊聊天。然而經常發現，計程車司機竟然還同時欣賞駕駛座邊小螢幕上播放的韓劇。一心三用，讓人好不緊張。

就在馬拉松參賽當日，賽途中居然有市民推著自行車，穿越跑馬拉松的人潮。再往前跑，更發現擠滿密密麻麻參賽者的路邊，有好幾輛計程車正蓄勢待發、隨時準備穿過人潮。因此我提醒指揮交通的義警注意管制。沒想到義警說，好好跑步，不用擔心。然而，說時遲、那時快，一輛計程車已經穿過人群、直駛而過。猜想，義警可能得意地想：「你看，不是沒事吧！」

不過，這還不是最令人嘆為觀止的事。回程中，在出發後約四十五分鐘，離台北市政府約一公里處，交警竟然攔住成千上萬個參賽者，讓一整條的汽車堂而皇之地先行通過。如此這般的國際賽事，讓人感到不自在。這種嚇人的路況，絕對不會出現在知名的國際馬拉松賽場上。

以上幾種不同的經歷，反映台灣的部分現況：人情味濃厚，社會平和，政治表面民主，中產階級強大，可惜公權力執行不徹底，安全性值得擔憂。香港與此截然不同。香港的現狀是：社會茫然，法治具公信力，但是貧富懸殊、階級分明，還好執法嚴謹，工安較有保障。比較台、港兩地，可以誇張地說：一地可以讓你快樂生活，同時卻充滿較多的工安危機與超高的交通事故及死亡率，甚至有可能死了，還不知道怎麼死的；另一地則是飲食王國，官僚主政，照本宣科，燈紅酒綠與節衣縮食共存共榮，不知人間疾苦。

二〇一四年七月三十一日高雄氣爆造成三十二人死亡，二〇一五年六月二十七日台北八仙樂園粉塵爆炸致近五百人輕重傷亡，二〇二一年四月二日台鐵太魯閣號與滑落邊坡侵入路線的工程車碰撞，造成十五人死亡等，正好說明這些糊里糊塗的馬路現象。寫到這裡，二〇二一年十月十四日凌晨，高雄鹽埕區「城中城」大樓驚傳惡火，釀成四十六死的慘劇，政府官員鞠躬致歉，宣稱將先發給每一死者家屬一萬台幣慰問金，這是便宜處理的方式。再說，沒人記取教訓，等幾天民眾無感，政客帶頭喊喊「愛台灣」，就船過水無痕，直至發生下個事故，再鞠個躬，好官我自當，皮笑肉不笑地發幾塊錢打發了事。

香港交通較安全；以每十萬人的交通事故死亡人數比較，多年來台灣交通事故的死亡率平均為香港的八倍之多（見表17.1）。二〇一九年之前，香港社會有序，公民守法但不見得有禮，富裕的百姓不一定快樂，貧困的百姓愈加貧困；二〇二一年後的香港，人心惶惶，居民大量出走。擺開政爭不談，台灣社會像是受儒家思想薰陶的小康世界，香港則更像法家治理下的冷酷社會。

台北市長在二〇一二年十二月十六日的馬拉松開賽前致辭，加了段英文。至於身處香港，很多人視英文為母語而感到自豪；這一點與光復後的台灣，許多人以講日文為榮，有異曲同工之味。台、港兩地鼓吹國際化，格外重視英文。語言是交流工具，為了國際交流，必要時說、寫英文，可以過得去。然而，關鍵在於到底想運用語言成就什麼事情、達到什麼宗旨？

講國際化，就該遵循現代化的行事準則，以求達到高的品質標準。今天，台、港兩地分別存在的問題，如貧富差距、社會公權力散漫、工安維護不彰、對自由誤解、找空隙遊走法律邊緣等，都跟英文沒有關係；跟先進標準相比，台、港落後幾步。

台北行、馬拉松比賽，又一次帶給我們啟示。張網不提其綱，理毛不挈其領，迷戀英文是推行國際化的盲點。與其逐末捨本，不如在工安上多做些管制，在培植中產階級上多花點心血，在民主的道路上誠實地走路，在日常生活中少講空泛的道理、多做點實事。凡事從平地做起，兩岸三地不缺聰明人，多的是誤事的聰明人。多務實，才有希望成為高品味的世界先進。

第二章　英國的高教

提到英國的大學，大家一定會想起建校逾八百年的劍橋大學（University of Cambridge）與逾九百年的牛津大學（University of Oxford）。英國制的大學曾經被認為是大學的楷模，至今台、港還有人瘋狂追循英制，鼓勵設立以博雅教育為主的英式學院。

以下探討的英國大學不包括蘇格蘭，因其教育政策和系統由蘇格蘭自己定奪。

菁英制轉平民制

十九世紀中葉以前，英國只有男性才能報讀大學。直到一八六九年第一所劍橋大學的格頓書院（Girton College）成立為止，女性才在一八八二年首次獲准參加大學考核，但在許多方面無法享有與男性相同的地位，甚至到一九四八年，英國仍然有很多大學未能首肯以同等條件招收女生。

華人社會常提起的「八〇後」Y世代、「九〇後」Z世代青年，令我想到一九八〇及一九九〇年代分別在英國興起的「八〇後」和「九〇後」大學，其發展與台灣興起的「九〇後」大學，表面雷同，但二者各有特色，值得分析。

直到一九八〇年代初，英國的高教體系奉行菁英制度。當時，五千五百多萬人口的英國只有三十八所大學，十八歲至二十一歲的中學畢業生之中，僅約七分之一有機會升讀大學。一九七九年保守黨勝選，柴契爾（Margaret Thatcher）就任首相，此後連任到一九九〇年，十年間推行一系列自由市場經濟政策，人稱「柴契爾主義」（Thatcherism）。柴契爾主義在教育領域的兩大措施，就是改善中小學教育和擴大高教；後者催生了「八〇後」的英國大學。

一九六〇年代，英國發表關於高教的《羅賓斯報告》（*Robbins Report*），建議擴大高教規模；此後英國成立的大學，被稱為平板玻璃大學（plate glass universities）。一九九二年，梅傑爾（John Major）政府頒佈《持續進修及高等教育法》（*Further and Higher Education Act* 1992），依此授予大學地位的前理工學院、高教院校等，皆屬於平板玻璃大學。一九九二年始，三十五所理工學院幾無例外立即升格，一夜之間大學數目翻倍。從一九八〇年至二〇〇〇年，大學生人數從八十萬躍升至一百七十萬。

到二〇〇〇年，中學畢業生中已有三分之一能夠升入高等院校；到二〇〇八年，大學再增至九十一所，加上大學等級的學院（university college）和其他專科學院，高等院校總數增加到破紀錄的一百三十二所。其中有些老大學歷史悠久、表現優秀，而原來的理工學院（polytechnic）升格而成的新大學，也有一些表現突出、令人稱羨的學府。此中出類拔萃的包括二〇〇七年獨立的倫敦帝國理工學院（Imperial College London）及由曼徹斯特維多利亞大學與曼徹斯特理工學院在二〇〇四年合併而成的曼徹斯特大學（University of Manchester）。帝國理工學院在二〇二三年 QS 世界大學排名榜上位列第七，而曼徹斯特大學更以擁有二十五位諾貝爾獎得主引人注目。

英國舊時的大學培養少數菁英，入學者多是上層家庭的子弟，階級歧視為人詬病。自從「八〇後」的大學拔地興起，學路廣開，平民子弟升讀大學者增多，擴大了受教者的社會基礎，理論上可以為科技、資訊、商貿等領域培育更多人才，對社會進步和大眾福祉或許有益。

新大學湧現的背景是執行「柴契爾主義」的一系列新政，其措施包括壓縮公共開支、經濟私營化、削減並控制社會福利等。因大學數目遽增而導致的負面影響，首見於高教的經費短絀。由於僧多粥少，在一九八九至一九九九年，政府給予每一名大學生的經費減少四成，人均開支從略高於七千英鎊減少到不足四千五百英鎊。各大學為了節省經費，只好增加教師指導的學生人數。

升格大學後，理工學院原本專職授課的教師，循例被要求從事研究；其中年齡較大、未能及時轉型而兼長研究的教師，只好去職讓位。另一方面，從事學術研究的大學教師數成倍增長，令申請研究資助的人數也隨之增長，人均科研經費更形短絀。

學費調漲

二〇一〇年十月，英國政府宣布削減大學教研經費，同時允許各大學把年度學費由最高的三千兩百九十英鎊上調至九千英鎊，漲了近三倍之多，從二〇一二年秋季正式實施。此一突破歐洲超低學費的傳統、大幅增加學費的宣布導致約五萬名師生上街抗議遊行，聲稱剝奪了普通家庭出身的年輕人接受大學教育的權利。

隔年六月底，英國政府公布高教白皮書《高教體系中心的學生》（*Students at the Heart of the System*）。由此看出，上一年的經費削減與學費調漲，並非政府應對經濟危機的權宜之計，而是為引入市場化的機制鋪路，實為促進高校良性競爭的教育改革措施的一部苦肉計。英國一百多所靠政府撥款的公立大學，經削減經費、上調學費後，政府增加學生貸款，透過繳付學費的方式，提高大學的教研品質。

基於品質至上的理念，低價不應該是追求優良品質的最大考量，低學費政策對全民未必公平，也未必得到受教者的珍惜。英國這一師法美國大學調高學費的做法，受國際注意；事後為社會接受，而今則被視為明智的決定。

英國雖然湧現許多「八〇後」的大學，但是仍然堅守優質教育的宗旨，要求大學從事研究且擁有極高的學術自主權。政府為了確保新措施得以帶來當初承諾的效益，開始與高教界一起設計出大學研究及教學的質量指標、評鑑辦法，並從一九八六年起對各大學陸續施行多輪評鑑。

正由於堅守原則、嚴格評鑑、鞭策優秀大學保持教學和研究居於前列，才能促使新進大學的衝刺帶給老大學壓力，讓高教的整體品質經得起考驗。如此情景，見諸香港的新進大學如科大、城大等為社會帶來新氣象，對促進高教進步，效果明顯。

財政資助

英國於一九九二年成立英國高教資助理事會（The Higher Education Funding Council for England,

HEFCE）資助高教的教研。HEFCE於二〇一八年四月一日被重組為學生事務辦公室（Office for Students）及英國研究（Research England）。學生事務辦公室為獨立的高教監督者，全方位豐富學生學習及規畫畢業生的出路。英國研究則提供大學研究、創新、知識交流的資金，包括管理九億英鎊研究基金及高教創新基金。

高教是個昂貴的產業。增加學費本身並不足以使大學脫穎而出。自從二〇一四年歐盟啟動「Horizon 2020」的研究計畫以來，英國的大學已從中獲得一百三十億美元的資助。二〇一九年一月四日，多位大學校長以及諸如「Universities UK」、「大學聯盟」和「羅素集團」等高教機構就提醒，「脫歐（Brexit）」將對英國的高教界構成嚴重威脅。脫歐之後，英國政府除資助大學教研外，還要對求學於英國而原籍設於歐盟的留學生，或求學於歐盟的英國公民，提供經費支持。

高教轉美制

上世紀八〇年代以來，英國的高教改革採納了美國的方式及理念。進入二十一世紀，當香港政府還有人追憶似水年華、瘋狂追循陳年的英制大學時，天上浮雲似白衣，斯須改變如蒼狗，英國無論在經費管理或是運作方面，都已經轉向美式高教看齊，這在二〇一一年十一月十八日訪問曼徹斯特大學校長羅絲維爾（Nancy Rothwell），和十一月二十二日訪問倫敦帝國理工學院校長歐倪澳斯（Sir Keith O'Nions）的對談中得到印證。

馬可尼的貢獻

城大邊門有一條叫馬可尼道的馬路，紀念無線電報通訊的先驅馬可尼（Guglielmo Marconi），並且感謝馬可尼無線電報公司（Marconi's Wireless Telegraph Company）於一九六二年協助香港發展超短波廣播。馬可尼因對無線電報發展的貢獻獲頒一九〇九年諾貝爾物理獎，是少數因工程實務貢獻而獲頒諾貝爾物理獎者。

馬可尼於一八七四年出生於義大利，曾經就讀世界上最古老的大學博洛尼亞大學（The University of Bologna）。一八九四年，馬可尼對赫茲（Heinrich Hertz）的實驗甚感興趣，赫茲的實驗證明了馬克士威爾（James Clerk Maxwell）的理論——電磁波以光速在空中傳送。他想用電磁波發送信號，幾經周折，在一八九五年設計了遠距發送信號的無線裝置，請求義大利政府資助未果，遂於一八九六年轉往英國展示他的裝置，獲得專利。

由他發送的無線電信號先後穿越了英吉利海峽及大西洋。一九一二年鐵達尼號（Titanic）郵輪於北大西洋撞到冰山，船員曾透過他的裝置發出求救訊號給紐約的接線生。

馬可尼研習於義大利，受認可於英國，揚名立萬於北美、南美。他的研究受益於國際交流，他發明的無線通訊加速國際交流，造福世人，為人類歷史上最具影響力的百人之一。

第三章　台、港、大陸高教略述

兩岸三地高教發展快速，歷年對高教經費的投入均占當地生產總值（Gross Domestic Product, GDP）的1％，凡此有助促進社會進步和經濟發達。根據二〇二一年各方面的資料，台、港、大陸受高教（包括專科）的人數，在各地十五歲以上人口之占比約分別為49％、34％、19％；而大學生就讀當地比例最高的學科則分別為「工程、製造及營建」、「商科」、「工學」領域，此與當今三地社會的經營模式吻合。

展望未來，面對的挑戰愈益嚴峻，如能源短缺、環境汙染、生醫、老化、可持續發展、疾病流行、全球政經不穩等，在在需要跨學科的理性研討，並有賴各地、各校的教研人員攜手合作。大學教師是否投入足夠精力從事相關教研、指導學生、溝通社會、引領世界的脈動？學生有否了解進大學為了什麼、有些什麼自我期許、有無計畫貢獻社會？大學畢業生的學位可有品質保證？政府與社會在這些課題上有否尊重大學、真心合作、維護大學自主、支持高教的進步？

一九八〇年後的英國高教變革（見第二章）可當做兩岸三地高教界的參考，以便做出必要的調整。

美國與兩岸三地的大學

美國的大學與兩岸三地的大學有何不同？

這可從幾個不同角度看待。簡而言之，台灣一學期有十八至十九周，香港十四至十六周，大陸二十一到二十二周。而美國每年兩學期（semester）的大學則是每學期十二至十五周，每年三學期（trimester）的每學期九至十周。表面上，美國大學生的校園生活似乎較為輕鬆。

兩岸三地的學生高估了那些擅長講課的老師，口才上佳的教員備受矚目。美國學生上課時間較少，但必須修讀許多以項目導向的課程，能言善辯的老師在校內未必受看重。大陸學生學習的課程比美國學生多，但美國的大學圍繞著一個原則，亦即學生被要求掌握所學的知識。從講課的態度看，美國的教授強調清楚，香港的教授重視簡易，台灣、大陸的教授展示艱難。美國的教授很少上媒體曝光，台、港的大小教授講師則常常上媒體曝光。

一般來說，兩岸三地的大學生都會努力完成課程和功課，但是按照規定模式完成課業之後，似乎沒有太多興趣深入探索。兩岸三地的大學教師盡職盡責，傳道授業；美國的同行以專業方式授課，要求學生提問，盡力答疑解惑，同時專注於研究相關現象，以達增廣知識，沒有得到科研經費的教授難以立足大學。許多香港的大學聘用專責教學而名目各異的講師，只顧講課，不論其他。

兩岸三地的大學受美式影響的層次不同，效果大不相同。美國的大學自主性強，台、港、大陸的大學常被要求當乖乖牌，看政府的眼色行事。

澳門的高教

十六世紀，葡萄牙在澳門建立據點，這塊中國領土於一八四九年成為葡萄牙帝國的殖民地，接受管治，直到一九九九年回歸中華人民共和國，成為特別行政區。澳門高教輔助辦公室負責當地高教事務的政府部門，約三十年前才成立，辦公室於二〇一九年重整為澳門高等教育局，這表明早期的政府對教育的關注，少之又少。

澳門現有人口六十八萬，其人均GDP位居全球前列，高度依賴博彩業及旅遊業。澳門擁有十所高教機構，其中四所為公立。相較於台、港、大陸，儘管澳門近年來發展迅速，其高教體系的規模及影響均有限，故略而不談。本書的討論可供澳門未來發展的參考。

香港的高教

過去三十多年來，香港高教成長快速。一九六二年，三百多萬人口的香港只有一所大學，一九九〇年人口增加到五百多萬，也只有兩所大學及幾間小學院。香港高教與英國高教發展的模式相當一致，七百五十多萬人口的香港，今天擴大到八家政府資助的大學及幾所非政府資助的私立大學，其中政府資助的的六所算是「九〇後」大學。雖說香港高中畢業生（香港稱中六）升大學的比率未如台灣、大陸般誇張，每年甚至有不少中學畢業生參加會考成績及格，仍然不得入讀本地大學，但至少大學教育已經普及到一般人家的子弟。近年來，各大學間的互動以及引進的優秀台灣、大陸和其他非本地學生，為香港高教帶來活力。香港的大學數量不多，規模不大。

資源是當今高教面臨的一個現實問題，八所政府資助的大學獲得政府的資助約占各校全部運行經費的52%，各大學本地生的學費二十多年沒有調整。為了靈活運用資源及反應社會價值，港府於二〇〇三年將大學薪酬與公務員制度脫鉤。然而，至今只有城大採用美式年度加薪的方式，百分之百依教學研究的表現，決定年度調薪幅度。

二〇一二年標誌著香港高教發展的一個分水嶺。三年英式本科生學制的大學全面改為四年美制，中小學也由十三年改為十二年，表面上大學有機會充實多樣化教研，其實政府行事仍然遵循舊時英制。

香港的大學由校董會主司監督，算是常態。校董會及大學管理層之上，與教育局之間，疊床架屋，還備有英國棄置的大學教育資助委員會（教資會，University Grants Committee，UGC）。改制至今，教資會以大學的上級自許，將大學分類，政府跟隨殖民統治的陳規撥款大學（譬如，見二〇二二年十月二十六日《香港01》）。

衡諸高教面臨的變化，香港經費充足，卻不曾訂出有意義的長遠規畫。就實踐而言，香港對教研合一的概念不甚了解，其現有的行事方式、創新思維及學術文化方面，有待補強。緊跟現代標準，追求卓越，必須靠勤奮的教研活動，沒有捷徑。

高教的成功有賴教師從事教研時，充分享有自主權與自由度，但是在寬廣的空間下，不可違反學術倫理，把有關私利、無關學術的活動帶入校園。在先進的大學裡，用專業性的講法，違反行事規則的情況不可能存在。

高教的成功在於求真、採用高標準，並以此引領社會。二〇二一年香港改動大學入學標準，取消通識，改考不計分、只要求達標即可的「公民與社會發展」。取消膚淺的通識課是正確的做法，在我多年來的演講中早有指出。但是取消的原因則是基於政治因素，錯誤的理由，誤打誤撞，達到了正確的結果。

香港曾經在高自由度的環境下以高薪吸引世界各地的學者，大學教職員較台灣與大陸的大學教職員的待遇優渥許多，而今環境改變、待遇相較往年相對少具競爭力。繼續爭取足夠資源以維持此一優勢，是有待面對的作業，尤其大陸已有個別大學，為教授提供遠較香港教授更高的待遇。

台灣的教改

日本入侵中國後，腐敗衰弱的滿清政府被迫於一八九五年四月十七日與日本簽訂「馬關條約」，將台灣及澎湖列島割讓日本。一九四五年之前的台灣，受殖民統治，高教遵循日本模式。

從一八九五年至一九四五年，為了提升熟練工人的水平，台灣本地人的識字率有所提高，但學齡兒童的入學率僅為日本兒童入學率的六成。日據時期的國立台灣大學（前身「台北帝國大學」）是軍國主義政府重要的「南遷」基地之一。

根據日本官方的數據，台灣人被視為二等公民，台北市立建國高級中學（時稱台北州立台北第一中學校）等幾所最好的中學，專為日本家庭服務。台灣人不得修讀社會科學或法學相關的專業；許多人專職醫學、工程學和農學，原因在此。

一九四五年之後，台灣採取中小學十二年及大學四年的美式教育，教學活潑。除早期六年義務教育的小學及一九六八年實施的九年義務教育，各級學校入學不易，各種學位的品質皆有保證。

自一九九〇年代以來，台灣實施一連串的教育改革（教改）措施。在法令、課程等方面，力行變革，及至二〇〇二年廢除了實施四十八年的大學聯招，改採多元入學，其目的之一是減少惡補、給大家公平受教的機會。同時無限制地普設大學，以便為執政者爭取地方選票。教改牽涉層面廣泛，品質失控，爭議不斷。

一九九四年人口二千一百萬的台灣，有五十所大專院校，二十五萬大學生。其實這樣的規模，原本十分恰當。在廣設大學的號令下，教育部放寬專科學校、技術學院升格的限制，擴增國立大學的數量。到二〇一二年，各級學校數及每千人的學生數皆創歷史最高，大學激增到一百六十五所，一百餘萬大學生、十八萬碩士生、三萬多博士生。大學膨脹，各家取名一時詞窮，甚至有幾所大學和大陸著名大學的校名幾乎毫無區分。大學新生的招生數額遠超出高中畢業生的人數，許多大學招生不足，甚至出現國立大學研究所無人報名的憾事。

新大學的湧現，也有當年解嚴後政治轉型、社會開放的背景。應運而生的「九〇後」大學擴大了青年升學的機會。大學數量急速增多，卻因趨極端而遺害難解，特別是五十餘所國立大學的設立，使得本已拮据的教育資源遭到稀釋，各大學平均所得的經費僅相當於香港個別大學的五分之一，拖累了基礎設施的建設、教學和研究。此外，職業學校、技術學院的師資和設備未夠水準，匆匆升格為普通大學，不僅失掉了原有的利基，也加劇了教育品質的下降。

早在一九九五年，我質疑台灣廣設大學的決策，並多次提出忠告。自我心證的主政者扭曲美式體制，至今惡補未止，甚至連填寫「學習歷程檔案」都要交出高額的補習費，受教益加不公，畢業生超低的起薪逾十餘年少有變化。台灣成了低資源的社會主義國度：學位貶值，一般的博士當碩士用，碩士當學士用，學士則高不成、低不就，滿口苦水，難以事事。

一九六〇至一九九〇年間的大學畢業生，留學美加，蔚為時尚，回台者亦多；其先進大學的師資堅強，學生優秀。台灣的美式學程，曾經較香港、大陸的大學早一步走在時代前沿。教改把台灣的高教拋在香港之後，如今更是落後於曾緊跟其後的韓國。大學退場、關閉或合併是二〇二二年及其後數年高教的熱門新聞。政策錯誤受影響的不只高教欲振乏力，也同樣表現在科技、文化、政經發展等方面。

高教理盲，教育部主事者諸事皆盲！

港英與日據台灣

一八四二年至一八九八年間，清政府在英國的武力威逼下，先後三次簽定不平等條約，分別割讓港島、九龍半島及租借新界予英國。在英國的寡頭管治之下，香港實施高教菁英制，英文流通又英化，階級性凸出，重法條，卻不曾建立任何教研的文化根基。也許便於港英政府指揮管理，百多年來，政府官員唯命是從，被管治得服服貼貼。

差不多在香港被英國控管的同時，日本於一八六〇至一八八〇年間，實施劃時代的改革。維新志士建立的政府，推行民主與西化運動，這就是世人了解的「明治維新」。在漢唐古老文化的根基上，明治維新引入西方的教育體制與思維，發揚光大，日本得以躋身世界列強。

中日甲午戰爭後，清廷於一八九五年簽訂馬關條約，將台灣等地割讓日本，直到一九四五年二戰結束，是為日據時代。日本統治初期，與西方國家引導海外殖民政策有些不同，尚無力在台灣從事大規模的資本活動。之後因應戰爭需要，日本全力推行皇民化政策，才開始推動教育以及農業方面的現代化。

香港與日本，分別執行西方的典章制度。可是，一九九〇年代之前，香港只有極少數的菁英大學；因為獨占的緣故，他們享受崇高的地位，盤據高薪的政府位置，對社會的影響力甚大，但是學術氛圍不彰。反而，英文未必普及的日本，高教創新程度早已執亞洲牛耳，至今有二十八位受本土教育的日本人獲得諾貝爾獎。進入二十一世紀後，幾乎每年一人獲頒諾貝爾獎，遙居亞洲之冠。

比較香港與日本，明顯地，英文不為日本高教成功的主因。在日本人奠定的基礎上，民國政府大力推廣教育，光復後三、四十年的台灣遠較香港進步，科研、先進製造已有建樹，香港至今仍然乏善可陳。香港高教不曾得到英國平等的對待，難怪不得扎根本土。

大陸大學的二次崛起

大學是高等學府的名號。明末的澳門聖保祿學院（St. Paul's College of Macau），是在中國土地上建立的第一所西式大學，學院因屢遭祝融之災而關閉。百年前的北京與上海已有燕京大學、輔仁大學、聖約翰大學等教會創建的先進私立大學。聖約翰大學成立於一八七九年，只比一八七七年明治維新時期成立的第一所日本大學即東京大學晚兩年，還早於一八九七年明治維新不久後成立的京都大學。

此後，直到十九世紀末，中國開始出現公立大學。一八九五年經光緒皇帝批准、成立的北洋大學堂——天津大學的前身——是第一所官辦的西式大學；一八九八年戊戌變法中建立的京師大學堂，在北洋政府時期改名為北京大學（北大）。

一九五〇年代，大陸重組大學，不但燕京、輔仁、聖約翰等大學消失，就連北大、清華等西式國立大學的院系也被分化重組成單科大學，倒向俄式學府的組織形式。一九六六至一九七六年間，忙著文化大革命，高教停滯，人才培養斷層。

一九四九至一九九〇年代的大陸，高教管理虛弱，無論在辦學理念、教研品質，還是師資水準、投資上都很落後。有很長的一段時期，中小學教育偷斤減兩，施行九年、十年、十一年學制，僅少數如清華大學曾經以五年或六年大學的學習過程，作為大學的養成教育，似乎有彌補中小學教育年限不足的意思。

中國大陸的經濟於一九九〇年代開始騰飛，高教亦隨之發生重大改革。風水輪流轉，乍然回首，二度轉向美制，已然落後台灣半個多世紀。

一九九八年五月五日，北京大學建校一百周年之際，大陸政府宣告啟動九八五工程，其目標是將三十九所大學建成世界一流大學。值得一提的九校聯盟（簡稱C9：清華大學、北京大學、中國科技大學、南京大學、復旦大學、上海交通大學、西安交通大學、浙江大學、哈爾濱工業大學）是隸屬九八五工程的一個頂尖大學聯盟。名列九八五工程的高校，尤其是九校聯盟的大學，可優先獲得中央政府的優惠待遇和撥款，清華大學就是其中一個例子。該校二〇二二年年度支出逾四十億美元，超過了包括台大在內前十二所台灣的國立大學年度支出總額！

大陸一再顯示出補強高教的企圖心。二〇一七年九月二十一日，中國教育部再度公布高校建設名單，矢言建設四十二所世界一流大學，九十五個世界一流學科。這就是簡稱為「雙一流」的計畫，二〇二二年二月進一步調整以學科為基礎的「雙一流」大學，其目標是在二〇五〇年底前建立多個世界一流的大學和學科，將中國打造成國際高教強國。這項措施仍須拭目以待，因為執行和結果，未必能兌現官方的雄心和豪言。

大學擴建和擴招，據以提出各種方案吸引優秀師資。如今，由於科研經費投入增加，中國在自然科學領域的研究碩果累累。據日本科學技術學術政策研究所二〇二〇年八月七日公布的「科學技術指標二〇二〇」，大陸在二〇一六至一八年自然科學領域發表的年均論文數量首次超越美國，居全球第一。第三位和第四位分別是德國和日本。這個結果與中國國家自然基金委員會二〇一六年六月發佈的「十三五」發展規畫吻合，二〇一六年大陸投入科研四十億美元，二〇二〇年達到六十億美元，與美國的科研投入總量相當。與此同時，依據中國自然科學基金的規畫，中國基礎研究將在今後三十五年內達到「三個並行」：「二〇二〇年達到總量並行，即學術產出和資源投入總量與科技發達國家相當……；二〇三〇年達到貢獻並行，即力爭中國科學家為世界科學發展做出可與諸科技強國相媲美的眾多里程碑式貢獻……；二〇五〇年達到源頭並行，即對世界科學發展有重大原創貢獻。」

大陸各式大學林立，如果有人只想得到學位，並不困難，學費低廉，教研品質不一，大有步台灣後塵之虞。與台、港不同的是，大陸的大學在一黨專政之下，更偏向資本主義，如果機緣巧合，大學教授的薪水收入、研究資助將隨著市場價值浮動調整。

大陸許多大學的新校園占地廣闊、綠化成蔭，硬軟體遠遠領先台、港的大學。大陸的大學充滿活力，企圖心強。可是，其高教管理機制透明度不足，管理人員地域局限性太強、多樣性太弱，重形式輕實質，教研脫鉤，文憑主義當道，授課時數太多、研討機會太少，缺乏教育投入與回報的概念。

大陸慷慨資助教育，但同時因為施行刻板的控制機制，破壞了創造力的土壤。另一方面，名校的學生熱愛學習，充滿活力，渴望討論學術問題，在某種程度上遠比台、港大學生程度好、求知欲強。

兩岸高教的共同特色

因公旅行兩岸，乘計程車，與司機聊天，其中常聊的一個題目就是教育。許多司機對教育有看法，自認為專家。這就難怪社會上對高教的議題眾說紛紜。和尚拜堂，城外錢莊。政府官員控制財政、解釋繁複的政令，社會大眾隨興批評，指揮政策，新聞媒體隨意解讀輿情，家長隨便發表一己感言，就連學生都不時大鳴大放，指揮學校的教研與管理。

重視教育是中華文化的特色，值得自豪。社會變革，兩岸三地的高教走過不同的心路歷程，遭遇不同的困境，台灣有資金欠經營，香港人高智商低創新，大陸多人力缺人才。仔細看來，這些缺憾有些文化上的共同性：

其一，外行人擬定高教政策，還定得複雜。表面上看不出高教有什麼學問，所以，有影響力的人就像計程車司機一樣，容易自以為是，喜就高教事務高談闊論。高教代表一種文化，需要身歷其境，才能有所作為，若無教研經驗，切勿隨意摻和。打個比方，生病應該去看醫生，還是問鄰居，其理易明。

其二，政治摻合高教。教研非為政治服務，所以不應該被當做政治遊戲的籌碼。官與學本質不同，本該各行其是。高教界歷來像野草摻合著野菜一樣，在官、學之間糾纏。當官的把自己擺在大學的上頭也就算了，大學也老把自己放到官帽子下面，而媒體社會也都一體認了。教育體制與政策常因非學術的緣故而改變，政治人物隨時隨意左右高教方針。

其三，大學自主性不足。除了政策的擬定受政治的主導，兩岸大學的學術行政常受法規或者情緒化社會的牽制。北美的大學，自主性強，學術歸學術，校友、學生、媒體、校董、議會、政府官員不會指揮大學的學術行政，也不至於干擾大學的教研學程。

很多人強調我們的大學年輕。兩岸的大學固然不如歐洲的大學歷史久遠，但是與日本的大學相較，其年代不相上下。有些歷史未必短於許多人心嚮往之、成立於一八九一年的美國史丹佛大學及加州理工學院（Cal Tech）。若與遲至一九四六年成立的韓國首爾國立大學、一九五六年成立的以色列特拉維夫大學（Tel Aviv University）、一九八〇年由醫學院擴展成形的新加坡國立大學等世界首屈一指的亞洲大學相較，兩岸許多大學一點都不資淺。

與經濟排列類似，四小龍中，新加坡的大學排名居首，遙遙領先台、港的大學。韓國曾經歷過教改失敗而重新起步，幾年內大學排名料將超越香港而居次。台灣遭遇失敗，卻少有魄力提出修正措施，對鄰近地區或國家同行的成績又不屑一顧，這種奇怪的心態令人難以理解。台灣的大學將繼續墊後，遭時竊位，其來有自。自我陶醉或者只想比較大學的年紀，沒道理。大陸雄心勃勃制定了九八五及雙一流大學的規畫。但除了為幾所大學投下巨資外，整體高教水平類似台灣，皆與心件標準保有相當差距。

兩岸三地高教蓬勃發展。要創造一個求知環境，讓教師能夠幫學生接觸新穎陌生有潛在困境的觀念，引導他們尋找答案，並在追求真理時，依然可提出不同甚至相反的假說，才是大學教育的宗旨所在。

最好牢記哥倫比亞大學（Columbia University）校長艾森豪（Dwight D. Eisenhower）與諾貝爾物理獎得獎者拉比（Isidor Isaac Rabi）的精彩對話。艾森豪在一次演講中稱教研人員為「大學雇員」，拉比站起來說：「校長先生，我們不是大學的雇員。我們就是大學。」很難想像這樣的對話會發生在中國大陸的大學。

簡化地說，兩岸三地的高教界，行政複雜，牽制太多，乃文化使然。

台、港、大陸大學低學費政策

在未考慮教育資源回饋的傳統下，兩岸的大學，歷來採取低學費政策。台灣的國立大學、香港政府資助的大學以及大陸的一本線大學，其學費約分別為美國州立大學學費的七分之一、三分之一及二十分之一。羊毛出在羊身上，如此的超低學費，無法反映教研成本，其差額由全民買單。學費絕對值最低的大陸，政府額外付出甚多，以便平衡大學的財政收支及疏導治校者的怨言。

民眾重視優質教育，樂意為此付出。近年來兩岸三地的官員與中產階級不計代價，不約而同地將子女送往學費高昂的歐、美、加、澳等外國大學留學。其數量之多，不但說明了不恰當的低學費政策完全沒有吸引力，也表示他們對本地的高教沒有信心，而率先表明不願投入的意願。

與香港或大陸比較，台灣朝野少遠慮，高教資源已然長年嚴重稀釋，加以低學費政策困擾大學的發展，政府又不願或無力支付低學費與教研成本之間的差額，以致造成教授本薪低，等於間接鼓勵他們校外多兼職；結果教研困難，成果打折。若無明確的資金來源，低學費有害教研品質與競爭力；另一方面，又因低價，受教機會不受學生與家長珍惜。惡性循環，咎由自取，最終社會鬧情緒，學生受損，全民失利。

多年來失業率低於4％的台灣，青青園中葵，朝露待日晞。大學生寧願選擇延畢、窩在家裡依靠父母供養照顧，空耗薄弱的大學資源，實乃肇因於低學費政策的後遺症。學生延畢，伴以濫情胡謅，形成目前面對的棘手問題。

其實，中低收入家庭的子女，可由政府或民間資助就讀大學，學費的高低與家庭經濟狀況的關係不大，甚至全無關係。超低的學費，讓可以負擔得起的中產以上家庭受大惠，其教研成本的差額，由全民透過扮演中間人的政府買單，因此成就了不公平的現實。

在很多情形下，美國優秀大學的學費昂貴，其一流私立大學的學費為一流州立大學學費的二至四倍，州立大學中優秀者也較普通的州立大學收取較高的學費。然而，台、港、大陸的大學收費反其道而行：香港UGC資助的大學學費較因進不了大學而選擇就讀社區學院的學費低，台灣的優秀大學收費較次要的私立大學學費低廉一大半，大陸一本線、二本線大學也較三本線大學的學費低許多。高質低價、低質高價，這是什麼錯亂的邏輯？

為了提高百姓的教育水準，低學費政策在貧窮且受教人數少的社會裡有些道理，卻不適合經濟發達或起飛的社會。多年來，台灣有大學調高學費的建議，然而反抗聲浪不止，政府難以應付。香港教資會及大陸的大學校長也曾提起調高大學學費。由於事涉敏感，少有響應。

台、港、大陸中學生出國留學比較

一八四七年，粵人黃寬與容閎由粵經港赴美，首開華人留學歐美的紀錄。

一八五〇年，讀畢預科的黃寬轉赴蘇格蘭愛丁堡大學（University of Edinburgh），於一八五七年獲醫學博士；容閎進耶魯大學，於一八五四年獲文學士。容閎學成歸國，鼓吹派遣留學生為國家儲備人才的計畫有成，遂於一八七二年奉清廷批准，派出了中國最早的一百二十名幼童，分四批前往美國。幼童之中，有鐵路工程師詹天佑、民國政府首任國務總理唐紹儀、清華大學前身清華學校首任校長唐國安等中國近代史上的領袖人物。

除一九〇九年的庚子賠款曾經送少數香港學生留美及個別留日留歐外，自一九五〇年以後，香港高中畢業生留學歐美，歷久不衰，其所占高中畢業生的比率在兩岸三地中最高。如此特殊的留學比率，主要原因是香港本地大學的招生名額有限。自二〇〇九年起，教資會每年分配一萬五千新生名額給八間大學。二〇一七年，五萬二千三百名中六畢業生中，約四千五百名赴外地的大學就讀各種學位，占中六畢業生人數的8.6%。香港高中畢業生到外地攻讀大學學位的人數，約為外地人赴香港攻讀大學學位的兩倍。二〇二〇年，出走香港到外地就讀大學的中六畢業生人數再創新高，逾六千名；依人數多少，其到外地學習的國家與地區依次為大陸、台灣、英國、澳洲及加拿大。此外，移民潮與疫情夾擊下，二〇二〇／二一學年教資會資助的八間大學共二千六百四十三名修讀副學士、學士和研究院課程的在學生退學，占87,294名在學人數的2.9%，其中本科生比率逾85%。

二〇一六／一七年度大陸出國的留學生中，有六成四（350,755人）赴美就讀（見表0.1）。在所有留學美國的學生中，142,851人入讀大學本科，約占高中畢業生總數（7,923,500人）的1.8%。此一現象再次說明外國大學對大陸的學生及家長，有相當的吸引力。

相比兩岸三地，台灣高中畢業生出國留學的人數歷來不多，且少有優秀者選擇出國讀書。如今當高中畢業生的大學入學率幾達百分之百的時候，本地大學學位的價值不再，就學外地的高中畢業生，反而從二〇〇〇年前甚少，逐年增加到二〇一〇年的551人，甚至二〇一五年的1,422人。今天許多學測高分、甚至滿級分的優秀生，棄台大、清華、交大，遠赴海外求學，等於對低學費受教不屑一顧。

台、港、大陸相互留學的大學生

自民國初年，即有港生報考大陸大學。文革期間大學停課，至一九七七年恢復高考後，香港有少數人報考。至二〇一七年，赴大陸就學的人數大幅增長，當年有760名香港中六畢業生，選擇就讀大陸大學的本科。

中國崛起，中文成為僅次於英文的最重要國際語言，不少跨國公司聘請熟悉中文的員工。在大陸取得大學學位，有助港生了解大陸文化，建立社交網路，為事業發展奠定基礎。二〇一九年三月，香港政府提議修訂「逃犯條例」，六月引發風波，通稱反修例事件，影響港生赴大陸就讀本科。隨著經濟快速進步及大學國際認可度的加大，二〇二〇年報考大陸大學就讀本科生的香港人數，大幅增加到3,999名。二〇二一年，香港中學文憑試（DSE）報考大陸考生人數又比二〇二〇年增長了21.1％，達4,890。

香港把大陸留港的大學生叫「內地生」。政府規定包括內地生在內的外籍生不得超過政府資助大學本科生的20%。一九九七年前，到香港就讀大學的內地生非常稀少。二〇一四年，有 1,646 名內地新生註冊香港的大學本科，多年大約維持這個數字。但是在香港的大學就讀博、碩士學位的研究生，則占各大學外籍生的絕大部分。香港經常成為內地生留學的首選，二〇二一年一至七月，內地生赴港求學諮詢量比同期增長126%，二〇二二年赴港讀學位者較二〇二一年成長。

二〇一一年，台灣的大學對大陸開放，把赴台留學的大陸學生稱為「陸生」。至今為止，陸生在台僅容許就讀私立大學及極少數限制名額的國立大學，二〇一五年台灣一百一十五所大學錄取了 2,553 位陸生新鮮人（freshman）。陸配子女來台依親，諸多受限。雖然二〇一二年放寬規定，但是年滿二十歲尚未取得長期居留權者，若考上大學，仍將被迫退學並遣返大陸。

二〇二〇年，值台灣招收陸生十周年之際，由於新冠疫情及大陸於上一年宣布不再開放陸生赴台就學，僅開放就讀學士班、碩士班的陸生升讀更高學位，實際註冊赴台就學陸生新生人數僅 576 人，創近年新低。據報導，二〇二一年錄取 706 名陸生，是二〇一九年招生 2,523 人的28%。這種情況在博士班招生中更為突出，以往三年預分發都能招到 300 人以上，占招生總額的八、九成，而二〇二一年博士班陸生僅用掉20%的招生名額。陸生曾經是台灣最大境外生的生源，依教育部資料，隨陸生三法通過開放陸生來台就學，二〇一六年曾經達到 41,981 人，幾占境外生總數三分之一。由於兩岸關係轉壞，大陸禁止陸生來台就學，二〇二一年陸生剩 4,293 人。陸生提供私立大學的生員，快速擴充的私立大學面臨經營困境。

從日據時代起至一九八五年，台灣人到大陸就讀大學，除個案外，手邊無完整紀錄可查。大陸高校自一九八五年起向台灣招收本科生，一九八九年僅有十幾名入學。自二〇〇八年以來，兩岸交流密切，雖然台灣初時並不認可大陸的大學學歷，台生赴大陸求學的人數仍逐年攀升，僅二〇一七年一年，即有 1,600 多名台灣新鮮人赴大江南北的大學就讀。自二〇一八年以來，相當數量的優秀高中畢業生報讀大陸九校聯盟，截至二〇二〇年底，在大陸大學就讀各種學位的台生總數已逾一萬。

港生在台灣被視為「僑生」，自一九五〇年代始，香港僑生赴台就讀歷年不衰，並享受進入國立大學熱門科系的優惠。二〇一七年共有 1,209 名香港新鮮人就讀台灣公私立大學。自二〇一九年起香港僑生在台大幅增長，此為一方面台灣的大學嚴重缺乏學生，另一方面香港反修例情緒高漲，既然香港的大學名額有限，台灣的學費及生活費又低，赴台入讀不失一條途徑。二〇二一年台灣錄取 3,093 名港生，較二〇二〇年增長26%。

二〇〇八年之前，除極少數個例，並無台生赴港就讀大學的紀錄。二〇〇八年上任城大校長後，於二〇〇九年率先招收台灣學生。到了二〇一八年，已有二百三十二名台生新鮮人就讀香港教資會資助的八間大學。港生在台灣就讀博、碩士學位的屈指可數。至今，除零星個案外，仍未有台生在香港就讀研究所的官方紀錄。二〇二〇年由台赴港的大學新鮮人則因政治、新冠疫情等因素降低至不足五十人，二〇二一年錄取約九十名台生新鮮人。

因為台灣設下別出心裁的歧視性招生限制，其大學對於優秀的陸生不具吸引力，入讀的陸生程度，較大陸一本線大學招收的新鮮人的入學成績大為遜色。與台灣招收陸生的態度不同，香港各大學入學標準高，無論台灣或大陸赴港留學的外地生，多為台灣及大陸的菁英，且家庭經濟狀況佳，入學後，表現出色。至於僑生赴台、台生落腳大陸、港生就讀大陸，常享當地入學優待，程度參差不齊，家庭普遍較不富裕。

由外地生在香港的學習表現，可以瞭解香港高教受外地的認可度。除城大自二〇二一年起實施美國大學的畢業榮譽制度外，香港的大學普遍採取英國的榮譽畢業制度。據估計，每年約14%的畢業生獲頒一級畢業生的榮譽（first class honors）。近年來，約十分之一的香港本地生獲頒一級畢業生的榮譽，約二分之一的陸生得此殊榮，三分之一的其他外地生（來自台灣、韓國、印度、馬來西亞、歐洲等）得此殊榮。顯而易見，香港的外地生特別是內地生的表現，遠較香港本地生出色。

台灣「九〇後」與英國「八〇後」、「九〇後」的大學也有不同的一面。台灣廣設高中、大學，自始即伴有平均主義的色彩。這種思潮入侵校園，帶來不少負面影響。與香港大不同，台灣外地生的表現較本地生遜色，這應該跟招生的素質有關。如今社會醒悟「九〇後」大量成立的新大學，顯然得少失多。

台、港、大陸學士學位頒授比較

近十年美國及亞洲主要國家和地區高中畢業生入讀四年制大學的入學率以圖3.1示之，入學率是以大學新鮮人入學人數占應屆高中畢業生人數的百分比計算。圖中一九九〇年至二〇二〇年所示數據包

圖 3.1：美國及亞洲相關國家和地區高中畢業生入讀大學的入學率

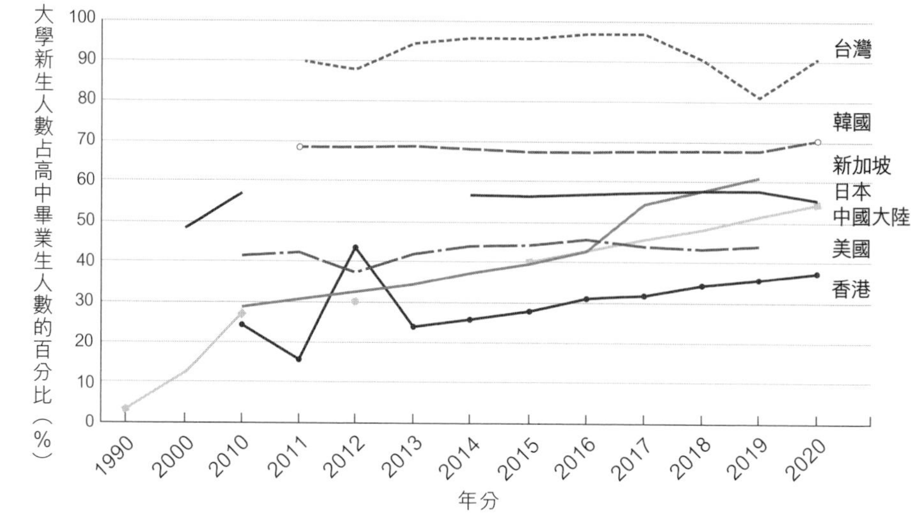

括兩岸三地、新加坡、日本、韓國和美國的大學。圖3.1看出台灣的高中畢業生入讀當地大學的機會最高，是香港高中畢業生入讀當地大學機會的兩倍多。因此，也可以想像台灣頒發的大學學位不成比例地多於香港頒發的大學學位。

台、港、大陸的大學在二〇一七年分別頒發了228,793、21,204個及3,391,586個學士學位，分別占當地人口的0.95%、0.26%（0.35%包括非教資會資助的學生）及0.29%。試以美國當作參考指標，二〇一七年美國的大學頒發了大約一百八十四萬個學士學位，占美國人口的0.56%；二〇二二年大約維持以上頒發的學位數字。

考慮外出留學、外地人在當地留學的數量，以及當地人口等因素，再分析比較學士學位頒發數占各地人口的比率，可見香港與台灣呈現兩個誇大的極端。以學位數占人口的比率而言，香港約為台灣的三分之一。換言之，前者頒發太少學位，後者頒發過多學位。表面上，台、港中學與小學的就學率相似，但是香港吝於頒授大學學位，台灣則廉價廣發大學學位。這種差異與台、港兩地社會政治發展的歷程吻合。

台灣成立超多大學，基本上允許所有高中畢業生都能入讀四年制大學，其主要原因就在政治環境對教育發展的影響。香港白首功名、官僚當道、創意的事不做不錯、少做少錯、一動不如一靜；台灣詩酒功名、民粹濫情，外行主政，先搶先贏。結果雖然不同，卻都是台、港教育受政治牽制的明證。

外國經歷，兩岸借鏡

二〇一一年底，二度訪問倫敦帝國理工學院校長歐倪澳斯，依他所言，英國應向美式高教靠近，簡化行政手續，強調研究，以受教者付費的原則調高學費。如今，果如其言。

近年來，芬蘭的高教也向美式發展。例如創辦於二〇一〇年的阿爾托大學（Aalto Univeristy），就是由芬蘭三所不同學科領域的德國式專科名校合併而成。該校對教員採用終身制，成立了獨立的大學董事會，引領阿爾托大學走向國際。

二〇〇九年訪問法蘭西學院（Collége de France），得知法國當時正研究美制，整編學校，更新大學運作，提高大學功能性（functionality）與功效性（efficiency）。法國的高等學院（grandes école）以培養專業人才著稱，加入歐洲頂尖工業領袖網（TIME）與業界緊密聯繫。科技發達的法國，對此並不自滿，經研議後，於二〇一一年全面整併大學。法國人歷來以法國方式行事自豪，如今對於高教自覺力有不逮，師法美制，整併大學，執行兩項劃時代的改變，都由逾兩百年歷史的頂尖大學發起。

二〇二二年四月，再度訪問法蘭西學院，桃李春風一杯酒，巴黎春雨十年燈，法國的高教果然日新月異。

首先，二〇一九年合併成立的巴黎文理大學（Paris Sciences et Lettres University, PSL）迅速攀升各項國際評比，引起國際注目，並不意外。巴黎文理大學由科學重鎮、以擁有十四個諾貝爾獎及無任何大學可及的十二個費爾茲獎（Fields Medal）校友的巴黎高等師範學院（The École Normale Supérieure）與其他幾所位於巴黎的傑出大學與研究所，如巴黎高等礦業學院（École des Mines de Paris）等組建而成。在QS二〇二三年世界大學排名中，巴黎文理大學名列第二十六。

此外，巴黎綜合理工大學（Institut Polytechnique de Paris）是以法國最富盛名的頂尖巴黎綜合理工學院（École Polytechnique）為主及國立高等先進技術學院（ENSTA Paris）、國立統計與經濟管理學院（ENSAE Paris）、巴黎電信學院（Télécom Paris）和南巴黎電信學院（Télécom SudParis）等五所一流工程院校於二〇一九年五月合併而成。今天有8,500名學生註冊的巴黎綜合理工大學希望建立成為法國的麻省理工學院。校友中有四位諾貝爾獎得主、一位費爾茲獎得主、三位法國總統和眾多法國及國際企業的首席執行官。在QS二〇二三年世界大學排名榜上，巴黎綜合理工大學名列第四十八。

德國的大學系統是公立的，其教授、研究人員享有從事科研的完全自由。由於藝術和科學屬於州府管轄，不受聯邦政府控制，學術自由得到保障。但是，獨立於聯邦政府的代價則是落得大學得不到聯邦政府的資助。因此，大學貧富懸殊，像慕尼黑大學（Ludwig-Maximilians-Universität München or University of Munich）、慕尼黑工業大學（Technical University of Munich）、海德堡大學（Heidelberg University）、卡爾斯魯厄理工學院（Karlsruhe Institute of Technology）等坐落在富裕州內的大學得到的資源較多。

除了研究與教育得到憲法保障以及屬於州政府管轄之外，德國有些研究機構完全由聯邦政府資助，如馬克斯普朗克科學促進學會（Max Planck Gesellschaft）。大學研究項目的資助來自聯邦機構，如教育與研究部（Federal Ministry of Education and Research, BMBF）、經濟事務和氣候行動部（Federal Ministry for Economic Affairs and Climate Action, BMWK），或者透過獨立的德國科學基金會（German Research Foundation, DFG）。過去二十年，德國師法美國大學，採行「傑出研究中心」（Excellent Initiative）的方式，希望提高大學排名，並且先將研究人員送往美國做博士後研究，再回頭貢獻德國。

二〇一九年七月十八日，我與南非開普頓大學（University of Cape Town）校長帕肯（Mamokgethi Phakeng）對談，她的分析力很強，對議題解釋鞭辟入裡。開普頓大學擁有五位獲諾貝爾獎的校友，也是史上首例人類心臟移植手術醫生巴納德（Christiaan Barnard）的母校。二十世紀的南非，種族隔離嚴重；二〇一五年秋天，學生示威，抗議校方加收學費，令貧窮的黑人學生益加難以入讀大學。經費是高教成功與否的重要因子，無論何時何地，大學運行必須依靠穩定的財務來源。學費多少，利弊當前，值得探討。

我曾數次訪問歷史悠久、人才輩出的俄羅斯聖彼得堡國立大學（Saint Petersburg State University），聖彼得堡國立大學廣泛採納北美大學的作法，而且與他們維持密切關係。另一個例子是二〇一一年麻省理工學院與俄羅斯政府合作建立的斯科爾科沃科學技術研究院（Skolkovo Institute of Science and Technology）。該學院為注重創新創業、培養研究生的獨特大學。由於俄羅斯入侵烏克蘭，二〇二二年二月麻省理工學院終止與其合作關係。

近代高教，包括日本在內，多是東方取經於西方。清朝洋務派代表人物張之洞，倡導中學為體、西學為用，重教育又發展重工業，起步較明治維新略遲，總算走對了路，可惜成效差得很遠。就像王助這樣重要的工程師，曾經在一九一七年為早期的波音公司設計第一個水上飛機 Boeing Model C，並為美國海軍所採用，不久回到大陸，並不得志。一九四九年滯港，後赴台任教成功大學，他的設計無法在台、港、大陸落地生根，開花結果。

無論張之洞或王助，寒地生材遺校易，貧家養女嫁常遲，都被不成氣候的環境給埋沒，只有人才不夠。兩岸三地的大學各秉師承，大陸的大學在一九四九年之後，翻轉清末民初建立的歐美體制，而師法蘇聯體制，香港的大學沿襲英國傳統，台灣的大學則兼具美日的內容。近年來，兩岸將這些體系融會貫通，漸漸以美國模式為主導；台灣與大陸的大學飛速擴展，其數量之多、規模之大，足以形成一個板塊，與北美、歐洲鼎足而立。

全球的高等學府為了因應國際化帶來的衝擊，繪製了各具特色的發展藍圖。兩岸三地的高等院校，仍處於起步階段，有必要汲取先進文明的精髓，了解多樣性的世界文化，調整方針，大學自主，藉由高教營造特色品牌。

大學自主的精髓可以歸納為：在體制下，尊重專業管理，修補高教文化上的缺失，學術歸學術。

圖 3.2：1950-2021 年間，台、港、大陸新生兒人數

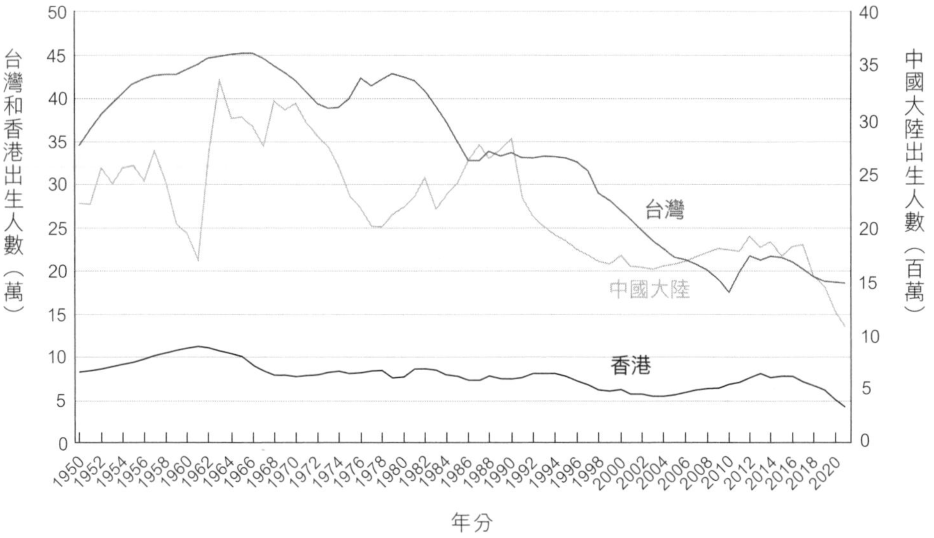

從策略上看，引入良性競爭機制，為高教注入動力。普及高教，不應就此降低大學和大學生的素質；也唯有如此，才能真正貢獻社會。

他山之石，值得台、港、大陸借鏡。

台、港、大陸的少子化困擾？

圖3.2顯示一九五〇至二〇二一年間，台、港、大陸的出生人數。一九五〇年代至一九七〇年代的台、港出現生育高峰期，此一時期出生的人通稱嬰兒潮世代（baby boomers）；台灣的此一世代維持長久，出生人數至一九八〇年代中才逐漸下降，而香港則於一九六〇年代下降後曾一度升高、至二〇一〇年代中期才急遽下降。大陸的嬰兒出生人數在一九六〇年代後期達高峰後，增長減緩，在一九九〇年再創高峰；一九七九年開始，隨著改革開放，大陸推行一胎化政策，出生人口從一九九〇年代起

圖 3.3：1950-2021 年間，台、港、大陸的出生率

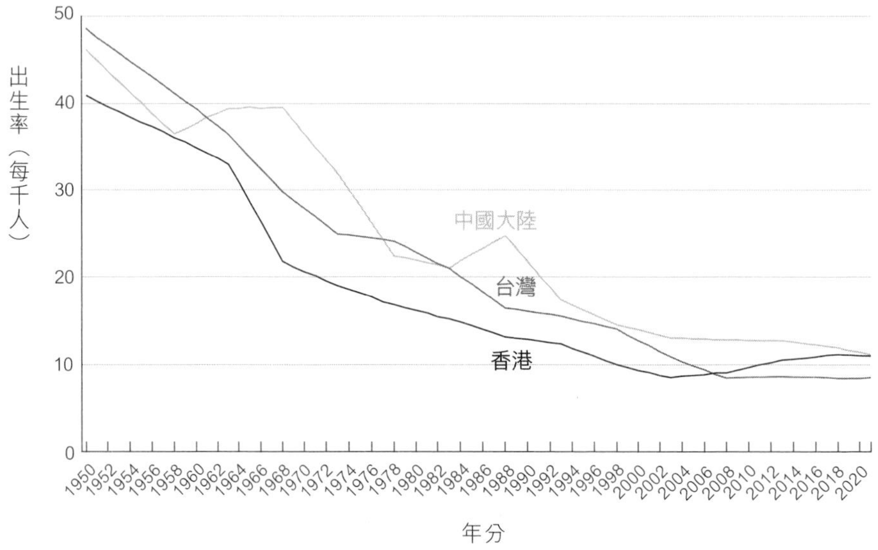

穩定下降，二〇一〇年Z世代後期更起急遽下降。一九九五年之前，香港與大陸新生兒人數漲跌呈相反趨勢；之後，兩地漲跌一致。台灣則與香港或大陸呈規不相關的漲跌模式。從二〇一七年起，兩岸三地的新生兒人數同步下跌，由圖3.2看來，此一跌勢料將持續多年。

新生兒人數漲跌反應嬰兒出生率。台、港、大陸自一九五〇年至二〇二一年間的嬰兒出生率以圖3.3表示。台灣的出生率自一九五〇年代起即穩定下行；香港除二十一世紀初略微上升外，其他年分皆逐年下行；大陸在一九六〇年代維持高出生率，稍有下降直至一九八〇年Y世代再創高峰，之後一胎化政策壓低了一九九〇年代以來的出生率。

一九九七年起，台灣出生人數持續下滑。香港的中六及大陸的高中畢業生則因為目前的低出生人數，預計分別在二〇三五年及二〇三七年，開始嚴重下跌，影響兩地的大學入學，大陸的大學入學形

勢料將嚴峻。低出生人數對台灣高教產生的鉅大影響，較香港、大陸早十五至十七年浮出社會。

二〇一五年台灣新生嬰兒數213,598，是近十年間唯一僅次於二〇一二龍年的229,481。翻看二〇一五年台灣四年制大學與技職學校的二十三萬大一新生名額，顯示供需嚴重失血失衡。二〇二一年台灣新生嬰兒的出生率在世界國家／地區排行墊底之一，生不如死，自然增加率為負成長千分之一點二七。少子化令大學招生雪上加霜，大學生、研究生人數不僅益減，大專院校更提早面臨教職員減薪、裁員、轉業的風暴。新生嬰兒數下滑早有跡象，政府應對無方。

教改下的台灣，大學與研究生報考名額出現空缺，畢業生就業時待遇微薄。在低出生率的衝擊下，高中職入學人數銳減，有優秀者又未必認同本地學位，選擇出國就學，以致招生益加捉襟見肘，逾半學生勉強進了大學，畢業後浪得空名，有害名教。追根尋底誰之「过」，究竟是大學名額太多，大學品質太差，高教政策落後，還是人口太少？

一九五〇年台灣人口為六百萬，一九七二年為一千六百萬。如今的二千三百萬人並不顯少，社會反而為出生率降低困擾，還不是因為歷來欠規畫，以致校浮於人。

台灣閩南人、客家人、外省人及原住民等四大族群的結構經歷巨變。過去二十年間，新遷入的居民與移民母親的子女逐漸成為第三大社會群體，預計他們將有助增加人力資源，為初中、高中及大學帶來新活力。

九〇後幸福與驕縱的一代，人才要好、要精，還要接受得起挑戰。教育制度面臨困惑，並不意外。韓、日、香港、新加坡全面吸收優秀外籍生，更遑論歐、美、加、俄等國歷年大量招收陸生。唯獨台灣力行焦土政策，極少外籍生，有限度接受陸生、排斥其優秀者、並加以工作限制。在世界舞台上，這樣的條件對陸生當然不具吸引力。

香港的中學畢業生因出生率長年下降而逐年減少，往外地留學的人數又一再增加，中六畢業生入讀本地大學人數的比率屢創新高，但是二〇二一年也只有約35%的中六畢業生得以直接升入政府資助的八間四年制大學。按照圖3.1所示，這一數字與任何一個已開發國家或地區相較都偏少。隨著人口出生率持續下降，居然還有政府官員擔心此一比率過度上升。殊不知，雖然政府曾經為大學提供相當數量的大三名額，過繼給兩年制社區學院的副學士畢業生，即使四年制大學的入讀率再翻一倍，與其他已開發的國家或地區相比，並不為多。

香港人口出生率低於千分之七，人口自然增長率為負值。與台灣類似，香港的少子化未必導致高中生人數減少，因為尚有許多其他因素影響人口規模，包括來自大陸的新移民。

中國國家統計局公布，二〇二一年中國人口出生率為千分之七．五二，人口自然增長率為千分之〇．三四，均創歷史新低，面臨比預期快的人口老齡化，預料人口總數將在二〇二五到二〇三〇年間達到峰值後快速下降。隨著大陸高考人數下降，以及錄取規模增加，全國高考錄取率從二〇〇五年的29%增加到二〇二二年的40%，部分省市錄取率甚至更高。未來幾年，高考考生至少有50%的機會進大學就讀。在東北地區，入學比率更高。有人誇張地說，某些地區的高中畢業生要是進不了大學，還真不是一般的不容易。其浮濫情景，有直追台灣之勢。

美國高中畢業生中有68%進入大學或學院就讀。但是獲錄取後，調整各種因素如美國大學56%的低畢業率，相比台、港、大陸近100％的大學畢業率，可以說兩岸三地高中畢業生入讀且自大學畢業的比率，已超越美國高中畢業生入讀且自大學畢業的比率。

聽聞有人將招收國際生當做補足少子化、大學名額過多的缺口，果真如此，這是誤用國際化豐富大學與社會發展的原委。削足適履形容為了將大腳塞進小鞋，而把腳削小。今天的鞋子太大了怎麼辦？

兩岸三地高教的困擾到底來自少子化，還是其他人為不彰等管理不善的因素？是大學畢業率太高，還是大學學位品質少保證？是鞋子太小，還是腳太大？是鞋子太大，還是腳太小？

第四章　簡單是複雜的極致

美式大學是許多國家、地區及大學效法的典範。在高教的各個面向，台灣曾經是亞洲的急先鋒，亦步亦趨地跟著美國，使用美國教授編寫的教科書，採用美國教育的基礎結構，並由受過美式養成教育、最有資格的教師授課和從事研究。既然如此，為何今天台灣的高教居然落後許多亞洲的鄰邦呢？到底出了什麼狀況？誰出錯？哪裡出錯？為什麼出錯？

埃文斯（Ralph Evans）曾經擔任權威學術旗艦期刊 *IEEE Transactions on Reliability* 的主編，是我主編該期刊的前任。我們的信念（credo）和想法頗有交集，可以解釋形成台灣的困境，並以此作為香港及大陸的警惕。這些信念也是政府執政或者大家在日常生活中應該了解並遵行的原則，值得介紹。

其一：好的系統，應該讓使用者「易於做出正確的抉擇，難以做出錯誤的抉擇」

這個原則適用於工程系統和社會事務，如公務法規、司法程序等的制定。理想的系統，宗旨明確，操作簡單，可將運作細節交代清楚，便於遵行。然而，「簡單」與「交代清楚」二者未必並存，更常見的則是許多系統被設計得既不簡單，又交代不清楚。

舉例來說，有些旅館為了顯示高檔，而把客房內的燈光調控系統設計得花俏複雜，不但難找開關，而且令住客容易按錯。有些餐廳把廁所的標示搞得看不懂是男廁還是女廁，甚至漆黑不清楚、擺放在不易找到的角落，好像有意跟顧客過不去似的。

類似的情形也見於當今的汽車，雖然設計花樣（features）繁多，而我相信目前還沒有一款汽車，可以給穿高跟鞋的女士帶來方便，讓她們駕車時不用脫鞋，如履平地，安全駕駛。

在多樣化的社會裡，系統功能（functionality）複雜。若要把細節陳列清楚，必然有些囉嗦，因此變得繁瑣累贅不甚簡單。不簡單，就不可靠，容易出錯！

再舉市面上的手機為例，功能豐富，但絕大部分的功能難得一用；按鍵複雜，稍不小心就誤觸不該按的鍵，而當想用某一功能時，卻又找不到該按的鍵。對普通用戶來說，手機作為通話工具，除了滿足特殊需要，首在簡單可靠，減少濫用手機造成於人於己的諸多不便。

人事管理方面，對他人採取不信任態度的東方文化，喜將各種條例、法規制定得錯綜複雜，務求彼此牽制。如此體系，簡直就是鼓勵大家自求多福，不做不錯；否則，容易做出錯誤的決定，不易做出正確的決定。法條太多，因此傷害了創意，這也是台、港創新困難的一個因素。

理想的環境裡，好人易出頭，壞人難得逞。換句話說，好的系統可以減少人為過失。自二〇一一年以來，台灣發生的食安、關說、貪汙、遷建、軍中凌虐死亡、油氣爆、粉塵爆、台鐵事故等傷亡案件，無論事故發生的原委或者後續處理的方式，皆令人目不暇給，欠缺的並不是安全條例，反而起因之一就在於條例、法規複雜，供人隨意詮釋，甚至自相矛盾，窒礙難解。鐵路車廂不以品質安全為上，而過於強調花俏與低價，低票價與舊制退撫金的壓力造成台鐵長期虧損，忍受沉重負擔，倒楣的還是旅客百姓。

在民粹鼓動下，觸法網者有機可乘，如入無人之境；無辜者或被羅織入罪，欲哭無淚；而執法者則疲於奔命，勞而無功。處此複雜的系統之下，無論全民懂或不懂法規，與當事者相關或不相關，有或沒有政治意圖，無不樂於參加公審，混淆真相，浪費社會成本，添加無謂困擾。

顯著的一例就是大學自主。

美國教授的升遷、聘任簡單明確，信服有力，因此抗爭也少。如果教授升遷、聘任的規則繁瑣精細，一旦引致抗爭，必將難辨誰是誰非。台、港政府開會，有與會者感嘆：「做事難；無論做什麼決策，社會都不信任。」其實，當今社會，誰又信任誰？

為了多方制衡而設下複雜的制度，結果作繭自縛，能者明哲保身、避而不宣；別有用心者，橫行無阻、伺機亂動。法從心生，人情世故萬般難，心態最重要。若要與公正的心態相伴，制度必須簡單明確。制度清晰明瞭，達理通情，辦事用心的人就容易處理問題，取得最佳效果。

系統複雜，很多人就把心思放在了解、破解、甚至裂解系統上。制度複雜，瘦了百姓守法者，肥了政客投機份子。系統簡單，使用順心。系統中的個人也是一樣，年輕時快樂很簡單，年長後要追求簡單才快樂。

簡單是複雜的極致（Simplicity is the ultimate sophistication），信哉。

其二：儘管得出正確答案，其實選錯了論題

決策者可能犯兩類錯誤：一類是把正確的結論視為錯誤，而加以拒絕。另一類則是將不當的結論誤以為是，而予以接受。這兩類錯誤在工程製造、科學探索、司法判決方面經常發生。就處世待人而言，若把正確的事情往錯誤的方向看待，那是小人之心；若把錯誤的事情視為正當，或明知錯誤卻情願接受，則是鄉愿。健康的社會，小人少，鄉愿也少；不健康的社會，小人多，人人都鄉愿。

其實還有常犯甚至更嚴重的第三類錯誤：用合理的方法尋求答案，卻選錯了論題，因此就算求得解答，也是個不相干的答案。頭痛醫頭、腳痛醫腳，固然可以暫時減緩頭腳之痛，終究治不好病。解決問題，必須有認清問題癥結的智慧。

試圖藉由推廣英文做到國際化，就是緣木求魚，必定無功而返。若不採納先進的規範並調整改變陳舊過時的心態；譬如，若不能執行「易於做出正確，難以做出錯誤」的抉擇，英文再好也達不到國際化。反之，社會成員就算英文欠佳，只要遵守規範並取得實質進步，必然與現代化同步。退一步看，假若真想強調語文，則該重視兩岸三地的強項、兼且重視當世火紅的中文，才是正道。康乃爾大學（Cornell University）與北京清華大學五道口金融學院的課程，捨英文、以中文授課，新解國際化的論述。

台灣想藉廣設大學以增加公民就業、提升社會素質，又是在錯誤的選題上尋求答案。有菲律賓的大學畢業生英語說得流暢，也只得浪跡外國幫傭，正是人不盡其才，又未能悉用其力的一個好事例。

培育人才，首重實質。曾經見過報導台灣某高中畢業生，歷經四次大考，終於考上心儀的台大醫學系，報紙還特別報導。原來該生高中畢業時，考上台大卻非醫學系，放棄不讀；複習半年後重考，考上高醫大醫學系，仍不滿意；隔年再考，獲北醫大醫學系錄取。在北醫大校園待了兩年，該生四度重考，終於考進台大醫學系。據說，他對台大醫學系「有種莫名的堅持，非此不念。」為了圓夢，比他人多花了五年時間。

該生第一年未能考上醫學系，因志願不合心願重考，尚可以說得過去；但接下來幾次重考都算荒唐。這又是個就錯誤的論題，求得自以為正確答案的例子。其實，類似這樣的重考例子，至少幾年來的台灣社會都是這副德性。

試想，難道台大以外大學的醫學系就不值得讀嗎？當事人真的適合就讀台大醫學系嗎？除了滿足虛榮心，有什麼理由去設定這麼奇怪的論題，虛度個人年華，誤擲社會資源？如此錯誤的論題，報紙居然大幅報導，傳遞錯誤的訊息，到底怎麼一回事？難怪有個醫學系的高材生，一再痛苦疑問是否只是她媽媽的一個名牌包，秀給人家看的？原來進醫學系竟然是她媽媽傲人的願望。

找出癥結，是處理問題的前提。好的研究須先從有價值的題目做起，有效用的施政也是先求了解問題，再對症下藥。君不見，社會上不時有人為了一己私利，率先提出錯誤的論題，然後振振有詞地尋找自以為是的答案。這種人如果不是無知，便是別具用心。

以下是另一個錯誤發展的例子。北京中國科學院決定取消八十歲以上院士的投票權，其原因之一是歷來院士選舉皆有弊端，所以想必然是這些年長院士有問題。且不說以今天的標準，年逾八秩的院士是否高齡，難道年輕的院士弊端就比較少嗎？事實當然並非如此。所以，莫非又在錯誤的問題中尋找答案。

香港創新不足，多年來政府熱心找人主持推動。可是找來找去都是些港府各單位輪調的官員，因為他們了解法規，其次就是成立以本地人或洋人為主的顧問委員會。實際上，都找錯了人、敲錯了門，許多當事人除了表面工夫，不曾有創新的經歷，隔行如隔山，不懂得創新並不從法規裡頭找答案。牛頭不對馬嘴，難怪沒有成效！

東方社會過度誇讚讀過幾本書的學究，並好以學者稱之。學者之名常被濫用，只因為有個學位，管他真假，就成了學者，賣弄小聰明，而忽視經驗法則。殊不知找對了問題才見真章，許多無用的答案，只因為當初找錯了源頭。

與其背字典，不如多研究；與其記誦好，不如多思考；與其找法規，不如憑常識了解問題。亂讀書的學究，就像把頭埋在沙石裡的什麼動物似的。見不著問題，當然就沒有切題的答案。

其三：求解問題，模擬（models）未必值得盡信，不過有參考價值

基於假設的模擬，不可能完美。然而，若是主題大、系統複雜、影響深遠，或是後果充滿不確定性，則模擬有其必要。

只要有利於了解問題、解決疑難，模擬必有可取之處。舉例來說，不可能完美管理城市交通（此

一陳述有理論與數學上的根據），所以常藉電腦模擬尋找答案。從另一方面看，就算模擬未必完善，但若處理得好，電腦模擬對交通控管仍有參考價值。

為了避免憑空想像不易了解的現象，模擬算是好辦法。軍事演習便是設定戰事發生後的處理模式，以增強軍隊的危機感。演習就是一種模擬。

台灣教改之前無資源配套措施，以多次及複雜形式的考試取代聯招，越改越雜亂。推廣之後，又無市場調整的機制。當初邯鄲學步，匆匆引入美國模式，未必深究其精神與制度，大學膨脹，招生浮濫，不論品質，幾乎人人畢業。當年問及此事時，有主管教育的官員告訴我不用擔心。如今，百病叢生，為什麼當初沒人模擬、探討擴充大學可能產生的後遺症，以避免事後遭遇到的諸多困擾呢？如今朋黨主政，外行主導高教，衍生出來的問題都屬自找，怨不得人。

根據觀察，大陸的大學數量激增，有步台灣高教失敗的後塵。為什麼這麼說呢？因為台灣高教的過程可以視為大陸高教發展的模擬，而且是免費的模擬，他山之石就是可以攻玉的模擬。

這類問題不限於教育。近年，台灣、大陸逢春乾旱缺水，民怨載天。到了暑期，颱風夾帶豪雨，地基坍方、土石流氾濫，傷亡枕藉。上下左右各派人士，指責公共建設不足的言論紛至沓來。太平時候，顧不得未雨綢繆；災害臨頭，能推就推，埋怨經費不足，設計未達安全標準，基礎建設草率，品管參差，不一而足。平常好大喜功，節慶放煙花的時候，只顧花錢汙染環境，心中有否計較過基礎建設治水、救命保財的重要？

近幾年，世界上八成電力來自化石燃料，給煤礦工人及其家屬帶來慘痛經歷，同時破壞生態系統，汙染空氣和土壤，導致疾病流行與其他災難性後果。至於提供台灣電力七成的火力發電曾經在百年礦工家屬居民的辛酸史（見台灣礦務局統計）上占有一定篇幅。其破壞生態、汙染空氣土壤、導致疾病蔓延的災難後果，時有所聞，至今不絕如縷（查看台灣衛福部資料庫），大家反而置若罔聞，更無人去預料環境變遷、全球暖化、霧霾汙染對環境造成的直接、間接災難。台灣的空汙重傷地球生態，又不能將心比心，借刀殺人，為害他國煤礦工人及其家屬，不是理想的國際公民。

全球主要工業國家對於降低碳排放達成共識，二〇二一年九月二十日《富比士》（*Forbes*）Michael Lynch 專文報告核電普及與建廠成本下降。國際原子能總署（ＩＡＥＡ）上調了未來核能發電裝置容量的增長預測，這是自二〇一一年福島第一核電廠事故以來，最明顯的核能復興徵兆；二〇二二年七月，廢核的德國公民以絕對多數的比率支持核能。台灣三千億台幣建好的核四廠廢掉不用，反其道挺汙染高的天然氣、破壞桃園數千年生命的藻礁，再花遠較三千億更多的錢去蓋破壞生態、機件故障率高、風力不穩的海中電力。既然反核，為什麼又進口台灣不缺的福島核食？如此廢核，簡直瘋狂。今天台灣肺癌取代肝癌成為癌症之首，都是未經模擬演練造成的後果。

相信逢大雨必淹水的縣市，從不曾做過疏浚水道、地理基建安全可靠性的模擬演練。桃園國際機場逢雨漏水，即使內部裝潢精緻，英語廣播標示道地，宣揚設計具本土意識，服務便民熱心、具人情味，漏水就無法釋然。亂用、誤用資源，面對淹水、漏水、缺水，甚至機場廁水汙糞流入行李輸送帶，旅客被迫忍受無名恐懼，這又是缺乏系統設計模擬所惹的禍。預防甚於修補，模擬加強環保、避免災害的發生才是真道理。

不過，模擬不是貼標語。模擬分析一定要由各行各業的專家來做，否則還會出問題，甚至出大問題。新冠疫情初期，兩岸三地事先有無模擬清零生出的後果？民生經濟、產品供應鏈、醫療供需、服務運輸、教育、國際交流、工業製造、……等有被考慮過嗎？還有，新冠肺炎盛行，清零就一定全民保命嗎？

許多社會亂象乃是由於外行人出手，干擾事前分析、搶著事後定奪，雜音超越主調，不但不能解決問題，反而衍生出無謂的困擾與惶恐。如今存在的交通、能源、環保、教育、工安、水土保持等老生常談問題的根本原因，就是由外行人跨足內行事，內線交易，難怪行不通，反而害得大家集體焦慮！

缺乏專業人士模擬亦是高教容易犯錯的原因。的確，有所為、有所不為，許多美國的成功做法不應該被半生不熟抄襲過來，應該先為在地的環境做出簡單適應性的模擬。

「少子化」是真的議題嗎？

台、港、大陸各有長處。要想促進社會進步，應該參考人家的強項，不必每說到他人長處，就青筋暴跳，不肯服氣，還找上一堆歪理，自我陶醉。若能依照前面所揭示的三個原則應對處理各種情境，將有助改進社會與高教的品質。

分析問題應該指出對應的時間和地點指標，經模擬研討找出問題的癥結，否則見樹不見林，急就章訂出的辦法，不能解決困境。舉例來說，兩岸三地真有少子化的問題嗎？難道沒有其他更值得關注的事項嗎？

一九五〇年世界人口約二十六億，一九九九年達六十億，二〇二二年底突破八十億，人口過剩是全球面臨各類問題的主要原因。若不能認識到人口增長與福利可能發生衝突，洶湧的人潮就無可避免地增加對大地、海洋及大氣的汙染，造成難以想像的災難。過去半個世紀以來，兩岸三地競相成長，過度膨脹的人口消耗大量的資源及能源，給居住環境造成沉重負荷。突然間，出生率下降居然變成共同關注的問題；儘管彼此的人口數已達史上最高，大家卻不研究多少人口才恰當，實在具有諷刺意味。

台灣已有三、四十所、甚至更多的大學技職專院校面臨裁、併、縮編、減薪、品管等疑難，不一而足。顯然擴充貪大會撐死。近兩年微幅調整學費，杯水車薪，依然受到反彈，學生、教員、校地、資產亟待處理，公益、私利與法律加持，有如燙手山芋。政府除了實施利己的政治手腕以外，簡直不知所措。少子不是因，少子的社會自陷困境也非台灣獨有，港、日、韓乃至上海莫不如此。只不過民粹籠罩下的台灣，事前規畫的最少，非專業涉入的最深，事後埋怨的最多，目前遇到的麻煩最大。

大學欠缺資源，教職員的待遇低又少調整（見第二十章），因應市場機制，師資逐漸流失外地。台灣抱持閉關自守的政策，在大學過多、報考人數不足的情況下，既無法吸引外國學生前來就讀，又不情願開放陸生來台及不願認證大陸學歷，豈不是將今天的問題加碼，留到明天解決？

根據表面的想法，以為少子化對台灣、大陸的高教影響深遠，對香港生員的衝擊應該有限。要知道不平衡的思慮已在兩岸造成直接影響，其氛圍已如同流感從台灣飄到香港，再由台、港蔓延到大陸。

香港歷來低入學率的現象，是由於少有作為而造成的後果，而今入學率稍為提高，居然引得人心惶惶。絕大部分的香港居民是一九四九年、一九八〇後抵港的新移民。嚴格講，香港本來就是少子化的樂土，只不過香港的問題在於缺乏前瞻、宏觀胸襟。果真有人口少的憂慮，則應該訂下移民或是伴以外人入學的政策。如今自以為受少子化困擾，算是多此一慮。抱缺守殘的政府，對於任何變動，即使有利的變動，都手足無措。

至於大陸，人口已龐大，又何必多加負擔？Small is beautiful？瘦身才是正道，不應該只為了經濟成長而求大求多，何況少人力未必會降低經濟成長。再說，美中貿易戰的火頭上，俄烏戰火激烈，能源危機加劇通脹，全球嚴重衰退。新冠疫情封城，美中投資減少，衝擊經濟活動，大陸青年失業率居高不下，還擔心少子化嗎？黃台之瓜，不怕類似的危機再度發生嗎？

不論真假，由於缺少規畫，空泛的少子化說法，無疑已成為兩岸三地的社會問題，不僅衝擊兩岸三地的高教，而且連鎖反應，波及英美，因為英美大學招收了海外學生，而兩岸中學畢業生對其教育產業攸關重要。

不少青年原本可以在修習學位之外發揮才能、功成名就，但是盲目跟隨潮流或受決策者的誤導，雖然勉強擠進大學窄巷，必然是個人與社會的損失。大、中學運轉不暢，社會各界怨聲載道，教育投資高低兩端失衡，在第十一章中提到許多不靠學位成就大事業的例子。

少子化是真議題嗎？值此學位貶值、人力專才浪費之際，有必要為大專、高中職重新定位，將式微的技職專業列入中、高等教育調整的規畫。越來越多年輕人尋求海外學習的機會，而人力失衡加劇大學招生的困難以及要求改善少子化的呼聲。所以大學對招生、交換生與畢業生的安排，必須趁早模擬、按步執行。

如何面對低出生率？

根據韓國統計廳二〇二二年八月二十四日的公布，其二〇二一年出生率為零點八一，創世界最低紀錄。韓國蓋洛普二〇二一年十月曾做出調查，58%受訪者認為「經濟負擔」為影響低出生率的最大原因。台、港、大陸受訪者對於各自的低出生率也都表示過類似的看法。

然而各種報告皆指出，出生率高的國家絕大多數都在經濟落後、生活條件差的非洲，非洲包辦了全球高出生率的前十名，每位婦女平均生產五至七個嬰兒。事實也表明英、法、德等生活指數高的先進國家出生率都比兩岸三地高。而且身處同一個社會，所得愈高的家庭，出生率愈低；教育程度高、生活條件好的家庭，人口通常較少。因此，把「經濟負擔」視為低出生率的主要原因，很難說得過去。

但是不堪「經濟負擔」又的確是一般受訪者對低生育率的回應。此中原因可能包括問卷調查不精確、問卷者抓不住重點、被問者未說出真心話、或者被問者有其他如「對經濟負擔的定義模糊、標準太高」等考量。個人主義橫行下的年輕一輩，除了特殊狀況，更多的或許是想生的就生，不想生的就不生，問了白問，未必要打破沙鍋問到底。

奇怪的反而是，執政者一錯到底，為了討好民眾，總想辦法補貼，以應對「經濟負擔」沉重如此一說；並未在意補貼一計到底有無效果。為什麼沒人想了解問題的根源，求解真正的問題？

對於就錯誤的命題尋找解答，除了無能，恐怕就是渴望掌權，只剩下迎合民粹的念頭，求些選票，過一天算一天，騙一人是一人，賺一票就一票。

違背本章介紹的三個原則的例子隨地可拾，通常處理低出生率的方法，不外是「儘管得出正確答案，其實選錯了論題」的又一個例子。看破人生路，萬事轉頭空。心思旁置，看來故步自封才是社會的危機。

少子化未必令人憂心。兩岸三地的高教擴展快、大學多、企圖心強、畢業容易、學科多樣繁雜、品質沒有保證，學位貶值才值得留意。欲規畫優質的高教，先要優化人力資源、優化大學水平、優化學習成效。精簡大學規模，確定大學使命或類型特別重要。

紓壓

麥當勞及其他快餐店提供的可樂杯蓋上有許多簡單清楚的「浮凸」，可當工作人員盛裝不同飲料的暗號，便於服務客戶不同的需求。譬如，按左邊圓形小浮凸表示盛的是可樂、按中間是汽水、按右邊是果汁……。「浮凸」設計有利飲料分類，方便店員辨認。不只杯蓋上的「浮凸」有特別的意義，有時候就連杯蓋上方形的那一圈也可當杯墊，它恰好與杯底相吻合，可用來集杯外滴出的水。「浮凸」設計是個簡單有效模擬處理訂單的例子。模擬不但簡化程序，還可提高工具的適用性。

喝完可樂，按按「浮凸」，有助玩弄紓壓。不信的話，下次上麥當勞或快餐店，看看左鄰右舍的顧客，除了喝飲料，還玩些什麼把戲？

第五章　大學的迷失

高教該處理的問題多樣又複雜，無論是治校理念或是引領大學教研、推廣等相應事務，都必須秉持專業態度，採用專業的行事方式處理。

與北美大學相比，香港的大學校園小卻問題複雜：有外面進來的，有裡面製造的，有裡應外合的，更有無中生有的。這些交織在一起的病毒，傷害了大學該把持的原則，應該早點剔除。

大學高管遴選

大學本來是追求真善美的起點，對於教學與研究這個學術議題，不應該用民粹的教條推動，誤導遴選，甚至歪曲議題。高教管理者不是政治人物，用競選議員、市長的方式處理並描述遴選，也不妥當。就這一點而言，香港與台灣相似，雖然表面上實施遴選，仍然可見當事人結黨拉派，干擾遴選。大陸的大學管理層由政府任命，在某些大學內有徵詢意見的過程，卻沒有公開遴選一說。

如果社會推波助瀾，或者校園內果真如報導所指，在校長或院長的遴選過程中出現運作現象，那麼即使大家英語說得再好，大學排名再高，研究成果再輝煌，書教得再頭頭是道，大話講得再得體、漂亮，學生的程度再優秀，終究與高教的基本理念相距遙遠，不值得驕傲。

風俗之厚薄奚自乎？大學裡的教授負有教育、研究與推廣服務的使命，外界請勿干擾大學的高管遴選。

禮賢納士

談到國際化，有人說：「大學生要有國際觀。」是這樣嗎？為什麼先要求大學生做到國際化，而非先從教師、大學、政府自身做起？

經常有人問，該用什麼祕方吸引國際學生？用什麼高薪聘請教授？為什麼台灣、大陸缺少國際、外籍教授？貴校國際排名甚佳，是否傑出教授就會自動投靠？當然，常被想到的答案必然跟薪水、資源相關，其次是英語教學、大學的聲望是否容易吸引人才。除了經費充裕、大學排名較佳外，其實還有其他根本的問題，常被忽視。

大學管理與民主選舉是牛頭不對馬嘴的兩件事。也許表面民主給台灣、希冀民主的香港帶來的選舉文化，大學裡及社會上往往把大學的各類人才當成候選人或者「有求於我者」看待；甚至自認高高在上，因此對人才多方為難，這就糟糕了！

大學理當招聘優秀人才，良師不僅能出高徒，而且會吸引不斷增長的外來資助。許多優秀的資深人才早已有很好的職務，並不那麼希罕貴單位的高姿態。至於那些不惜彎腰哈背的求職者，很可能目前並無理想的工作，因此不太可能是理想的人才。就算退一步，即使正在人力市場上徘徊流連、待業中的年輕學者，也會擇良木而棲，值得大學以禮相待，因為無論資深或資淺，大家比較願意到尊重自己的單位服務。不學不成事，不問不知理，對應徵者以禮相待，是社會、大學最起碼的態度。

吸收人才，近悅遠來。招聘師資、招收傑出學生，一定請專人主動聯繫拜訪。我長期以「招募較自己和現有團隊更優秀的人才」為目標，並以此鼓勵同仁，即使必須花精力時間等待。吸引功成名就的科學家，可能棘手，因為他們已在身處的學術圈內人面熟稔，且已在世界領先的大學裡占有一席之地。遇到這種情況，需要耐心、誠意與堅持不懈。

兩岸三地應徵者常被當面問到：「你為什麼對本校（本單位）感興趣？」或者，「你為什麼不申請別校（其他單位）？」甚至於「你還有其他的機會嗎？」難道有戀人談情說愛的時候，會一再問對方：「你（妳）為什麼對本人感興趣？」或者，「你（妳）為什麼不對別人感興趣？」「你（妳）沒其他的對象嗎？」多麼無聊的問法，又是個多麼缺乏自信心的問題。

對於應徵者，尤其是優秀的應徵者，難道不應該強調：「本校（本單位）十分優秀，希望你多多考慮，有什麼要求，請不吝指教。」如果能抱持這樣的態度，一定能了解「本校（本單位）」有哪些地方可以改進。

得英才者得天下。就此而言，美麗的台灣常把非同類者視為搶飯碗而排斥在外，這可是台灣外籍教授少、人才外流的一個重要原因。就以二〇二二年來說，來自台灣，於香港教資會資助的八間大學任教的各級專任教授人數，估計約有一百五十位，許多專長理工。這些教授都極其優越，擺在世界任何角落都是一方俊傑。

再舉一例。香港聘請一位中研院資深研究員，表面上是台灣人才外流；然而，中研院是一流的科研單位，對人才流通，不以為意。既然如此，就該敞開胸懷，想法子用實力把世界人才請回來。教研人員如此，學生亦然。不要認為人家有求於我，好像割塊肉似的，有施捨於人的感覺。持這種心態，是因為不了解人才是活絡社會的脈搏，不要沒了人才、吃了虧，還阿Q似地自以為得了便宜。

沒有信心，失去了競爭力，教研人才不會前來培養年輕一代，幫他們準備好在全球化的世界中生活和工作。如果怕陸生或外籍生搶了台、港大學的入學名額，甚至工作，那就更應該充實自己，走向世界！許多本地生一旦感受別人展示實力，不能反求諸己，反而怨天尤人。

沒有現代化的做法與心態，怎麼可能找到國際專家；沒有國際觀的專家，又怎麼可能教育出具國際觀的學生，或者要求他們具國際視野？所以無論如何，大學要放低身段，不停地求才。這種海納百川、廣納英才的做法，是美國國力強盛的根本原因。

人才是提升國家競爭力的主力。大學如果做不到這一點，國際化必然是奢望。「禮賢納士、三顧茅廬」是古人標示的理想。對教師、職員及學生的招聘，應該一體行之。「用師者王，用友者霸，用徒者亡」。禮失求諸野，而今洋人做到了，我們難道還只能停留在引用古人成語的地步嗎？

楚材晉用

從事科研須身處專注環境，有賴可靠的人力資源及充足的經費配套。台灣研究尖端產品電子顯微鏡（Transmission electron microscopy, TEM）的陳福榮教授是一個好例子。雖說台灣電子工業發達，卻始終碰不到關心電子顯微鏡的研發。他得過不少榮譽，但是由於資助研究軟體及硬體的力量不足，又與講究人際關係的社會格格不入，空有前沿的想法與能力，教研資金來源的機制壓制他研發高端量子電子顯微鏡並建立精密儀器產業的意圖。機緣巧合，陳教授受聘香港。

香港的大型科研項目歷來由少數把持，他不得其門而入；官僚走走表面程序，並不在乎結果，以致多年來大量科技北上廣東，歷久不衰。大學投入種子基金，有助他建設時間分辨像差矯正環境（Time-Resolved Aberration Corrected Environmental, TRACE）穿透式電子顯微鏡。深圳市政府獨具慧眼，應允在河套深港創新科技合作區闢出空間，撥下四千萬人民幣先期經費。

他設計的全球第一部 TRACE-TEM 原型機於二〇二一年初問世。二〇二二年十月，深圳加碼提供八點六億人民幣，給陳教授主持物質科學研究院的基礎研究基金，另外在十年內提供一棟面積一萬二千平方米的全新科研大樓。

教研失策，有的地方無錢可用，有的地方錢多亂花。楚材晉用，只因為有人缺乏品味，有人知人善任。陳腔腐調，阻礙科研生根，識貨識才與否，全存心念之間。莫非笑看不樂：

春秋笑楚材晉用，兩岸看台俊港請。
歷史不自我重複，今人樂重複汗青。

論文產出

從事行業，必然有產出，高教並不例外。大學的產出有很多面向，這裡指的是教授的學術產出，學術產出不限論文發表，舉凡具學術價值、有助社會福祉者如專利、教研專書、軟硬體設計等，都算產出。以下指的是廣為人知的論文產出。

半個世紀前，教育被視為良心事業，兩岸三地的大學不懂得產出，也不被要求產出；除了照章教課以外，大學教師很少有產出，或者即使有，也是自說自話的居多。直到今天，社會上甚至學術界還可見到無論教學、研究或推廣、宣導，說的話、發的聲明，未必有實證，也不講究根據，這就凸顯出論文發表的重要性。

大學有必要要求發表以事實為根據，並經同行評審的學術論文，或對外公佈研究成果。學術論文是評審研究成果的一項指標。除非學科以作品設計為專長，否則教師從事研究，達到結論後，必須提出論文報告，再接受同儕評審、驗證，甚至實踐，才能算是產出。兩岸大學在產出要求的壓力下，格外重視論文發表的數目，近來強調論文被引用的次數，以顯示其學術上的適用性及影響力。

發表論文，最忌為賦新詞強說愁，無病呻吟，或邯鄲學步，人云亦云，寫一些對創新了無貢獻的論文。論文有時可能錯引思考、反生錯亂。

專業期刊成長快速，有感各送審專業期刊的文章成倍增長，然而炒冷飯的獨多。在編輯處理過的來稿中，看到不少將他人的論文稍加更新，充當成果，甚至無視那些被更新藍本的文章到底有無價值。對於推導些不痛不癢、無足輕重，甚至極其無聊的結論，作者似乎毫不在意閉門造車，哪管學術的冬夏與春秋。

有說研究本土相關的題目，難被國際雜誌接受，其實不然。兩岸三地都有研究本土鳥類、魚類、考古的文章發表在重量級國際期刊上。在當今只求速成的氣氛裡，創一家之言有關全球一體化，包括兩岸的能源、環保、醫療等報告必受重視，卻少有研究；炒冷飯的論題，輕鬆方便，反而有人費心筆耕。

然而，許多論文發表有走火入魔的現象，就好比早期有武俠小說的作者，以一字一行取巧以增加版稅收入的典故。這些論文數量化後所導致的弊病，各地皆然，兩岸三地明顯凸出，觸目可見。數量多少容易算計，品質高低則需要同儕專家評定。凡事以數量為準而避開專業判斷，表示社會上人際間的信任感太低。

如此圖方便以求近利的現象，並不限於專業論文的發表。報章、電視樂於誇大報導聳人聽聞的故事，反而不重視有深度的文章。遇到困難或質疑，若非大言不慚，就是草率處理。斷章取義，而今盛行，不讓前人。

論文代工

代工在商品生產及服務中扮演重要的角色。公司管理層經常將大型項目分割、分判給其他公司或個人，以降低生產成本，提高效率，增強生產力。

製造業代工有其價值，不必全面抹煞。不過台灣及大陸，甚至香港，如今已被塑造成一個多樣性的代工社會，始於製造業，發揚光大於政界，現正悄悄滲入人心，影響教育界及其他行業。此情此景，究竟應該先改變民風、仕風，還是士風？

例如，論文發表被視為國際化的重要評鑑指標，許多教師於是尋找更多發表論文的方法，逐漸發展成為學術論文代工。因此淪為代工模式。

論文生產團隊粗製濫造的學術論文越來越多，過多可有可無的作者參與其中，以增高產量。在論文生產鏈中擔任管理角色的主要是通訊作者，在節約成本和最大產出的驅動下，加上藉著團隊合作的煙霧彈，重數量輕質量，為批量生產而捨棄獨立的學術研究。如此一來，複雜耗時、生機勃勃的研究可能要讓位於譁眾取寵的無聊研究，而後者幾乎不需努力，卻大受歡迎。由於代工本身的責任分散，有時候無法明確責任劃分。因急於發表論文，可能導致動機歪曲而採取不專業、不道德的做法，以求盡快出產成果。代工引發許多學術道德問題，第十四章會另作陳述。

一九八〇年之後，台灣的大學率先由不曾要求論文發表，到只要求發表論文，簡直就是從一個極端進到另一個極端。為了矯正這第二個極端，先是始於一九九〇年代台灣和香港的大學，繼而於二〇〇〇年代的大陸大學，幾乎毫無例外地把論文的重要性以發表該論文的雜誌歸屬歸類，有A類、B類、C類之分，也有就科學論文引用索引SCI、社會科學論文引用索引SSCI定位，或者考慮雜誌發表文章被引用次數的影響因素（impact factor）作為評定論文的指標。甚至有以個別教授發表論文被引用次數而設定的h-factor，來決定個人的研究成果。

很明顯地，以上這些做法，不可能適用於所有學科，也會因為「上有政策、下有對策」而生弊端。說得好聽，這是沒有辦法的辦法，因為我們的大學尚未成熟到可以判定文章的好壞。說得不好聽，是急就章的懶辦法，有點像不了解文章的重要性，只好以字數來決定文章好壞。

在此再舉些人人都懂的例子加以說明：有分量的文章，難道僅僅是因為刊登在某一報章雜誌就判定好壞嗎？莫言或高錕得諾貝爾獎，難道是因為他們的書籍或文章是由某特定的出版社或雜誌發表才獲得認可嗎？李安導演的電影難道一定要由某公司發行、某特定卡司組合，才有可能獲得奧斯卡獎嗎？有誰記得貓王的歌、鄧麗君的歌是哪家唱片公司發行的？主流學術獎項難道純粹以發表在某一特定雜誌上，而不是靠影響力才受重視嗎？明顯地，以上這些問題的答案都是否定的。

愛因斯坦（Albert Einstein）發表的論文，數量不過百。包括以中文發表的論文在內，二〇一五年諾貝爾醫學獎得主屠呦呦（見後語）一〇八次的低論文引用數及七次超低的h-factor，似乎聽來匪夷所思；乃至於品管大師田口玄一（Genichi Taguchi）發表的那些震撼性論文，當年在許多圖書館裡都找不著。具真知灼見的論文，遲早產生漣漪。

按個人興趣、好奇心驅動所從事的研究結果，可以評定論文的品質與力量。論文的發表應該是研究的果，不是因；是做出成果後的自然結論，絕非為達指標而撰寫。先進大學的一流教師即屬前者，雖然論文數量、刊出論文的學術雜誌、發表文章被引用的次數等未必不重要，他們更重視的是研究的實質影響以及解決實際問題的結果。位於學術前沿的教授應有志氣，遵循此原則從事研究，而不應像代工似地寫些無實質影響的文章。

大學參與研發，創造知識。為了提升解決問題的能力，課程須納入研究，研究則應問題導向。道理簡單，可惜抬槓的人多，了解的人有限，實踐力行的人更少。產學務實，遠遠超越把大學看做「論文製造工廠」的迷思與誤解。

發表論文要有目的、有見解，主編 *IEEE Transactions on Reliability*，嚴格奉行這一原則。有創見的來稿，若英文不佳，可為之修改潤色；反之，若內容貧乏，即使英文道地，一定退回。

不能發表成果、不肯接受驗證，是高教的盲點；只顧發表論文、不重實質影響，則是高教的迷失。世上有很多問題值得探討，為什麼少人願意費時費力去做必要的研究？

莒拳

韓國推動跆拳道，結合朝鮮半島、日本、中國的合體武術，用以磨練戰鬥意志，技擊防身自衛。一九六六年，台灣引進跆拳道，為示毋忘在莒，命名為莒拳，並成立莒拳隊，隸屬海軍陸戰隊學校，負責訓練陸戰隊隊員強健體魄、徒手格鬥。

五十年前，我在陸戰隊戰車營服少尉預官役，莒拳是必練的日常運動。雖然具黑帶三段功力的教官可以輕易地使出拳腳功夫打爆磚、瓦、木板，但是官兵平時操練的都是由馬步、弓箭步起頭的各式莒拳套數，全無教授官兵一鱗半爪的「擊破磚、瓦、木板」課程。一切都因為「擊破磚、瓦、木板」並不是操練莒拳的最終目的。

經過近兩年的鍛練，只要「拋開雜念，集中精力」運氣，相信我們也可以毫無懸念地「擊破」某些磚、瓦、木板。工夫來自鍛練，產出乃研究的成果，按部就班，水到渠成，不必揠苗助長，事與願違。

第六章　用心溝通

語言的使用根植於文化。大家對語言的功能有不同的理解，其中之一是將其視為交流體系，使人類可以用語言或象徵性話語彼此溝通。除了用於交流溝通、旅遊娛樂，語言還具有社會及文化方面的用途，有助顯示群體身分、社會階層以及社交來往。語言能幫助學習，告知他人消息，表達自己的態度與情感。語言讓我們得以回顧歷史、陳述目前的處境及展望未來的願景；社會更需要借助語言傳達、解釋科技研發的結果。

儒家的教育理念要求學生掌握「六藝」。據《周禮》所載，六藝是禮、樂（詩）、射、御、書、數等貴族教育的六門核心學科。其中「書」指文學、書法（書寫、識字、作文）。中國古代的教育觀念與西方重視多面向學習的教育觀念並無二致，而且都重視寫作，唯一的區別在於使用哪種語言交流。

隨著講者在不同時期使用語言滿足生活上的需求，語言的結構與表達的方式亦隨之變化。早期的台灣留學生出國前先參加教育部主辦的「留學生講習會」，不外乎介紹外國的日常習俗及常用語文。教師開宗明義忠告大家，千萬不要用中式英文「long time no see」跟美國人表示「好久不見」！多年後的今天，我的洋朋友總把「long time no see」掛在口上，表示「好久不見」。至於當年見面時常用的問候語「How do you do?」則似乎過時不再。

「詩以言志，文以載道」是放諸四海古今而皆準的道理。世界瞬息萬變、日趨複雜，掌握語言技能並不足夠；旨在傳播事實、真理、感動人心的表達才是寫作正道。

語言會因為缺少使用者，被取代甚而消失，或者因為不再受重視而式微。譬如，拉丁語是屬於印歐語系分支的一種古典語言，曾經是西方教育的重要組成部分，但今天使用拉丁語者已寥寥無幾。語言生生滅滅，而事實和知識依然存在。若有人在學習語言時未能追求真相或獲取信任、新知，那麼語言對促進人與人的溝通、社會進步或國際交流的效用不大，傳諸來世的知識也不可能存在。

話說回頭，溝通不一定靠語言。有名的例子是政治溝通——暗度陳倉，意在言外。國際政治，利益為先，跟用什麼語言沒有關係！

平等溝通

一位麻省理工學院的學生二〇〇九年自殺身亡，其家人控告大學長期疏忽當事人不穩定的精神狀況，未能事先採取預防措施，而導致學生死亡。類似情形，常發生於全球各地。有畢業生因就業無著落而控告大學，有學生因不當壓力導致考試失敗而控告教授，有學生高調指定教學內容，有大學生埋怨學費升漲，有研究生抗議擔任研究助理待遇太低，也有研究生為工時長而示威。二〇一九年下半年香港動亂，大陸學生抗議學校沒有保護他們、要求大學高調處罰示威者，本地生要求大學趕走內地生。二〇二二年新冠疫情居高不落，有人拒絕注射疫苗，有人要求大學退費……等。

凡此種種，顯見學生希望與大學持有事業夥伴的平等關係，還不時主觀上帶著對立、不講道理的味道，而不再如以往抽象、純潔的教育層次的道義之交。為了追求知識、了悟真理，以往師生以禮儀相待與「一日為師，終身為父」的高尚關係、不帶功利的相處方式，已不可得。今天的大學既要履行教學研究的職責，亦要把學生當成合作夥伴、消費者和客戶。

昔去雪如花，今來花如雪。大學扮演的角色，想必已經由垂直的教練教導而趨平等的同儕溝通。好心好報，不如就事論事。我們不妨看看一些個別的事例。

溝通根植於文化

香港背景不同的各地學生之間欠缺溝通，其來有自。部分受英式文化影響，對略顯土氣的內地生有偏見。內地生學業成績好、英文也不差，有的甚至生活特別充裕。譬如，網路犯罪猖獗，二〇二一年秋天，某一香港的大學生宿舍有三十幾個學生被騙逾千萬港幣，都是內地生，其中還有GPA成績4.0的特優生！於是在本地生的優越感中摻入一些不平衡的心情。

另一方面，在內地生的眼中，覺得香港本地生對中華文化歷史隔閡，實在沒理由瞧不起他人，於是原本的些許自愧加上不少自豪，心情不能平靜。結果是兩群學生屢生誤解，不易融合。

香港社會動盪，先有二〇一四年的佔中，繼之二〇一九年的反修例。其間滲進了校內、外的各路政治運動，進一步形成本地生及內地生的隔閡，較為衝動極端的則大小暴力相向。

還有一群人，在香港各大學校園裡人數不多，影響卻不小，那就是來自五洲四洋的各國留學生、交換生。在他們眼中，華人固然友善，但舉止不盡自然。有些人靦腆內向，迴避目光接觸；有些人英勇無禮，進出教學樓時目中無人，搶在女士身前擠身而入，使得一旁開門揖讓的洋紳士大為驚愕。在華人學生的觀念中，又認為校園裡的老外偏好混夜店，形骸放浪。

有人喜將留台的陸生，放大看待，除非生活平靜無波，否則言行舉止動見觀瞻，陸生求助無門。台、港留學大陸的學生則必須多方適應以黨領教的校園氣息。有人問我，兩岸三地的學生跟美國的學生有什麼不同。當然，各地的學生各有特色，都不一樣。從多年的接觸，看來最不相同的是，美國學生自然而表裡一致。

以上種種正面或負面的隔閡，顯然跟語言的關聯不大，反而多少來自背景差異或價值觀的不同，因為彼此缺乏溝通、不自重、不尊重國際禮儀、互不了解所致。本地生是地主，也是校園內的多數，大可雍容大度採取主動，開啟溝通之路。至於外地生，讀書學習之外，應該廣交中外，放開心懷融入當地的文化習俗。一屋不掃，何以掃天下？大學生不妨自問：同學之間不溝通，何以溝通中外？若不能謹守禮儀、遵從法治，只顧奢談國際化，必然徒勞無功。

多年前經歷的一段軼事，可為補充說明。某次在我曾經任教的愛荷華州立大學（Iowa State University），查出有個中國學生考試作弊，眾人議論紛紛該如何懲處，以儆效尤。有位美國教授申辯：作弊是中華文化的一部分，所以應從輕發落。誠實乃普世價值，如此說法對於中華文化而言，真是情何以堪。若說他存心奚落中華文化，該教授卻是真心誠意為此生說項，他對中華文化的了解不知何來，但並非故意歧視華人。造成如此偏差的印象，是誰的過錯？

留學美國的華人，或許覺得受洋人歧視。經歷過幾次類似情景，才悟出其實往往出自心理因素作怪。即使在無任何接觸、又未必了解對方的文化之下，兩岸三地的學生仍然對洋人帶點無名的景仰。許多自我矛盾的現象，都跟語言通否關聯不大。

溝通存乎一心

溝通在於至誠。良好的溝通可以增進融合、激勵士氣。教育國際化應有禮知節，光大地方特色，讓眾人心悅誠服。常說萬事開頭難，但幸而人與人之間的破冰並不難，重要的是發揮創意思考溝通些「什麼」，而不僅止於用什麼話來「說」。

小時候聽訓蔣介石的雙十國慶文告，他那一口寧波方言實在有聽沒有懂。後來大陸人說，毛澤東的湘潭口音，也難以分辨。雖然他們說的話聽得難過，有時又覺得好笑，我們都了解蔣介石傳達的每一件信息，沒人敢打折扣；海峽對岸的大陸人，也絕對理解毛澤東的指令，絲毫不敢忽視。

至於蔣介石和毛澤東兩人之間的談判，想必雞同鴨講，彼此不能恭維。然而，觀諸歷史，相看不對眼，交談不上口耳的兩人，彼此聲氣相通，了然於心。這些現象不正表示，作為一種溝通的工具，腔調本身並非成功交流的必要條件，語意才是重點，內容更為重要。甚至，有時候連語言都不見得重要。

海峽兩岸逝去的一代領導人單憑一文我語，而且是藍青官話、湘腔浙調，無論你我同意與否，他們竟能鼓動起成億人潮追隨其後，靠的絕不是口語的美妙，而是信息內容觸及人心。同理，不少異國婚姻的佳偶，言語不通，卻能心心相印、達意傳情。從反面看，始於口角而終於詬罵，甚至拳腳相向的兩方人馬，往往同講一語，應答流暢，適足以粗言惡語刺耳傷人。可見言語的力量，無論施於何處，總是充實的內容，重於華麗的外衣。即便流傳千古的文學詩詞，也鮮有徒以華麗辭藻取勝人心者。顯然溝通不一定要講話，也未必輕言細語、低聲下氣，更非得在公眾場所大吼小叫。

可以因指見月，不得執指為月。世人喜為少數演講家的美妙風采入迷，而竊以為楷模。須知即使勉強摹仿表面的形式與辭藻，如果失掉了珍貴的真誠內涵，並非溝通正道，總成社會進步的阻力。

唐詩哪裡美？

不只語言在溝通上扮演的角色沒有想像大，還可以再進一步，舉個用詩詞的語文偏解作主觀溝通的例子。

台灣南部讀中學的時候，同學的爸爸告訴我，國語吟唐詩，味道不足，一定要用閩南話讀唐詩，才好聽。上了大學，客家同學說客語是古語，讀唐詩最美。聽他朗讀了一段唐詩後，覺得有些道理。到香港工作，發現很多港人得意的表示普通話不適宜讀唐詩，只有用廣東話讀才押真韻、夠傳神，因為廣東話保有唐詩的中原古音原味。

這時候，心中開始有些問號。

幾年前盛暑天出差成都。大熱天的樹蔭底下，許多人圍著一位七、八十歲的婦人。我好奇地趨前瞧瞧，原來她捧著唐詩，用四川話高聲朗誦，高低平仄，抑揚頓挫，就像唱歌似的讓眾人陶醉其中。

我開始有了做實驗的興致。雖然不懂日文，還是找了位日本人，讀唐詩的日文版。接下來不死心，又找了首英譯唐詩，自己試著讀；為了打破砂鍋，乾脆又拉了位老美讀讀。今年在好奇心的驅使之下，請商學院的韓國籍院長，以韓文試試，得到了一些結論。

當然，我還是非得用國語朗誦張九齡的〈望月懷遠〉不可：

海上生明月，天涯共此時。
情人怨遙夜，竟夕起相思。
滅燭憐光滿，披衣覺露滋。
不堪盈手贈，還寢夢佳期。

不錯，都好聽！

二〇二〇年初夏，新冠肺炎大流行的當頭，日本朋友由東京送了些口罩到香港，看了看包裝盒，上面印了王昌齡七言唐詩〈送柴侍御〉的最後兩句：

沅水通波接武岡，送君不覺有離傷。
青山一道同雲雨，明月何曾是兩鄉。

朋友的問候之情跨過語言，跨過國家，跨過雲雨，也跨過千年。

此外，當時日本流行的慰問詞還有橫跨二千多年前《詩經》中的佳句「豈曰無衣，與子同裳」。孔子用「思無邪」幾個字來評價儒家文化的經典，自今正被日本人表達了大家並肩戰勝疫症的壯志決心，傳頌之下，了然於心。思無邪是大學生修身勵志可以增加的元素。

這究竟是怎麼一回事？詩經、唐詩好，難道不是好在韻味，不全是押韻；好在境界，不全是堆砌。紫月魂飄落花香，如果只不過好聽，那與廣告詞有什麼不同，還不是過時就給遺忘了？有內涵的好詩，怎麼讀，用什麼地方話讀，好聽又忘不了。

不管國語、英語或閩南話、廣東話、客家話、四川話，說得再怎麼好聽，如果缺失心件，捨本逐末，就遠離教育的基本標準！所以，溝通要靠點韻味，而不全在語言！詩可言志，真是說得不錯。

哈佛的熱門課程

這不由得想起哈佛大學為本科生開設的一些引起公共興趣的本科課程。這些課程是數理、工程、人文、社科各類學生都要修讀的。其中有一門廣受歡迎的課程，由知名的政治哲學教授桑德爾

（Michael Sandel）講授的正義課程《正義：一場思辨之旅》。這課程還藉由電視向外國幾家大學播出，已成為開放式課程（OpenCourseWare）之一，講課實況上傳 YouTube，開闢出一個面向世界的「全球課堂」（global classroom）。現場學生通常有六百多人把演講廳擠得滿滿的；即便如此，提問踴躍，教與學雙方都積極主動，十分投入。

另一熱門課程：「經濟學原理」，選修的學生經常超過五百人。主講該課程的曼奇（Gregory Mankiw）認為：做個有知識的公民，經濟學的基本原理必不可缺，也可為多種職業生涯打下良好根基。教授傑出，選修人數居高不下，容易了解。

以上這些熱門課程都是大班教學。探討教學與科研的關係時（見郭位和特洛伊〔Mark E. Troy〕合著《教研相長：解開大學教學與研究之謎》（*Clarifying Some Myths of Teaching and Research*），新竹：國立清華大學出版社，二〇〇九年；簡體版，《知難行易、教研合一》，北京：清華大學出版社，二〇一一年），書中指出課堂上師生的問答互動，取決於充實的課程內容，而非課堂人數的多少。探討有助更新教學內容，如果內容生動、充實、引人入勝，即使班級人數眾多，課堂內的互動未必因此減弱。無論科技也好，人文、社會科學也罷，類多如此。如果內容貧乏，就算一對一的交談，都可能引人入睡。

溝通與英文偏解

談起國際化，許多人強調必須學好英文，似乎英文是通往全球化的不二法門。

在尚無證據表明英語可提高學習效率的情況下，有人主張用英語授課。究竟用英語授課是為了什麼？為了透過學習課程來提高英語水平？還是為了透過學習英語來獲得專業知識？抑或僅僅以國際化為藉口，追逐時尚？

溝通果真僅是逞口舌之便，如此簡單嗎？台灣與外地的交流較香港遜色，除了部分有關本土的政治議題外，台灣人對國際事務較少了解。各國人士雲集的香港有面向世界的歷史；立足於此的大學，理當成為高度國際化的學府。但是社會對國際化的看法與溝通，仍然存在歧異與誤解。

談溝通，台、港、大陸有人即刻提出外語——特別是英語——的重要性。推動國際化，首重國際標準、國際內涵。遠的不提，就近幾百年的歷史來看，英語並非最流行的語言。之前的法語、德語、拉丁語系的各種語言，甚至二戰之後帶有日本腔調的英語，以及近年帶有韓文腔調的英語，美國最富裕的少數族裔印度人帶有印度腔調的英語，或者美籍華人帶有中文腔調的英語，都曾幾何時占有一席之地。

論及二十世紀的科技成就，不可不提日本的品管專家田口玄一。他從工程、技術、經濟、服務視角對品質設計做出革命性研究，創立了田口式品管理論與方法，對橫跨眾多領域的品質提升，做出首屈一指的貢獻。我與田口熟識，他的英語非常糟糕，然而無損其理論與方法的效用，舉世眾業跟隨師法，影響深遠。

有人修得深厚的語文功力，但言之無物。田口英文欠佳，大家並不計較，因為言之有理。任教美國大學多年，看到有些英語流暢甚至典雅的教師，教學卻最差；偶見英語流暢的港式官僚，開口陳腐腔調，不知民間疾苦。這些事例說明，溝通應當以效用為先，語文媒介為次，正所謂物有本末，事有終始。否則，捨本逐末，魯叟談五經，白髮死章句，沒什麼意思。

除了田口玄一日式破英文暢行無阻的影響力，再舉個文化超越語言的現代例子，說明不同語言阻礙不了靈性交流。

美國哥倫比亞大學的沙姆斯（James A. Schamus）與導演李安長期合作，曾擔任「綠巨人」、奧斯卡得獎作品「斷背山」、柏林金熊獎作品「喜宴」的製片人。沙姆斯創作了李安的「冰風暴」劇本，並參與「臥虎藏龍」、「色戒」、「飲食男女」、「推手」等片的編劇。獨立電影領頭人沙姆斯教授電影歷史與理論，深知把握電影藝術與商業交易之間的平衡關係。可是，沙姆斯並不識中文，之前他只能從閱讀英譯的莊子、老子、孔孟之道，找些靈感。當他與「臥虎藏龍」兩位中文編劇合作時，該劇的故事卻完全用中文撰寫。這些語文上的不便，無損他對李安執導那些不朽電影所做的貢獻！

英文、中文、韓文

第五章提到，作為專業學術期刊的主編，英文水準不是接受來稿的首要考量。到此，你的心中也許仍然有些疑問。

關於英文重要與否，先講個故事。

我在德州農工大學（Texas A&M University）當系主任時，有一位程度不錯的韓國博士生，英文很差。於是我建議他用韓文寫博士論文，然後再請人翻譯成英文。另一位韓國學生聽到，趕快說這個方法行不通，因為此生寫的韓文也沒人看得透徹。所以英文不是關鍵。其實不要說韓國學生，許多美國學生寫的報告，絕對是標準的美式英語，可惜言不及義，英文當然不是關鍵！

再講個完全不同的故事。

台灣嬰兒潮出生的那一代，學英文必用柯旗化編寫的文法書。那是一本被當成聖經般、學習英文必讀的範本。然而，柯旗化不曾留學歐美，甚至沒有出過台灣一步。台灣早期，幾乎所有學有成就的留美人士，都受過柯旗化的影響。他們說話受重視，主要是因為有內容。許多人以為，言之不文、行之不遠；但言之無物，空有文采，才等而下之。兩岸社會，這種等而下之的人，還真不少。

還可以再說個有名的故事。

鍾開萊是機率（概率、或然率）學的泰斗，也是百年來首屈一指的華人機率專家，至今不做第二人想。他講英語帶著一口濃重的鄉音，不要說美國人聽不懂，就連我聽了都吃力。當年他任教史丹佛大學時，學生直搗校長室，抗議他的教學。校長告訴學生：「鍾教授是大學之寶，假使聽不懂他講的課，應該是你們的問題！」類似鍾開萊這樣英語講得破爛的旅美知名教授，可以輕易舉出二、三十個。許多旅美、非美國本土出生的華裔教師，名震士林，廣受尊重，然而英文講的真不怎麼樣。

說個居港為文的個人經歷。

大約十二年前，我為香港《明報》寫文章，提到「標的」兩個字。有個記者批評不曾見過這樣的用詞，還少見多怪地說「標的」是台式中文。歷史教授鄭培凱見了這種批評，感嘆有人把無知見諸文字，為文指責該記者，即使有所不知，也應該先翻翻字典，了解「標的」的意思。且不說中華文化保留在台灣，這個故事表示，熟不熟悉文字未必是爭論的主題，文化修養夠不夠才是重點。香港年輕人的中華歷史文化差又不肯用心，縱使英文說得流利，怎麼溝通？溝通些什麼？

說個麥當勞用餐碰到的現象。

二〇二一年十月底，進入又一城的麥當勞，遇到兩個大男人以粵語對罵，用辭辛辣狠毒，眼看就要大打出手。麥當勞服務小姐用微笑把兩人分開，一人悻悻然而去，另一人口中念念有詞、憤憤不平。無論如何，她的微笑化解了糾紛。

看看學英文和解決問題的關係。

李先生是香港大學校友。二〇一五年七月炎夏，香港大學遇到人事問題，引起校友與學校間頻繁的文字往返，像是作文比賽似的，你來我往，十分熱鬧。李先生就把來往電郵中的金玉良言抽出來，當作英文習作的範本，在課堂上教導學生。他有研究精神，又具創意，把講稿做了眉批。可以想像，上他的課不但享受研究的真實，還能精準地學習語文呈現的巧妙，這才是活學語文之道。即使如此，美麗辭藻、高妙清正的外衣下，不是還有問題等待解決嗎？

那麼語文和學術科研的關係又是怎樣？

講英文者在香港，被視為高人一等。可想而知，九七之前，或者之後，以英文教學為主的中學讓港人趨之若鶩。此所以香港幾所知名的中學，多以英文教學為主。重英文前後如一，輕科學工程於今為甚。一九八二年費爾茲獎得獎者丘成桐，和分別於一九九八年及二〇〇九年獲頒諾貝爾物理獎的崔琦及高錕，是至今從眾香港中學畢業而獲頒諾貝爾獎等級的僅有人物，算是天寶舊事。前兩人皆畢業於以中文教學為主的培正中學。這不是巧合，除了他們，還有幾位香港中學出身的大科學家皆來自早年的培正，而功成名就於美國。

不能說中文有助他們科研，但是可以確切地說，中文並不阻礙他們的科研成就。該問的反而是：為什麼重視英文的中學畢業生少有科研表現？為什麼這些中學甚至未能出些文、史、財、政、法、經的學術大家？

還見證了一個語言不是事業成功必要條件的故事。

楊林惠英與楊建文共同執掌「伯恩光學」（Biel Crystal）千億人民幣的高科技產業。夫妻倆來自香港，白手起家，她長駐廣東惠州數十年，埋頭苦幹，多言無益，英文不用，甚至不太講普通話。春色屬蕪菁，二〇二〇年《富比士》認可她為全球一百位執行力最強的女人之一。風前秋葉，盡在不言中。

最後轉述個文不對題的評語。

二〇二一年香港任命一名政務官員，是個政治指派官，反對的說他沒有大學學歷，贊成的稱讚他英文說得好。通通文不對題！

長話短說，溝通要用心！

作文比賽

身處香港十幾年，感嘆學生的中文程度薄弱，這倒不是因為他們的中文發音不好，或者會使用錯字亂句，而是邏輯不清、非禮無儀令人擔心。至於一些人賣弄文字，並隨後提些語焉不詳的八股老調，恐怕連自己都不知所云，尤其令人難以忍受。

二〇〇八年抵香港，有個公關毛遂自薦，強調他能寫出不世出的中英文演講稿。他給我看他為名人寫的講稿，用字美豔，陳義空泛，翻來翻去，簡直就是作文比賽，看多了、聽多了，有噁心的感覺。

相信大家聽過許多演講，有些講者用辭美麗，表情多樣，聽完之後，卻讓人雲裡霧裡，不知所云。回家後，就完全不記得講者說了些什麼，或者傳達了什麼信息。許多宴會場合，主講人不知道受什麼影響，擺上一副撲克臉，信口開河、無所不言，卻索然乏味、了無新意。其實，很多演講都是廢話。也許這些文青似的語言正是政客欺世盜名的嘴臉，騙騙人的，居然還有很多人成功被騙！

英文當道，忽略不得；但是中文好或者英文好，與溝通是否有效並無必然關係，甚至跟能否出頭或者成就大小，也不成因果，因此未必擺在首要的位置去考量。服務的大學裡一位職員說得漂亮的英語，工作表現差勁，常受同仁排斥。溝通的良莠在於態度、誠意、邏輯與內容。巧言偏辭的文章充斥版面，令人惶恐。

香港各學校推行兩文三語教學（兩文為中文和英文，三語為粵語、英語和普通話），然而溝通的功效，絕非止於伶牙俐齒。何況如果中文都不通，那洋文怎能言之有理？只強調語文，失卻了章法，就像菜餚只剩下皮毛，沒了牛肉，實在難以下嚥。

當歷史的八股文退去之後，兩岸三地的社會、政界正為著作文比賽而方興未艾，可嘆六十回《官場現形記》外的第六十一回一再出現。

兩岸三地大學校園國際生

世界各地適應新形勢，吸取各家文化與科研之長。自由民主的台灣，大學面臨招生困難；香港固然英語暢行無阻，但又能吸引多少外來人前來求學？

根據台灣教育部的資料，二〇一八年赴台灣各大學學習的外國學生總數是 61,970，大陸赴台留學的大一新生人數則為 707。與此同時，由於受累於低出生率，已屬偏少的在學人數必將繼續減少，大學數量卻多得不成比例，學、碩、博士各級學位課程普遍招生不順。雖然缺少外來學生，政治上卻限制陸生中的優秀者來台就讀。經濟上，大學資源攤薄；管理上，制度過時、繁瑣；社會上與大學裡華而不實的活動太多，前瞻遠慮的籌畫太少。

凡此種種，香港又如何呢？香港與英國有過悠久的關係，曾經是進入中國大陸的門戶，又以東西文化的交匯處自豪。按理說，外來學生應如過江之鯽、紛至沓來才對。然而事實上，到香港求學的外籍大學生人數並不很多。包括大陸的新生，二〇一七學年 17,891 位本科新生外，來自亞洲的外地學生約2,500人，而僅有七十九人來自世界其他地區。將以上人數乘以四，差不多就可得出香港所有非本地大學生的實際數目。至今英國人留學香港的更是鳳毛麟角！

歐美有些地方，單是一家大學的外國留學生，就相當於全港所有外來學生的總數。即使北京、上海的外國留學生，也遠遠多過台、港的外國留學生。我們不禁想問：這到底是怎麼回事？為什麼來台、港就讀的外國留學生如此有限？還可以再問，為什麼二〇〇八年我來香港之前，幾乎沒有台灣學生來港就讀？

多次在北京遇到體面的翻譯女士，其美式英語講得令人舒服。甚至發現，她們之中有些人從來不曾踏足美洲大陸，甚至沒有離開過大陸一步。僅靠錄音設備，竟然可以把英語說得精美絕倫。直到有一天，在會議場上聽到有人把「半斤八兩」的中文先自我調整為半斤五兩，再翻譯成「half a kilo and 5 ounces」的時候，倏然了解，原來譯者有些科技文化上的弱點。

至於其他一些例子，如把「小心地滑」翻譯成「Slide carefully」，把「酥炸大腸」翻譯成「explodes the large intestine」，把「談戀愛」翻譯成「make love」，或者香港人把奧斯卡最佳影片「The King's Speech」翻譯成「皇上無話兒」(台灣譯成「王者之聲」)，都讓人啼笑皆非。

有所台灣的大學在宿舍裡貼出便條，僅允許同性別的訪客入內，結果英文翻譯卻變成「只允許同性戀者入內」，真是謬以千里！要達到正確的傳譯，英文或中文發音美妙與否、發音與語調顯然不是重點！

外國人來大陸學習，並不是因為中國人喜用英文。外國人來台灣學習，並不是因為台灣人鼓勵大家說英語。香港人英語流行通暢無阻，那為什麼英美加澳等英語系國家留學香港的學生這麼少？

亞洲高教市場

國際化不是新生事物，早在人類交往、尋求共同理念時，就已有國際化的交流活動。兩千五百年前，中國處於春秋戰國時代，天下尚未一統，諸侯國間的交往十分平常。孔子帶領學生周遊列國，東腔西調，周旋於王侯之間，不就是國際化的實踐嗎？直至十七世紀，全世界還向中國學習。

歐洲工業革命後，西方強盛。美國百年來的興盛，多賴集天下英才，為己所用。現在東亞崛起，可以向東方學習，就像兩百多年來大家向西方學習一樣。正因如此，我們應該對自己的專長確立信心。據估計，十五年後，全球對高教的需求，將有70%來自亞洲，西方對此重視，並已採取相應措施。香港和台灣的大學有否思考，希望為世界作出什麼樣的貢獻？試將台、港與韓國作個比較，就不難明白這一點了。

關注韓國的發展已有三十多年。韓國和台灣相似，許多教授都曾接受現代教育，更不乏出身歐美日名校的專家學者。該國面貌一再更新，除了三星和現代等科技企業成績顯著之外，輸出的社會文化，如美食、電視劇、傳統漢醫藥，以及其不斷增長的服務業等，廣受歡迎。公共建設的推廣（比較桃園與首爾機場或兩地機場快線的建構，都是好例子）、交通安全、國際關係的開拓，甚至對包括大小球類等運動、政改反貪腐的執著、立法權的運行等諸項目，逐一對比分析，可見台、韓彼此的消長。

韓國的成功並非因為英語說得流利，正如日本在一九八〇和一九九〇年代的經濟起飛，也並非建立在兩文多語的基礎上。當年講拗口的日式英語，甚至一度成為時尚，就像在十九世紀中葉，講婉轉鶯啼般的法式英語者，頗能引人傾耳細聽。

日韓都不是外語專長的國家。日本藉高品質溝通，傲視全球；韓國以勤奮創業，後起之秀，值得讚嘆。至於美國，向以高科技、美式民主與世界溝通，引領風騷長達世紀之久。請問外語普遍勝過日韓的台、港、大陸人士，除了英文之外，有否思考以什麼與國際溝通？

皮之不存，毛將焉附。推行教育國際化首先應愛護、傳承中華文化，更何況中華文化和語言在現今世上受到空前重視。除非各國留學生近悅遠來，赴兩岸三地求取值得研討的課題，否則英文說得再好，也很難自詡在國際化方面有所進展。再積極地說，當高教重心移到亞洲的時候，難道不正是重視中文的時候嗎？

全球化的當下，所作所為，人人都能看到、聽到、感覺到，並據以做出評判。韓國、日本、法國的事例在在表明，實力第一，語言文字所蘊含的文化內涵才能觸動人心。韓國與日本的領導團隊展現實力，不務虛文，著力發揮創意。兩岸三地應充分利用自己的文化特色，提升對國際媒介的影響力，尋求跨境合作的機會，開發具有視角的教育課程和研究機構，創造新的合作模式和架構，以促進全球進步的增長點。

台灣是中華傳統文化保存最理想的地方，但可曾有策略維護、研究使其為世界中華文化的重心？

讓生動走進校園

人頭聚處是非生；無論在哪裡做事，難免面對社交政治（social politics）。個人經歷中，遇到最多是非政治之處，乃是芸芸眾生的教育界。為什麼校園中不能少些是非政治，多些生動輕鬆？

幽默的表現因地而異，各有特色。源出中原的滑稽詼諧，固然不同於西式幽默，即使同屬漢族，成都人擺龍門陣、北京人侃大山、上海人談山海經、南洋唐人街的阿叔講古，各有其妙。台灣的鄉土人情、歌仔戲；香港的粵語鬼馬精靈，滋潤了發達的棟篤笑藝術（Stand-up comedy，即單口相聲），本也是幽默的好土壤。類似的功能，教育界早已具備，而且更為實際：歷來經濟低迷之際，就是入學人數上升之時。民眾知道，與其職場苦捱，不如趁機返校攻讀，待雨過天晴之後，出門又是一條好漢。當戰事熱炙時，為了消極逃避入伍徵召令，研究所申請人數也會大增。連街邊阿婆都知道，多識字是本事，懂得簽名、用手機，消費不必付現鈔。

如今金錢與政治掛帥的兩岸三地頗不利於幽默。金融市道若興旺紅火，則眾人忙於炒股炒樓，無暇顧及幽默。這實在可惜，因為幽默的功用甚廣，遠不止於在衰微時或逆境中充當忘憂草。

工作美國多年，回到東方，赫然發現，無論是學術界或是政界，大家一表正經。會議中或者演講會上老像是上法庭討錢似的，沒了中式的幽默，也見不著美式的笑話。被取代的若不是課堂上的苦瓜臉，就是課堂下的尖酸刻薄口氣，老的小的爭吵的多、建設性的笑容少。許多演講，離不開陳腔濫調、言不及義。難怪台、港流行激情的社會運動，即使有時候根基薄弱。

午餐會議（lunch meeting）、步行會議（walking meeting）、甚至跑步會議（running meeting）都是當今美式實質會議的通行方式。我將他們帶進大學，完全引不起注意。

不久前聽到一則學生與老師的對話趣談，雖然是笑話，不覺莞爾，說明老師有向學生學習的空間。對話是這樣的。

老師問：「青蛙和癩蛤蟆有什麼不同？」

學生帶有深意、煞有其事地回答：「青蛙思想保守，不思進取，井底之蛙，到底坐井觀天，沒有見過世面。癩蛤蟆思想前衛，有吃天鵝肉的遠大目標，知其不可為而為之，值得佩服。所以，雖然青蛙漂亮，癩蛤蟆難看，但是外表並不重要。」

說得一點不錯，重要的是要有目標和理想。

任職教育界多年，看到老美師生之間偶有代溝阻礙溝通，消解妙方莫過於幽默。至於兩岸三地的大學，大概因為幽默不計入GDP吧，所以在教室講堂等工作場所不受鼓勵。儘管幽默難以計量，我卻認為幽默有功國計民生，並確信可以鼓舞士氣、消解緊張，甚至降低員工流失率。若用於各級學校，則有助於提升教學與研究水準。

在台北搭計程車，聽到一則笑話。

話說一位老師問學生：「如果世界末日真像馬雅曆法預言般到來，你最想做什麼？」

「我最想上老師的課。」學生無奈地說。

「你這麼喜歡上我的課？」老師不解地自言自語。

「因為上老師的課，可以讓我度日如年。」學生如實回答。

像這樣的老師和學生，我們身邊有多少呢？這則笑話使我想起年輕時上過的必修課三民主義。很多同學翹課，即使坐在課堂上也不專心聽講，但學期結束時，考試沒有人不及格。

前一陣子聽人說起，台灣某大學醫學院有超過半數的學生在課堂上睡覺、玩手機、吃雞腿……，認真聽課的寥寥無幾。台上獨腳戲唱得辛苦的老師問台下一名睡着的同學：

「你閉着眼睛幹嘛？」

「我在回味老師的演講。」學生快快回答。

「那為什麼頭還一點一點的？」老師問。

「我贊同你的觀點。」學生答。

「那又為什麼流口水？」老師又問。

「因為聽得津津有味。」學生再答。

該校學生因而飽受批評，有說不知自愛，有說浪費國家資源。想一想，如果這些人在不好好聽講之下，僅靠自我學習，最終都能通過考試，則是否表示這門課有問題，或者授課的老師有問題？修這些課與聽講不專心是否無甚關係？果真如此，為什麼還要開設這麼一門無聊的課？

如此這般度日如年的課，大概不少吧！

說到這裡，當然忘不了中學時代，那些回味無窮的課程與授課的老師。

道與文

正如《論語》所說，「質勝文則野，文勝質則史，文質彬彬，然後君子。」大學教育應該培養文質彬彬的君子。如果重英文輕文化，社會浮華不實，虛榮與膚淺大行其道，未必有助溝通，還可能旁證巧言令色鮮矣仁的道理。

「道者，文之本；文者，道之葉。」大學重視語文，但是不希望學生在通曉英文或中文之後，只是用來高談闊論，或在瑣碎小事上浪費時間。言而空泛浮濫的情景，台、港、大陸已經多不勝數。廢話少講，言必有物，才是重要。

第二部

教研合一

心空教亦空
上心研乃心
硬體合軟體
總欠一心件

大學貴於視野，也該引領潮流，講究成效，不要忘了配合社會、經濟的進展，尋找可獲先機的突破口，創建特色優勢。大學培育人才，是探究與創新的重鎮。因此，教師在教學之外，應該參與問題導向的研究。下焉者，傳道、授業、解惑，求取知識；上焉者，格物、致知，創新知識。

教研相輔相成

兩岸三地的大學把教研分家，研究型的大學重研究，教學型的大學不研究。可是，有沒想過，為什麼竟然有想學習的人可能優先選讀不重教學的大學，而不重研究的教學型大學又居然不停地授出博士學位？到底是些什麼樣的研究型大學不教學，又是什麼樣不研究的教學型大學竟然膽敢招收博士生？為什麼不做研究的教師，把只看重教學任務的歸類為教學型大學，而把那些從事研究的教授當做研究型的大學教授看待？

大家似乎先假設做研究的人，不懂得教學，甚至不需要教學，而教學的老師不研究，當然也就不懂得上窮碧落下黃泉的道理。再想想看，不從事研究的人，難道就懂得教學，而從事研究的人，難道就不懂得教學嗎？

教與研彼此相輔相成，一方面研究要深植學習之中，同時學習的內容與過程也應該引導研究。教學與研究既是探討入世的論題，更是為了達到「役物而不役於物」的境界。大學教研是專業，不是兼業，更不是副業。古聖人言，其旨微密，箋註紛羅，顛倒是非，有傷高教，有違國際化的真諦。否則創新永遠是霧裡看花、遙不可及的幻想！

第七章　大學之道

東漢蔡倫造紙以降，中國人發明印刷術、火藥、指南針，乃至一些原創的技術。炎黃子孫對這些成就津津樂道。

每當外國人做出突破性的貢獻，往往有人引經據典地聲稱：「那沒什麼新奇，中國早就有了。」「今天洋人發明的東西，都在易經八卦的算計之中。」要說某些概念在中國早就有了或許不無根據，問題是有了之後為什麼難以為繼？有了之後，然後又能怎麼樣？西方的研究精神與實踐可以稱得上「古已有之，於今為甚」，凡事崇尚獨立思考和客觀分析，都要問個為什麼。

古人或許在概念上有原創性，可是缺乏後續研究，到了宋朝之後，如此家珍就難再數下去，相對於西方而言，少有新意。其癥結在於傳統教育為弟子們提供學富五車老師的真傳，重視注解經文，卻不鼓勵後進發明創造，超越前人。以前，切磋學問，和諧至上，避免爭議，因而導致是非不清，原地踏步；今天，矯枉過正，民粹當道，七言八語，還是是非不清，進退失據。

切磋琢磨

時值二十一世紀，中國矢志在國際社會上做個負責任、有貢獻的成員，亟需探討科學技術、社會科學和人文藝術等方面可大可久的持續發展之道。《論語》提出的「如切如磋，如琢如磨」，以及《易經》提出的「取法乎上」，都強調精益求精。這些概念性的陳述有待研究落實。引以為傲的中國精神，時常停頓不前。順手舉些例子，就可看出原創之外，有賴持續研究，才能豐富原創的生命與活力。

其一：選賢舉能、民為邦本和天下為公的概念，中國古已有之，但權力分立先由英國的洛克（John Locke）提出，再由法國的孟德斯鳩（Montesquieu）訂定行政、司法、立法三權鼎足而立的形式，成為實踐歐美民主制度的有力保證。中國式的民主概念等了幾千年，最終由西人具體實踐。也許有人認為經過多年的驗證，今天實行的民主代議制度問題叢生。果真如此，誰能提出更好的辦法？

其二：國畫講求意境、色彩、筆法，代代相傳，美不勝收。可是繪畫的立體呈現既非中國人原創，亦非中國人改良，而是從歐洲引進的舶來品。缺少繪畫創新，又是個陷入不求創新窠臼的好例子。

其三：來自古人煉丹術的黑火藥，製成煙火、爆竹，甚至大炮和火箭，是十八世紀之前唯一的化學爆炸物。後來歐洲改進火藥兵器，火炮超越中國的技術，再由明代耶穌會的傳教士傳回中國。黑火藥的威力落後發明於十九世紀西方應用廣泛的黃色炸藥。

其四：民初以來，探討中國科技落後的論點很多。其中流行的一種說法怪罪於中文的書寫，認為中文難記、難寫、難打字、難輸入、難確認、難科學處理。沒想到，自從電腦的發明、改進，及人工智慧、模式識別（pattern recognition）、語音識別等軟硬體的推廣使用，以上那些中文不科學的說法通通消失無形。留下來的中文之美，反而令其他文字望塵莫及。

類似例子，所在多有。中國人做學問不是不學，而是不問、不事探索；做學問不是不學，而是不得其術，缺乏研究精神，知其然而不知其所以然。

李約瑟（Joseph Needham）以研究中國科技史著稱。他指出中國以經驗科學，漸進式發展個別技術，曾經領先世界千年，對人類文明貢獻甚多。究竟何以致之？

其文官選拔、監察制度、私塾教育及諸子百家爭鳴等千秋大業豐富多彩，皆非同時代的西方世界望塵可及。還有中國歷史上，宗教與統治者雖然偶有糾葛，但是遠不若中古時期的歐洲嚴重。宗教與統治者彼此保持距離（「宗統分割」），是中華文化的特色與強項。

許多中國的發明出自歷史巧合，個別創新可圈可點，但總是意猶未盡，留個尾巴，既不精益求精，又因科舉制度出錯了題目、考錯了方向、選錯了專才，以致後繼無人又無力。究竟何以為之？

文藝復興起，特別是十七世紀後，歐洲的工業革命引發現代文明，不只科技濟世，也促使醫療、哲學、政經、文藝全面躍進；此與西方同時期出現以研究為主的大學密切相關。而彼時的神州大地，依然不知不覺，缺乏足夠的研發臨界質量（critical mass），戲步跬蹉，只顧喃喃自語些空泛的老舊招數，未能進行以系統、實驗、邏輯、印證為基礎的科研創新，難怪近兩、三百年來，科學、工業、哲理、創新皆大幅落後西方世界及日本。時至今日，兩岸三地還有人陶醉於自己都不甚明白的陳年教條，在政客導引與民粹推波助瀾下，拔劍四顧絕人煙、心茫然。

格物、致知

放眼現今，兩岸三地的學子熟記課文、會彈會唱、能說善道、擅長各式各樣的遊戲和運動。凡是訂得出考試範疇和標準的，他們就有本領拿高分、甚至考滿分。從幼兒教育開始到高中，調教出大批身經百戰的考試高手，即使參賽得科學獎的大中學生也都是經特意訓練調教出來，未能普及大眾。直到有人進了研究所，才開始對課業內容有了思考與質疑的機會，起步已比西方大學生落後了許多年。

學習的精髓在於研究。宋明學者主張知事物本末，窮事物之理，這可能是最接近科學原則的中國傳統為學之道。因此，科研這個外來語，早期的中譯就是格致。可惜，在傳統中國教育單向、家長式的教誨下，格致不是主流，堅持己見會受到較大的阻力，獨排眾議更需要勇氣。連孟子這樣名重一時的大儒，都得為自己的名聲辯解，「予不得已也！」

注重研究正好顛覆了這種源自傳統的壓抑，因為同樣的論題，基於不同的定義、不同的檢視角度和不同的探討時機，可能達到不同的結論。也就是說，研究的結果不能定於一尊，總有商榷的餘地和改進的空間。大學之前，應當在中、小學的課程裡及早落實格致精神。

兩型大學的來龍去脈

兩岸三地的高教界喜把大學分為教學、研究兩型。

歷年來，在兩岸的大學校園中，教學與研究似乎成了兩個平行且分割的行業；不僅一般民眾，即使高教界人士，也往往認為研究是研究所、研究員的職責，與教課的大學教師無關。甚至有人認為，或許研究不是中華文化的固有元素，大學教師可以不做研究。如此一來，就讓不研究的人找到了託詞。

有這種想法其實並不奇怪。十九世紀英國教育家紐曼（John Henry Newman）就在《大學的理念》（*The Idea of a University*, Regnery Publishing, 1999, original version, 1852）的書中認為，透過傳授知識、培養理智是大學的唯一任務，根本沒有做研究的空間。在他眼中，從事教學就沒時間做研究，而做研究必定很難分心從事教學。兩岸社會一度以重教學為藉口，而有反研究的傾向，好像回到了十九世紀的英國。

兩型論者喜引舊例，指稱高教界取法歐美，理當有大學歸入歐美式的研究型大學。此說過時，也不周全。二十世紀之前，很少有以研究科目為主的大學，自然也無教學型或研究型之分。二十世紀中葉之後，又有哪所優秀的大學只研究而不教學？

史上重視研究的大學首推一八一〇年誕生於德國的柏林洪堡大學（Humboldt University of Berlin），後來歐洲各國紛紛仿效。美國起步較遲，直到十九世紀末才由聯邦政府推出多項優惠政策，鼓勵私人建校，促使約翰霍普金斯大學（Johns Hopkins University）、芝加哥大學等群起致力於研究、創新，並教授高於學士學位的進階課程。美制大學源自歐洲，如今青出於藍。自一九二〇年代起，重視研究的美國大學後來居上，成為主流。

簡單而言，二十世紀之前的大學多以教學為主，少有研究的概念。二十世紀初期的大學認可研究，在個人主義之上，強調團隊科研。上世紀五〇年代，雖然有以本科教學為主的公立大學，然而大部分無異議地引進研究的實踐，其中佼佼者首推柏克萊加州大學（University of California, Berkeley）。

教學未必先進，研究先受忽視

香港政府經常標示，某些大學從事「應用研究」(applied research)，甚至用過時的天馬行空（blue-sky）論說來陳述「非應用研究」。

此說有趣。近二十年來，諾貝爾物理獎、化學獎多次頒給工程應用方面的研究者，其中較著名的有二〇〇〇年物理獎得獎者葛爾比（Jack Kilby），二〇〇二年化學獎得獎者田中耕一（Koichi Tanaka），二〇〇九年物理獎得獎者高錕，二〇一〇年物理獎得獎者蓋姆（Andre Geim）和諾沃肖羅夫（Konstantin Novoselov），二〇一四年物理獎得獎者赤崎勇（Isamu Akasaki）、天野浩（Hiroshi Amano）和中村修二（Shuji Nakamura）。其中發明積體電路的葛爾比，發明光纖通訊的高錕，發明二維空間材料石墨烯的蓋姆和諾沃肖羅夫都是造福人類的發明家，而非抽象概念的發現者。當然，生理學或醫學獎重視研究結果的民生實用性，更不在話下。研究並非少女少男情懷，哪裡容得下天馬行空之說，又哪裡分他古今應用、發明或發現之別。

美國國家科學基金會（National Science Foundation, NSF）要求申請者列舉研究問題的功能性，也就是問題背後所代表的具體意義（physical meaning），表示凡研究都要有個原因、帶些目的。有多少專業不以問題導向、應用為主？研究為的是求真實因果，不要亂提空泛的概念。假若真有所謂的應用研究，也非任何大學的特有標誌。事實上，教研相長的領域不限於科技，還包括商管、人文、法律、社會、媒體、設計等。

當今美國，凡開設博士學位課程的大學，並無教學型與研究型之分。以許多人視為教學型標誌的二十三個加州州立大學（California State Univeristy）為例，絕大部分頂多在學士學位之上，頒授碩士學位，似乎屬於教學型大學，但校內教授仍然認真從事研究，只不過研究占的比重較低；教師要晉級升等，仍須呈交研究成果。

被常人視為教學型樣本的大學，包括所有加州州立大學，除極少數專業，幾乎都沒有頒授博士學位，因此可以歸屬為「非博士授予型」大學。這些大學，因為沒有博士助理，無論申請研究經費或從事研究探討都相對困難。有研究所卻無研究或研究較少的大學，應該被歸類為研究差的大學，並不能以教學型大學的說法輕鬆帶過，讓人誤以為研究差，就表示教學見長。

把大學分為教學型與研究型，就好像把維持健康的方式分為飲食健康型與運動健康型——不實際也不正確。也好像把維持幸福的婚姻分為物質型與愛情型——不理想也不浪漫。僅此分類的思維，就表示在心件上已經落後，想必與教研的錯誤認知有關。有些說法表面看似重視教學，但事實上研究不成，教學也不傑出。

大學若不重視研究、缺乏研究成果，其教學就沒有根底，寫不出好的教科書，當然學術水準就難以提升。因此，台、港的高教界——或由此推知大陸的大學——若要趕上世界先進水準，須得端正心態，去除某些誤解或過時的觀念，先從了解教研的相互關係、致力推行教研合一的實踐來調整心態。何況教學的內涵還包括了複雜的教學研究。研究就像是教學上的藥引，可以促進與引導教學的成效。

存疑求悟的氣氛

學生上大學，要為將來的歷程打好基礎，因此不能只把精力投放在與研讀主修相關的科目，而應廣泛涉獵並思考深入科研的發展。教授任職大學，尤其要具有提升學術進步的使命感。這樣基本的理念，在金錢掛帥的兩岸社會，恐怕沒有太多人了解，也沒有幾個人重視、維護學術空間的重要性。

為了改變風氣，城大設立「校長講座系列：學術薈萃」，邀請校內資深教授主持，為師生介紹教研近況。講座涵蓋廣泛的領域，包括全球氣候暖化、儒家樂教思想在當代的意義、材料科技與人類社會之間的關係、雲端計算、生物統計、虛擬藝術、少數民族、生物醫學工程、健康一體化，及主觀概率論的含義、內容、公理等。

此外，大學常年主辦「傑出學者講座」，應邀前來演講的有諾貝爾獎、費爾茲獎、圖靈獎（Turing

Award）得主、著名詩人、作家、學者。講題涵蓋新型傳染病、奈米技術、二十一世紀的王道、大數據、IT科技、詩詞小說創作、能源展望、環保現狀、學術自由、全球供應鏈網路，及東亞區域的國際關係等。

兩種講座，前後逾百場的院士級論壇，傳播教研信息，吸引了少則二、三百，多則六、七百聽者，會場交流熱絡，有時候還欲罷不能。然而，發現很少有本地的同學參與講座。據了解，除非校方嚴格規定，香港其他大學的情形也大致如此。學術講座完全引不起本地學生的興趣，也見不著媒體記者及那些平常吵吵鬧鬧教職員工的出現。

除了校園缺乏學術氣氛，外界非專業性的批評言論充斥社會，甚至推波助瀾干擾學術活動，簡直就是看小學術、看輕大學。就此而言，北美的大學無疑最具學術氛圍，也肯花時間與精力探討學術問題，社會不會也不敢隨便推測、干預、指揮或打亂大學的學術秩序。

大疑大悟，小疑小悟，不疑不悟。台、港、大陸的大學裡，有些師生不做學問，不積極營造學術氛圍，不肯創新求知。有些年輕人沉悶地懷疑社會不了解E世代的他們。其實難道就不該問：為什麼這些人不了解學術才是大學的主題？

教學不研究等同酒駕

有這麼個笑話，說有酒醉駕車者，被警察攔下，辯解喝了不少酒，走路不穩，只好開車回家。如果把研究比作走路，那麼開車就是教學。腦袋不清楚無法研究，怎麼可能開車不出事故，不誤人子弟？

缺乏研究的學科，沒有深度，根本就不該進大學的門。只有教研優劣的大學，並無教研分流的大學。不然的話，那就跟醉漢一般，浪費了自由的學術環境，既不能穩定走路，也不能安全駕車。

第八章　大學定位

中國歷史上常有不如意的讀書人有志未伸、孤芳自賞，因而選擇遺世獨立，隱居山林。現在世界縮小，小隱也只是形式上的歸隱。今天的修道，屬於入世，不宜獨善其身，一味逃避現實，反而應該超脫塵世，面對挑戰。

讀了許多書，如果感到壯志未酬，那是否表示讀錯了書，或者找錯了目標？如果讀錯了書，就怪不得別人，而應該及時自我調整。如果找錯了目標，那也應該探討讀書的目標，或者是否書沒有讀通。古時候的讀書人，為的是那些掌握在他人手中的功名利祿，難怪不如意的人眾多。今天讀書人的目標應該多元出入，但是如果讀的書與現實社會存有差異，這就值得檢討減少或消除這些差異。

兩岸的高教頗有走入春秋戰國的亂象。上一章指出，常有人便宜行事，將大學二分為研究型與教學型。這種說法，既與熟知的先進情形不同，也不盡符合近代的高教趨勢。

四類大學

從一九八〇年代始，兩岸由台灣帶頭重視研究，香港與大陸的大學則分別在一九九〇及二〇〇〇年代迎頭趕上，據以調整大學擔負的時代任務，已然比歐、美、日本晚了近半世紀之久。然則今天在研究領域落後的兩岸大學，被冠以教學型大學的封號，可以說是對教學理念的汙衊，好像研究不行，就必然專長教學。許多大學研究落後，絕不表示教學優秀，其實是在教研合一的實踐上落後先進大半拍。

當代的大學可以分為四種類型，每一種類型的大學都同時保有教研的因子。

一、人文學科（Liberal Arts）專長的四年制大學：美國的普林斯頓大學（Princeton Univeristy）及達特茅斯學院（Dartmouth College）算是代表。此類大都是私立大學，強調對基礎人文學科的了悟，在廣泛的基礎上，促進人格健全發展的理念驅動式教學與研究。大家喜歡談論的博雅教育是這一類等同常春藤大學的學府所奉行的理念。他們規模精小，學費極其昂貴，為兩岸三地公立大學學費的六到六十倍，有貴族學校的味道，也擁有卓越而專注於文史理科方面的研究所。近幾年，由於感受科技的影響，普林斯頓大學調整博雅教育的抽象理念，加重資訊電算的分量。

二、專業學科為主的專業型大學（Professional School）：強調專業教育，與社會緊密結合，學以致用，麻省理工學院為其中翹楚。由於專業課程繁重，實習或專題報告費時費力，再加上有認證（accreditation）的考量，所選個別專業為主的課程尚恐力有不逮，因此課程以環繞個別學科為主。此類「問題驅動式」的大學，專注教研創新，畢業生不尚空談，對社會的貢獻具體實在。

三、學科完整的綜合性大學（Comprehensive University）：柏克萊加州大學是很好的代表。一九七〇年代末，美國聯邦政府通過拜杜法案（Bayh-Dole Act），鼓勵大學與企業界合作，將研究成果轉化為新產品、新生產方式，促使學術市場化的理念植根於高教體系。一八六〇年代以來創立的贈地大學（land-grant university），以農、工、商起家，為的是讓學生獲得實用的農學、工藝等知識技能。到了二十世紀八〇年代，不少這類大學逐漸擴充為學科完整的綜合性大學，並重視跨學科的整合。典型的例子有一八六六年成立的威斯康辛大學（University of Wisconsin, Madison）及一八七六年成立的德州農工大學。

四、單一學院（Specialized University）：此類大學多為深入教研的單一學科，其出眾者包括以舞蹈、戲劇與音樂為主的紐約茱莉亞學院（The Juilliard School）和以醫學為主的明尼蘇達州梅奧診所醫學和科學學院（Mayo Clinic College of Medicine & Science）、瑞典卡羅林斯卡學院（Karolinska Institutet）。這類大學的課程內容與以人文學科為主的四年制大學不同，前者求精，後者求廣。單科大學在舊制的蘇聯、大陸或法國等歐陸國家的大學體制下，曾經扮演過重要角色；而今許多歐洲大學朝美制靠攏，有整合成專業型大學或綜合性大學的趨勢。對於追求才藝專精的個人，單科大學仍然是理想的選擇。

充足的資金是高教成功的關鍵。前述四類大學乃是基於學校教師的專業興趣而定，有別於政府資助的其他類別的教育機構。後者主要是看學生的天分、興趣，有時考慮他們的經濟需求，如純以研究為主的中國科學院及以色列的魏茨曼科學研究院（Weizmann Institute of Science）、國家資助的技術學院、兩年制的社區學院和短期職業學校。

美國的大學重視團隊科研，率先把研究推廣到本科課程中。二〇一八年十月，麻省理工學院公佈了一項十億美元的計畫，創建計算學院，培養新一代的機器學習專家。社會科學、生物科學和物理科學等領域的學生得以受益。這與海峽兩岸和許多地方的大學的學習風格不同，他們大量製造學位，在社會推波助瀾下，學生重視學分數量，卻沒有透徹理解學習的內容。麻省理工學院持續進行尖端研究，值得關注。

為了活學活用，要避開在機械式的教學技術上費勁，傳統靜態的課堂學習與教研分道的作法是有待改進的地方。如果只顧宣導抽象不實的教學概念、求學位、多主修、英語教學，則除了當個步人後塵的高教買辦，大學不能為實質而具體的創新作出貢獻。

莘莘學子來自多元背景，各有特色，皆有所長，切勿一竿子打翻一船人，把大家一體視之。所以孔子主張的「因材施教」正吻合以上歸類的四類大學。孟子以「得天下英才而教育之」為三樂之一。應先識得天下英才，而後「因材施教」，這才是有教無類的真諦。

除了教學，大學該做什麼？

以上四類大學，其優秀者以教研並重的方式培育人才。科技日新月異，如果教師不從事研究，則其知識與技能充其量僅能重複他人的科研成果，無法永續發展，能教出什麼名堂？如果無法得到更新的知識和技能，為師者又將如何立足社會？如果大學教師不從事教學，或者只從事研究而不懂得更新，則將無以印證研究成果。醫生、工程師尚且不斷充實新知，大學教師難道就不應該更新知識嗎？

像教研合一如此清楚簡單的道理，未被全盤了解，許多人寧願墨守成規，也不遵行。更甚者，如要求大學教授做研究，就有人質疑忽視教學，或認為做研究者必然授課不力。

教研並重的菁英學府提供優質教學，率先把先進的教學理念帶進中學。舉例來說，過去五十年，好幾次中小學的教材更新，以集合論為主旨的中學數學、把電腦及網路帶進中學課程、中學歷史教材的調整、透過網上平台對中學生開放的大學先修課程、新冠肺炎流行後全球各級學校進行的網路教學等，都來自教學與研究俱優的大學。這些從來都不是單純的研究型或教學型得以概述。

再說，典範的大學，除了在尖端研究上獨領風騷，更是教學卓著的標竿大學。幾十年來，藉著資訊科技對教學推廣作出貢獻的 spreadsheet、internet、遠距教學、網路教學、線上課程慕課（Massive Open Online Course, MOOC）、電腦語言、教學軟體等，全都出自教研合一的一流大學。此外，舉世推崇的教學理論的闡釋，無論是常用的軟、硬體教學工具，或者被推為範本而歷久不衰的文史醫理等學科的前沿大學教科書，鮮有出自研究不彰的大學。

實在想不出有哪些對教學有卓著貢獻的成果，來自所謂的教學型大學？

很多人眼中的研究型大學承擔了重大的教研任務。顧名思義，只要是頒授博士學位的大學，必定從事研究；而從事研究的大學，必定要爭取研究經費，其競爭力強者可得到較多的政府資助和私人捐款。一九八二年，美國大學協會（The Association of American Universities, AAU）前主席羅森茨維格（Robert Rosezweig）指出，美國的優秀大學是「結合基礎研究、研究訓練、大學部教育，並通常由同一群人在同一時間進行此三件工作」的學術機構，其中並無教學研究之分。

依獲得研究經費的多少，美國的大學曾經被分類為「研究一」、「研究二」等大學。因此，研究經費較少的大學被有些人視為「非研究型」的大學。即使想要勉強分類，研究型或非研究型大學的稱謂是果而不是因，是相對而非絕對。譬如，一九七〇年代以來的後起之秀喬治亞理工學院（Georgia Tech）和聖地牙哥加州大學（University of Caligfornia, San Diego）等，以及曾經盛極一時、如今相對沒落最終被併入紐約大學的布魯克林理工學院（Brooklyn Polytechnic），及一些因經費困難或競爭力較弱的大學，都是優勝劣敗、教研高下、自然演化的好例子。

教研並重的大學走在時代前面，在各類評比上名列前茅，是中學畢業生申請入學及公司行號招聘大學畢業生的首選。哪有不從事研究而僅僅教學出色的大學，可能受到學生或社會的青睞？

大學須以學生為本

從一九八〇年代開始，美國推出四項重振大學的重要措施，其中包括一九九一年 Ernest A. Boyer 的研究報告：《學術模式》（*A Model of Scholarship*）；一九九七年凱洛格基金會（Kellogg Commission）的報告：《州立和贈地大學的未來》（*The Future of State and Land-Grant Universities*）；二〇一四年的凱里（Kevin Carey）報告：《建立新的 AAU：重新定義高等教育卓越》（*Building A New AAU*）；以及二〇一六年在科羅拉多州立大學（Colorado State University）發布的《重塑合作大學聯盟》報告（*The Reinvention Collaborative*）。

這些報告有個共同的主題，就是強調以學生為本的理念，以此為改善高教的基本方法，亦是以大學的創新研究、學生學業有成、畢業生有所成就定義卓越。理想的教研合一的一流大學，同時以學生為中心。

近十年來，數據科學（data science）與機器學習（machine learning）取得驚人發展，迅速改變各行各業的運行與工作場所的安排。據預測，到二〇三〇年，自動化將淘汰當今一半的工作。考慮到這些前所未有的社會變化，大學必須求新求變、高效靈活，幫助學生做好迎接挑戰的準備，同時充分運用新科技把握長遠經濟帶來的新機遇。

處於這些變化中的人文學科和社會學科，對業界至關重要。更重要的是，修讀人文社會學科的學生需要肩負新的任務，例如理解數據，促進與技術學科的合作，提供歷史社會的角度，由此在數據驅動的世界裡將技術人性化。人文專業的課程需要幫助學生加強定量技能，使自己具有分析的能力，遠離空泛的陳述。

除培養基本技能外，大學須盡早幫助學生為終身學習作好準備，透過課程中的探討、交流、創造力和文化熟悉度，以加強閱讀、寫作和分析能力的教學。大學教育的質量決定了其使用硬體和軟體時，參與規畫、推行的必要變革。

沒有學生，大學就不會存在，亦無法貢獻社會。教不嚴師之惰，以學生為本並不是縱容學生，不是縱容行為放蕩，不是縱容頒發學位，更不是縱容師生條件交換。正如教練教球員上場得分、下場快樂，而不是縱容球員上場快樂、下場哭泣，其理易明。

鬆綁與定位

在瞬息萬變的社會中，若有心力齊頭並進，超趕先進水平，務必積極推動教研並重的理念。

首先，高教法規須鬆綁，包括財政經費、國際招生在內的運作細節，由各大學自主決定。政府負責總量管制，擬定國家社會發展的原則，指出科研、教學或推廣的方向，並且訂出相應的獎勵機制。教育、科技、國防、環境、衛生保健等各相關單位定期協調，統一擬定科研發展的主題，並據此投入科研經費，用為正本，以利遵行。舉例來說，台灣與大陸的大學在飽受繁雜的外務干擾之外，多的是：大學太多、雜課開得太多、研究所太多、法規太多、政府管得太多；少的是：探討設計方面的時間太少、研究經費稀釋、單一而不足，缺少長遠、系統模擬可持續的教育規畫；亂的是：研究教學雜亂、產業發展主題不清，外行人做內行事、管內行人。

其次，個別大學要有辦學宗旨，在有限的資源下，先為大學定位，從前述四類大學裡擇一定位，做出「戰略性規畫」(strategic plan)。台、港社會喜唱高調，要大學生接受全人教育，重博雅，能溝通，懂專業，通古今，菁英文，強調本土化，具國際觀，與社會的需求結合等等，還要悠閒，低學費，又求歷史定位。結果有些連基本的做人道理都不懂，畢業前吵吵鬧鬧，畢業後高不成、低不就，只有忍痛接受低待遇。哪裡的大學教育會培養出這樣四不像、八面玲瓏，卻又十二萬分不甘低薪的二十四孝人才？

台灣公廁骯髒，少有關心，卻有政客捨本逐末，推動使用免治馬桶。印證了《宦海》第一回：「不先去考察他們的程度，卻只嫌著百姓的程度不合。」教育上也有許多類似現象，不注意根本內容，老顧著標新立異，在包裝上下功夫。因材施教是學生應受的機會，也是大學應盡的義務。大學定位後，應該專注辦實事，少談虛無縹緲的概念，不可也不必無所不有。

白居易的中隱

白居易在《新樂府序》中說：「為君、為臣、為民、為物而作，不為文而作也。」為了發揚重政揚教的寫實主義，要反映民間疾苦。也就是要言之有物，不可強說全人，不要無病呻吟。隨後他作了《中隱》闡述之：

大隱住朝市，小隱入丘樊。
丘樊太冷落，朝市太囂喧。
不如作中隱，隱在留司官。
似出復似處，非忙亦非閒。
……
唯此中隱士，致身吉且安。

他以為「賤即苦凍餒，貴則多憂患」，賤是小隱，小隱要挨餓受凍；貴即大隱，大隱憂患太多，不是常人承付得起。所以要中隱，「致身吉且安」，就是悶聲過日子，既不用受飢寒之苦，又不用勞神費心。中隱為凡人設想，多做實事，可以考慮。

有人可以大隱，有人可以小隱，大部分人適合中隱。唯有了解此中背景，才可避開全人教育的盲點，從四類大學中做出抉擇，避免該做的不做，不該做的搞了一大堆。

第九章　全人教育的盲點

常聽說教育以人為本，還要追求天人合一，又有人喜歡把「全人教育」掛在嘴邊，視之為高教的執行標的。這是什麼意思？

二十世紀畢業於哥倫比亞大學及康乃爾大學的胡適曾對中國人的空談道德規範，嗤之以鼻，並公然予以違抗。胡適說得好，「多研究些問題，少談些主義」。進入二十一世紀，許多空泛的論談依然存在兩岸三地，該解決的問題沒有解決，不該解決的倒是搞了一大堆。大人亂搞，年輕人也跟著起鬨。

蕭伯納筆下的斯蒂芬

劇作家蕭伯納（George Bernard Shaw）在《芭芭拉少校》劇本裡，介紹軍火大亨的父親準備給兒子斯蒂芬謀份差事，提出一大串提議，包括文學、哲學、表演、法律、醫學等。斯蒂芬上過私立貴族中學和劍橋大學，但是無所事事，沒有任何擅長或對某項專業感興趣。父親氣惱地不了解他到底愛幹什麼。

斯蒂芬自認為有「明辨是非」的能力。父親表示匪夷所思，沒有生意頭腦，不懂法律知識，沒有藝術細胞，又不懂哲學，卻懂是非之事，那是無數哲學家、律師、商人、藝術家都想不通的。嘲笑道：「一無所知，卻自以為無所不知，這充分說明，你最適合從政。」

社會今天推廣的學位教育是否造就了許多《芭芭拉少校》裡的斯蒂芬，一無所知，卻自以為無所不知的主政者？

全人教育的時代性

古時候的全人，想必通曉禮、樂、射、御、書、數。那麼今人呢？如果說今天的全人就是要具備古人的六藝，那未必符合時代性，也恐怕找不到幾個全人。其實對於每個學生的成長，六藝所蘊含的哲理仍然重要。

米勒（Ron Miller）提出教育理念，發展個人情感（emotion）及認知（cognition）能力，協助青少年從獨尊自我的個體，轉化為懂得承擔社會責任的成人。除了寫（writing）、讀（reading）、算（arithmetic）三個學習內容，他主張在自由主義教育的基礎上，培養重依存（Relationship）、責任（Responsibility）和崇敬（Reverence）的人格。今古相通，這六點恰巧與古人六藝裡的禮、書、數相重疊。

首先，身體健康是學習成功的根本。早年兩岸清華大學的學生有晨跑的風氣，每當校慶，人人要跑幾公里，而畢業的先決條件是必須成功游泳一百公尺。有人嘲笑美國大學過於注重體育，可是體育方面最厲害的大學正是史丹佛大學以及東岸的杜克大學及田納西大學。教研首屈一指的史丹佛每年花費一億美元，支援三十五支體育校隊。

體育競技，反映教研領域存在的良性評比。體育精神，可以把人心導入正途。古代儒家的教育理念要求學生掌握「六藝」中的射與御，正是今人倡導的體育精神。孔子重視的「君子無所爭，必也射乎！揖讓而升，下而飲，其爭也君子。」就是武德。禮、樂、書、數則是文修。文修與武德彼此相得益彰。今天，有誰教導文修武德嗎？

不同的是，現代教育還希望培養全球視野的人才，具備解決問題與獨立研究的創造力與溝通技能。現代人關懷自然，並且具備多元文化的意識。換言之，學生須了解為人的道理，懂教養，維持人與人之間的理解、尊重的態度。以上說法，似乎無懈可擊，但是全人教育可曾在本地生根落實？又該在什麼時候向下一代傳輸這類概念？

除了「得天下英才而教育之」的心中一樂，孟子「仰不愧於天，俯不怍於人」放之四海而皆準的憧憬，則是今天少有人提及的三樂之二。俯仰無愧，確立了檢驗正人君子的標準。能夠光明磊落，心胸坦蕩做人，確是人生樂事。君子以言有物，而行有恆，恐怕沒有幾個人做到，甚至恐怕沒有幾個人想要做到。美國總統甘迺迪（John F. Kennedy）的名言「不要問國家可以為你做什麼，你應該要問自己可以為國家做什麼。」也沒有幾個人想到或者做到。如果大人都沒有想到做到，年輕人怎麼可能想到做到？

全人教育的主要盲點就是缺乏對責任感的培育。維護生態平衡、保護地球，截長補短，確保永續生存才能更上層樓。汙染環境，算是愧於天地，也不利國家社會，應該快樂不起來，又有多少人想到或者做到？

假性道德

華人社會喜歡自詡講究道德，好像是個崇高的標準。這種話講多了，因為貧嘴、矯情造成不良後果，反其道而行之的人不少。政客喜歡用「最高的標準接受檢驗」做廣告，其實講這種話的人連最低的標準都達不到！

許多人的內心深處漠視行事規範，空談道德卻不守規則，對法令和規矩擇其要點，保持著利己才遵守的態度。許多人對非我族類或者非同等級的人不太尊重，甚至明目張膽地予以歧視。相對而言，西方人或近鄰的日本人則比較守規矩，不該做的事，不做，即使小事也不馬虎。如走在路上，對不識之士禮讓三分；對他人，無論其階級身分高下，較能一視同仁。

台、港的大學，對於有關晉升、任命的規章條例，比北美大學來得詳盡、複雜，但是爭吵的事件卻特別多。令人難解的還有以服務為宗旨的學生團體，年紀輕輕卻學著彼此監督制衡。台灣的大學校園也有類似情況，美國的大學社團要平靜祥和得多。

舉例來說，香港許多大學的學生社團，採用獨特的方式，設置執行單位的學生會、監督學生會的評議會、出版批評的編輯會等三權分立，彼此監督、制衡、制裁；甚至有像反對黨一樣，把監管制衡大學列為首要主張。大學應該是學習團隊精神與合作的場所。學生組織不是政治體系，以服務同學為宗旨，非為名非為利，有什麼好制衡的？這些通常只有少數本地生參與的學生團體，財務龐大，甚至用公款購買私人保險，無人聞問。他們為熱衷於政治者提供了競逐政治職位的溫床。由於出發點特殊，各大學學生會，經常選不出會長。許多大學的學生會早年根據法例註冊為校外社團，從二〇二一年起，在不同的層次上不為個別大學認可。

上有所好，下必甚焉。年輕人看在眼裡，有樣學樣，青出於藍，假性道德，何以致之？

胡慶育的感嘆

幾十年的學術生涯，見過幾個教授因嚴重犯規而被降職。

前陣子香港某大學資深教授被發現掛名授課，他本人不曾在課堂上出現過。經檢舉後，專責委員會調查，發現多年來他具名的許多課程都由研究生代教，薪資他領、工作研究生頂替、修課的大學生被蒙蔽，因此被委員會裁定降級減薪。之後，了解當事人居然還是一個道德學國際期刊的編輯。當年力薦他升遷的人，曾經特別聲明他是出眾的哲學專才，專長全人教育。

這個現世的故事令我想起我的老師胡慶育當年發出的感嘆。

多年前，在新竹清華大學讀書，修過胡慶育教授的國際公法。他曾擔任中華民國駐阿根廷大使，學識與風采俱佳。當他負責司法官訓練所時，課堂上有位年輕的法官學員，揶揄批評老一輩的政府官員貪汙腐敗，難怪被趕到台灣。作為讀書人，他認為罵得有理，覺得很沒面子。直到有一天，他閱報發現那位成績好、批評前人貪汙的年輕法官因貪汙而入牢房，胡慶育說：「原來一代並不一定比一代強啊！」

由當年胡慶育的感嘆到今天，又過了五十幾年，兩岸貪腐現象依舊，而且學位愈高貪得愈厲害。知法、學法、執法、犯法，號稱全人者尤其惡劣不全。雖然相信一代應該比一代強，但是對於年輕人清廉與否，倒是不敢隨便置喙，特別是當聽到大學學生會財務不乾淨、遭正式提告檢舉的時候。

以上這些例子俯拾皆是。這到底是個什麼樣的世界？全人教育又是個什麼樣的教育？文人無行，文青唬爛，全人為什麼成就了廢人？

上北京理髮店多年，我跟師傅們無所不談，曾請教理髮師傅對貪腐現象的看法。她別有新解地說，外界誘惑力既大又多，官員就好像蚊子一樣吸人血，百姓餵飽了小蚊子，還可以圖個安寧。如果真如其說，老換長官，一朝天子一朝臣，老蚊子走了，新蚊子又來啃咬，真是沒完沒了，不得安寧。

西諺有言：寧可與熟悉的魔鬼打交道（Better the devil you know than the devil you don't）。兩岸貪腐，老官貪，新官也貪；大人貪，小人也跟著貪；貪過的繼續貪，沒貪過的學著貪；膽大的大貪，膽小的小貪。貪得讓理髮師傅都不得不習慣，只好祈禱他們少貪點，最好不要常常換新官，大家輪流貪，不要像蚊子一樣，一批批的輪流吸血。

明槍易躲，暗箭難防。信乎？所謂的通識教育能幫助防範這種貪腐行為嗎？

年輕人的盲點

台、港兩地大學推動的全人教育，淺薄又廉價，甚至忽略了該遵守的日常準則。大陸也想師法台、港的全人教育，重視博雅，恐怕又是一場鬧劇。

與其講好聽的全人教育，不如先從身邊的小事做起，無論是搭電梯，或入教室、進廁所、開大門、行路乘車、上下地鐵、進出商店，都客氣禮讓他人，不要爭先恐後、左推右擠，如入無人之境。若無病無痛、距離又不遠，大家多運動、多走路，少搭電梯、少乘車，走人行道、紅燈止步、綠燈快行。課堂內、會談中，若有外國訪客或洋人在場，請勿用方言交談，而且避免從交談中的他人中間穿身而過；地鐵上，不要拿著手機大聲交談；正式場合，更不要「舉頭望明月，低頭看手機」，因為這些都是最起碼的做人禮儀。

現代人應該惜能源、顧環保、愛自然，不印不必要的 T-shirt，不發沒有用處的禮品，不開不必要的會，不叫魂似地講些空泛不實在的口號，不發匿名的信息，不要偷錄與他人的交談，不當散布虛假、虛擬文字圖片的網紅。入自助餐廳用餐時請排隊，不要插隊，不要在取食之前搶先爭占座位；能吃多少就點多少飯菜、不留廚餘；餐後整潔餐桌，親自將餐具餐盤送走，桌椅歸位，清除地上的汙穢。這些都是利人利己的舉手之勞，何樂而不為？

不管談或不談全人教育，對於以上這些做人的基本禮儀規範，兩岸三地的大學生做到了嗎？

最近聽到幾例應屆畢業生面試不準時、不出席的情形，十分費解。可是還有更令人吃驚的故事：

有畢業生被大公司聘用，簽約之後，上班那天竟未現身。等收到公司來電，被逼急了，才說不想進那家公司。如此這般簽約後再神隱的例子，居然有多起，而非個案，充分反映出欠缺尊重別人、負責守約的公民心態。

文明世界的大學裡，談批判、論挑戰，一定要先具備存疑的能力以及求悟的勇氣，才有說服的力量。真理並不來自多數決的投票，更不來自叫囂。年輕人喜歡挑戰權威。可是挑戰權威，有否先挑戰自己？挑戰權威可以發洩情緒，挑戰自己才是強者。笛卡兒（René Descartes）說過：與其征服世界，不如征服自己（conquer yourself rather than the world）。這不就是挑戰別人先挑戰自己嗎！

二〇二〇年二月七日，城大提出 CityU-Learning，實時、照原課表、全校、全面性的網上教學，用以應對新冠肺炎。來自大陸逾千學生反對，其理由不外是「交的是課室學習的學費」、「見不到教授的學習，學位將不獲大陸認可」、「沒有用到大學圖書館的設備不算進大學」等，要求退學費，似乎言之成理。

一年多後的二〇二一年六月天，香港疫情緩和，注射疫苗的人也多，準備從九月起，把小班的課程回復到面對面的課室教學。此時又有近千名來自大陸的學生高調反對，這次持的理由則是「習慣了網路學習」、「不願意大陸香港兩地跑」、「課室學習會感染新冠肺炎」、「家裡學習比較方便」、「港簽麻煩」等。說來說去，又要求退錢。

二〇二二年一月，新冠肺炎病毒變種奧米克戎（Omicron）肆虐香港，大學繼續網路與課堂雙軌授課，要求入校的學生除非特殊原因，務必注射疫苗，反對的聲浪再次絡繹不絕，理由有「到校上課將染疫」、「注射疫苗沒保險」、「雙軌上課不公平」，共同的訴求就是一個錢字。

成人的盲點

國際都會香港為什麼把家族居港百年、有功當地繁華的印度裔、巴基斯坦裔居民當空氣般地少理少睬？為什麼外傭不管居住多久，都不可能成為香港永久居民，而別人只要居港滿七年就可成為永久居民？

在自由氣氛下爭取民主的眾人，有否尊重各族群、力爭眾生平等？清楚點說，爭人權，有否尊重外傭的人權？講自由，有否考慮旁人的自由？說民主，自己為什麼不尊重民主的原則？求民權，有否一體對待全球各地遊客的民權？伸張正義，有否先遵從正義的原則，以法治為先？反對新移民，追求本土化，是否想過台、港原本就是新移民的地方？活得有尊嚴，能否做到不對權、勢、錢、財、珠光寶氣低頭哈腰，而對他人卻不屑一顧？打破官僚專權，是否只不過想為自己樹立新官僚、新專權，每天只顧寫文書發號施令？

環保意識當道的二十一世紀，是否應該對科技有些了解、對文化有些執著、追求？從殖民統治年代以來，香港缺乏民主、科技、文化遠景，教育政策不明，社會金融掛帥又不投資未來。沒有學生以科技學科為首選，對歷史文化淡漠，中文寫作不通順，公民意識差勁，不一而足。

社會資訊發達，為人際交流溝通、自由發表意見帶來方便。行有餘力則以學文，如果以上這些日常生活準則並未做到，即使空有文采技藝，也無助社會。何況有些人躲在虛擬雲端裡，散發不實消息，或在網路霸凌抹黑，如此種種，怎麼了得？

為什麼要求學生接受全人教育，而成人不先受些全人教育？無論從什麼角度看，大學及社會都沒什麼理由為推廣全人教育獲得的負面成績而驕傲。促進全人發展，不在於把口號說得爽快！而是我們被領向何方？能否有理有節，而未必舌粲蓮花？

許多人將美國對教育的理解亂用於兩岸三地的大學，顯然忘記了禮儀自古以來就是中華文化對讀書人的要求。既然如此，大學生為什麼就不能學習遵從日常的禮儀規範？為什麼讓他們到了定型的大學階段才接受全人發展？這不又是孔子說的「禮失求諸野」嗎？

香港有誰曾經對以上的問題表示過丁點關心？年輕人的盲點，不正是成人的盲點嗎？

家教

行為反映文化，文化決定行為。文化是社會的基礎，又顯示一種生活的方式，體現在一個人如何對待他人，對待自己。我們應如何對待身處的自然環境，超越空談？個人的習慣、行為方式和價值取向，是認知與情感發展的一部分。由此想到美國中小學人人必讀的《公民讀本》（*The Young American: A Civic Reader*）。這本通俗讀物，用作者的話說，寫作此讀本，旨在向讀者傳授純粹的愛國精神與公民智慧。

課本說，好公民具有民主性格，可以簡單總結為「己所不欲，勿施於人。」課本又說，個人的尊嚴乃是至高無上，必須學會控制自己。好公民既要認識自己，又不唯我獨尊。教育的理念，是創建人的整體素質，懂得尊重自己，尊重別人，培養具民主素養的好公民。如此情感與認知的整合，不就是兩千多年前孔子提出的克己復禮？台、港倡導的全人教育，可有鑑往知來、溫故而知新？又可有教導年輕人做個弘揚光明正大品德的人？中華文化重視家教具有普遍的必要性及可實踐性。君子務本，本立而道生，修身、齊家是做人的基本修養，台、港、大陸居然沒人談！

人格培養，應從小開始。為什麼沒有人談家教？教導小朋友家教？大人有家教、懂家教嗎？兩岸三地為學生設計的養成教育，鼓勵起步求早，從小教些工具型的技能。到了大學，再回頭談全人，本末倒置。就好像年輕時候不刷牙，讀了大學才想起刷牙的重要，早已滿口蛀牙，難說從頭。社會期待大學擔當全人教育的任務，難道不了解到了大學階段，許多青年人的心思已有歸屬，而大學還有重要的專業知識傳授嗎？大學應將資源集中在發展尖端知識和專業技能上，為前瞻性的職業和工作做足準備。

孔子的《禮記經解》：「《易》曰：『君子慎始，差若毫氂，謬以千里。』」君子之學，貴乎慎始，到大學再教談全人，太晚了。年輕時若不重視家庭教育、養成教育，等到了大學再講全人，誤用了大學的資源。否則，難道沒上過大學的人就不是全人嗎？依日常接觸，許多不曾上過大學的民眾似乎更加全人些呢！「仗義半從屠狗輩，負心多是讀書人。」曹學佺四百多年前的名言，雖然誇張，今天也可適用，無須一一列舉。

專業精神

防堵勝於開創的兩岸社會，少談團隊合作，也忽視專業精神，反而老是在累贅的組織結構下，執行錯綜複雜的規章，以求制衡，容易造成「方法正確，結果不佳」。如果注意林書豪打ＮＢＡ，很容易發現他的助攻至少跟得分一樣受到重視。助攻幫隊友得分，成功不必在我，就是團隊精神的具體表現。

法國巴黎綜合理工學院及新加坡、以色列的大學生都接受軍事訓練，這些大學正巧都以科學工程見長。他們的校長也都認為接受軍事訓練後的大學生成熟、可靠、自律性強，何況這些畢業生了解團隊精神，滿足武德的條件，甚至產出許多負責任的傑出政治家。

討論民主、自由、人權，甚至女性主義、法治、種族、制度與規章等問題與現象時，強調團隊精神。兼聽、公正、尊重他人，是教師與學生需要不斷學習與力行的硬道理，制衡卻不是。在兩岸三地中，香港社會對法定的規矩雖然遵行，對團隊精神的認知卻不足夠。至於台灣與大陸社會對專業精神的認知與團隊合作，更等而下之。

二〇〇九年九月九日美國總統歐巴馬（Barack Obama II）國會演講，南卡羅萊納州共和黨眾議員威爾森（Joe Wilson）對著歐巴馬大叫「你騙人」。同黨的共和黨黨鞭認為威爾森的舉止違反了政治禮數，有損共和黨的團隊聲譽，將他逐出會場。幾乎同時，在威爾森的選區內，後援會組織的幹部們以感到羞恥為由辭去了工作。競選總統時針鋒相對，先有君子之爭，互不相讓；當選之後，有禮有節，是專業精神的具體顯現。

與此類似，共和黨籍眾議員芬奇（Stephen Fincher）的職員勞登（Elizabeth Lauten），因在臉書上大肆批評歐巴馬女兒的穿著沒格調，而在二〇〇九年十二月一日被迫辭職。在川普和後川普時代，美國社會的極端化和尖銳對立，使得長久「君子之爭」的傳統蕩然無存。

從事科研或面對社會問題，有些規矩應當遵從，有些精神應當了解。與日、韓、歐、美相較，兩岸三地不怎麼提倡專業精神。「協作民主社群」文化幫助年輕人從一個側重自我的個體，轉化成一個承擔社會責任的公民。即使像美國這樣相對年輕的國度，每位大、中學生除美國史外，必修大學所在的州史。

香港的中學生不必修歷史，在專注教學科研與關心社會公義之間，有些斷層。要彌合這個斷層，學生務必了解香港歷史，藉以認識自身的特色與社會的情勢，從而成長為具有使命感的公民。台灣與大陸不約而同修改歷史，大家都從政治的角度，將歷史調整成與自己黨派立場相同的歷史。捨近求遠，如果連自己的歷史都不清楚，人生無根蒂，飄如陌上塵，到底接受的是什麼教育？

不遵守行事規範、不懂得團隊精神，不是及格的現代公民。果真如此，兩岸三地只能繼續當個精神上的遊民，那就窮得只剩錢財，沒有條件談創新、創業。兩岸三地的各級教育少有提倡群育、不追求專業精神，看來發跡於香港的孫中山，對華人一盤散沙的擔憂，百年之後的今天仍然存在。

現代全人奇女子

秋姐生長於大陸西南，家境貧寒，三歲時患重病，勉強活了下來。她六歲失學無助，十二歲開始過著艱窘的生活。一九八〇年代，聽說香港經濟蓬勃發展，小姑娘雖無酒酣，卻是胸膽開張，決定單槍匹馬、跋山涉水，一闖香江。

初來乍到，人生地不熟，找了份清理廁所的工作糊口。台、港、大陸同文同種同習性，公廁髒臭，一個樣子一個味道，不堪入目，卻引不起注意！一般的清潔工輕抹細掃，點到則止，唯恐久待。她始終把它當正事幹，一板一眼地從天花板到陰溼角落，清理得一塵不染。秋姐細心勤奮，引起清潔公司賞識，很快就提升她為小主管。

東西交融的香港，一方面，承繼了中國南方文化，階級分明，語言不通的她常被取笑為「大陸妹」，所以努力學習廣東話，把自己融入社會。另一方面，香港接受西方文化，重視成效；由於誠懇專注，她深得雇主喜歡。之後曾轉職酒樓洗碗工，還當過酒樓經理，心無雜念，做什麼像什麼。

滿腔熱忱及幹勁十足的秋姐，經介紹，接觸紡織業，從縫衣針織學起，一針一線，織出些眉目，再兼做採購。有天，老板急著想把一船成衣送貨日本橫濱，趕著鴨子上架，決定由全無日本經驗的她隨船護送。船貨進港口，因報關問題，人貨被扣押。海關責詢船貨主人出面，她一肩扛下，堅不吐實。日本人說什麼都不相信，軟硬兼施，反覆詰問，毫無頭緒。最後海關被她的忠心感動，待如上賓，請了頓日本料理，買了張機票送她回港。抵港後，老板感念隱藏不報之恩，認賠殺出，送她一筆創業基金。

隨著以往累積的經驗，她善用基金，自立門戶，開了間小型製衣廠，親自推銷跑外貿，把成衣由台灣、香港拓展到東南亞國家。她膽大心細，在不懂外語的情況下，跨洋奔波歐美，成功打開銷路，站穩陣腳，積攢了一定財富。

非學無以廣才，非志無以成學；秋姐發奮自學，以字典為師，知書達理，下筆成章。由於沒有受過正規教育，常在生意上吃虧，於是她選擇將財富奉獻給教育機構，矢言付出畢生所有，提供他人機會學習，成為有知識、有文化的人。物換星移幾度秋，她縮衣節食如故，說著帶有濃厚鄉音的廣東話及簡易英文，保持簡樸的習慣，自我打理生活，不聘外傭，不假他人，出門乘坐地鐵、巴士，不知寂寞，不覺天老地荒。

生活即教育，英雄不論出身。秋姐只管投入，不求聞達只煙霞。秋姐沒有受過空泛虛假的全人教育，誰敢說她沒有學識、不是全人？

第十章　通才與專才

三十年前，有個博士生，畢業於某大陸名校。某次，當說起日本人把朱熹當神看待時，他說：「朱熹?沒聽說過。是朱德嗎？」我說朱熹對理學貢獻很大，他更訝異道：「你說的是物理學？朱熹對中國的物理學有什麼貢獻？」他的反應令我驚訝。

二十年前，又有機會見到另一個出身於中國名校的博士生，跟他講起早年和以上那個博士生的對話，誰想到他說：「老師，對不起。我也不知道朱熹是誰，可不可以講一講為什麼他是個重要人物？」十年前，跟香港研究生把前面的兩個故事連頭帶尾再提一次，得到的答案竟然還是：「對不起，我也不了解朱熹這一號人物，他是台灣的名人嗎？」

博士生如此缺乏普通知識，香港同大陸相似，對中華文化陌生。如果博士生是這樣，碩士生和學士生的情形豈不同樣令人憂慮！

博士還是博士

博士這個名詞自古已有，秦漢初時的博士是個官職，掌管圖書，博覽群書，專為皇帝做顧問。秦始皇出巡、漢高祖坐朝，都有博士陪侍左右。後來漢武帝設五經博士教授弟子，從此博士掌管傳授儒家經學的任務。「博士買驢，書卷三紙，未有驢字」形容咬文嚼字的某些五經博士。那麼今天兩岸三地的博士又是如何？

清末廢除科舉後，有學生出洋留學，獲得 Doctor，說成洋進士，因為在之前的千百年裡，中國頂級的畢業生就是進士。後來，博士終於成為 Doctor 的固定中文譯名，原因可能是「博」這個字實在太好聽了：博覽群書、博學多才、博大精深、博古通今、博採眾長、地大物博；再加上博愛、淵溥、博物館、博覽會。相關詞語都有知識寬廣、應有盡有的意思。

舊時的讀書人喜以博洽多聞自許，然而，「博曉古今，可立一家之言」嗎？今人也有這個毛病，認為一事不知，儒者之恥。頂級學生修成正果理當獲個博士名銜，給社會的印象是學問必定很博，而不了解博曉古今與可立一家之言，真沒什麼關係！

何況實際上也不可能博曉古今。隨著科技發展，學科愈分愈細，許多博士往往只專攻某一學科的一小部分，甚至對同一學科的其他部分都搞不清楚。曾經有人筆誤把博士寫成博土。錯有錯著，真的太專精而未知世事，豈不真成了博「土」嗎？因此，Doctor 稱為專士可能更切題達意。

西洋人對此已有警惕，一般人都知道，所謂 Doctor，就是「懂多多、知少少的人」(people who know a lot about a little)。英語的 Doctor 一詞，不能引起「博」的聯想，Doctor 只是術業有專攻者得到學位的稱號。

屢屢見到世界級的學者，諾貝爾獎除去主觀性強的文學獎、和平獎和經濟獎，像一九八七年化學獎得主佩德森（Charles Pedersen）及一九八八年醫學獎得主伊利昂（Gertrude Elion）都沒有博士學位。本世紀初以來，好幾位諾貝爾獲得者包括二〇〇〇年物理獎得主葛爾比、二〇〇二年化學獎得主田中耕一、至今唯一的華人醫學獎——二〇一五年得獎者屠呦呦，也都沒有博士學位，卻無損世人認可他們的科技成就。

反而很多有博士學位者，其行為舉止與其高學歷的背景大相逕庭。社會上願意通過研究，對事實進行調查以了解問題的人數，與擁有學位的人數不成比例。許多空有博士學位的教師，只能做些博士之類的事情，學而不博，專而不精，甚至不博又不精；還有人藉著學位求名號官職，連五經博士咬文嚼字的功夫都給省了。請問，什麼樣的人對社會的貢獻比較大？沒有博士學位的真學者，還是空有博士學位而不學無術的假學者？

有些人既沒吃過牛肉，也沒見過牛走路。如果學術氛圍受政治與粗俗的見解左右，必會落後先進標準。所以，可以說：下等人，無所事事；中等人，照章行事；上等人，創意行事。許多人不問實質，盲目求名，對博士頭銜產生無限憧憬。如今，恐怕社會上的博士還真不少呢！

世人也許困惑。怎麼從博覽的觀念，轉到前面所提到的某些狹隘的博士生，他們對歷史所知甚少，甚至一無所知？不是鼓勵專才嗎？還要求博覽嗎？

多元文化與多元知識

自從奈許（John Nash）打破零和遊戲的框框，競合雙贏成為合作互動的基礎哲理。高教、科研產業有賴多元合作以達成效。此外，今天探討的科研議題包括了多種專業。以能源為例，不僅涉及科技，還兼顧環保、經濟、政治與社會心理。制定政策時，應遵循嚴謹原則，斟酌損益，考量利弊得失。玉米可製成清潔生物燃料，也可能導致糧食短缺；太陽能永續供應，但太陽能板生產過程耗能而又有礙觀瞻；風能不穩定，還威脅稀有鳥類生命；水力發電清潔，但有晴雨不定、水源供應不穩之憂，跨國境河流築壩建水庫，更須考慮下游鄰國的利益；要命的煤占全球電力來源70％，僅大陸每年採煤，就造成數千人死亡，何況全球暖化與煤渣的放射性也不容小覷；核能清潔、價廉，其安全性卻引人惶恐、社會為此爭議不休。

再舉個例子。據二〇一五年二月二十五日世界衛生組織的報告，二〇一二年約有六百五十萬人死於空氣汙染，占全球年死亡人數的八分之一，證實了劣質空氣是全球最大的環境健康風險。但是，普通民眾似乎並不了解燃燒化石燃料，尤其是煤炭和天然氣發電及供暖的破壞力，也不關心全球氣候變化的可怕後果，沒有意識到如要解決環境與能源的可持續發展問題，必須關心和進行大量分析。此外，地球上有三成人口缺少電力或供電有限。作為地球公民，大家休戚與共。如果地球上僅有少數人受益於尖端研究成果，而摒棄低發達地區的福祉，則癘疫流行，人類終將面臨可怕後果。

無論是生物燃料、太陽能、風能、核能或新能源，以至於新科技如石墨烯（graphene）、氫能源等都需要研發。二〇一三年，蓋茲（Bill Gates）呼籲提早投資，探討開發清潔能源以及節能計畫。因為不同能源付出的代價與面對的風險有高低之分，是否應優先開發低代價、低汙染的電能，並按差價收費，再將收取的電費提成用於研發新能源？

二〇二一年諾貝爾物理獎頒發給氣象學者真鍋淑郎（Syukuro Manabe）、哈斯曼（Klaus Hasselmann）和帕里西（Giorgio Parisi），因為他們五十年前正確預測全球暖化的研究有助解釋氣候變遷。這項物理獎的頒出突破傳統，印證了地球環境受到重視，更說明了多元合作的必要性。

總體而言，教育應注重講授對每個人至關重要的課題。評估不同的方案，考慮環境汙染、可靠性和能源生命周期中涉及的公共風險。處於數字經濟時代，各國的貧富差距越來越大。面對上述各種現實，決策者和大學負有不可推卸的責任，需要集思廣益，齊心協力做到保護環境，提供可靠和可持續的能源供應。

兩岸三地歷來把升學當做首要目標。為了達到應試培訓的效率，小小年紀便被收窄受教機會，按文、理、商等科目分班。孩子們一級級升學，科目分了又分、專業細了再細，如果等到有一天拿到博士學位，要他們知識不褊狹也難，哪裡還博得起來呀！

在知識的世界裡，專家若無情商（EQ），難以配合知識融合的大趨勢。人的一生可能要換五、六份工作，其間還要改變不同性質的工作。適應變化，先具備適應的才能，隨時學習新技能，早已成為擔負不同工作的必然要求。

其實，專與通、精與博的問題，先人有過很好的見地。錢穆講到治學之路時就曾說過：「現在的人太注重專門學問，要做專家。事實上，通人之學尤其重要。」「中國學術界實在太差勁，學者無大野心，也無大成就，總是幾年便換一批，學問老是過時！」錢穆三十多年前講的話，今天仍然適用。這就是不做研究的下場！如果不從事研究，博士終歸要成為博士，不但科技如此，文史也不例外。

許多課題需要多學科、跨領域的協助。「專士」們固然可以組成團隊，但隊友做些什麼，總不好懵然不知。一個人，即使在同一行業工作，處於不同階段也會擔任不同的職務。任何專業在晉升之路的每一階段，都需要更新知識和技能。因此，掌握跨學科的知識十分重要。

那麼跨學科的多元知識跟今天很多人喜歡談的通識教育，又有些什麼關係？

通識或亂識

通識（General Education）之風盛行兩岸三地，被視為全人教育的重要組成。有人宣稱是學習美國，其實這是誤導。

耶魯大學校長（一九九三至二〇一三）萊文（Richard C. Levin）認為大學教育的核心是通識，教育學生獨立思維，不在傳授知識技能，勝任就業。他認為大學教育之下，學生接受的應該是以通識為主的通才學位。萊文的說法，似乎言之成理。仔細看下去，卻有兩點值得斟酌。

首先，如第八章所述，以通識教育為主、專長人文學科的，只是四類大學中的一種。萊文和其他強調人文學科薰陶者的看法令人憧憬。但是過猶不及，此種作法未必適用於絕大多數平凡人的身上，當然也不能涵蓋所有大學教育的宗旨。否則，萊文自己就不會在離開耶魯之後，擔任大規模 MOOC 平台 Coursera 的首席執行官，主持傳授非通識的知識平台，為全球大學生授課。

其次，始自台灣，兩岸三地的大學，誤引美式教育，鼓動通識之風。通識教育大有普通化、粗淺化的味道，顯然不能滿足各專業學科的要求。許多大學戴上通識的帽子，開了許多好玩又討好的課程，有氣功、音樂和舞蹈、電影欣賞、汙染防治、戀愛配對、動畫世界、社會運動等浮光掠影、非關學術的營養學分。實在不必大費周章把這些可歸類為常識性的課外課程，放進大學課堂，沖淡學位價值，浪費好像不值錢的時間與精力。

不少大學提出的通識課程，題材輕鬆、廣泛、膚淺而雜亂，歡喜的人多，抗議的人少，似乎也是低學費所造成的後遺症之一。這到底是通識還是亂識呢？

以人文學科為主的四年制大學在美國獨樹一格，提供廣泛的基礎教育，培養適應不同就業途徑的能力。作為文科教育的基礎，通識教育對於常春藤盟校來說可能是不可少的，因為他們招收的學生原本優秀，入學前基礎紮實，各方面已均衡發展，本來就具有舉一反三的能力，而且人文學科並無認證的考量。像常春藤盟校這樣的大學在兩岸三地幾乎罕見，甚至不見；對於一般人或其他大學，未必值得學習或拷貝。

美國的州立大學並不開設通識課程，只對英語、州歷史等科目作出一般規定。商學院與工程科系專業，肯定要求在課程上充實學術內容。由於受到特定專業認證的限制，許多學科要求學習諸如經濟學和工程經濟學之類的課程，用以支持或促進工程學科的學生了解工程的民生用途。美國大學醫學、法律、獸醫的學位學生，則必須先接受四年預科的養成教育，再接受四年的專業教育，以利之後執業接地氣懂人事。至於人文藝術氣習濃厚的歐洲大學，課程彈性原本較大，也沒有通識的說法。

從二〇一二年開始，香港的大學實施四年學制，與台灣、大陸同步，也跟他們一樣推行通識教育。這可能是個好的開端。為什麼說可能呢？因為如果通識教育做得徹底，可以加分；如果做得不好，反而犧牲了專業。

如果開的是可自學的營養學分，這更可能是個錯誤的結局。為什麼又說可能呢？眼前就有個現成的例子，二〇二一年春天，港府宣佈縮小通識教育，把通識課從大學入學考試（DSE）的要求，由計分改為通過即可的不計分。縮小通識教育的重要性不言而喻，正確的決定卻是基於不正確的理由，因為港府認為實施多年的通識教育是二〇一九年社會動亂的原因，不如愛國教育重要。通識亂識，好像當初中、小學教的不是學問，而是社會運動，通識來得快，去得也快。既知如此，何必當初？

要繼續受重視、切中時事，通識教育應介紹甚至研究基礎且有超前意義的重要問題。進大學最初的一、兩年，依大學種類的不同，可以選修一些不同專業的基礎課程，到了三、四年級才正式選修專科知識。但基礎課程要有深度、有精度，要經得起檢驗，切勿表面文章，不著邊際地浮光掠影匆匆帶過。

如果重視基礎課程，就應該由專家傳授前瞻、具時代性而不易自學的論題，如哲學、經濟、數據科學等課程。為了把當代的學術融入課程，請不同學科的專家為一、二年級的學生做講座，拓展他們的興趣，不失為一種好的做法。先進的美國高校有以諾貝爾獎得主級的教授為大一新生授課，就是這個道理。美國有大學鼓吹將生物學列為當代大學的必修課。對於如此創新的作法，台、港、大陸有人考慮過嗎？有大學敢考慮嗎？

如果通識指的是基礎文、史、哲學課程，則由於兩岸三地許多高中文理分班，學生在入讀大學前，已經先由教育分類體系分配學習不同的課程，很難一體適用。何況有些大學考慮讓學生為一些專業認證，事先做好準備，以便日後成為其特定領域的專業人士。正因為如此，總體而言，學生在未進大學前的見識已經被偏窄定位。等進大學後，再被要求修讀這類通識課程以補充不足，實在本末倒置。他們應該在入讀大學前，就接受基礎人文學科的教育，早學做個正當的人。

大學生的主要目標不在眾多領域中追求通識，犧牲了在學習領域中獲得專業知識與技能的機會。更不用說，涵蓋廣泛題材的通識課程大都過於膚淺而容易自學，因此意義不大。雖然有深度的通識課程，可以對突出的尖子學生達到部分效果，但是嚴重懷疑可以適用於一般的大學生。

何況很多大有成就的學者或事業家，並非從大學的教育裡得到或改變他們的思維方式，因為許多人在大學時代不曾投入學習，有些人甚至根本就沒有受過大學教育。這些全無受過通識教育的學者或事業家正主宰著我們的日常生活，或被引用作為通識教育的典範，凡此難道不令人感到好奇嗎？

兩岸三地的大學捨近求遠，探求膚淺，一味強調英文，可曾好好把中文當作必修課講授嗎？或有要求主修人文社會的學生必修邏輯學、數理哲學嗎？「峨眉山月半輪秋，影入平羌江水流。」難道讀了幾本藝文書籍，就可以號稱有人文素養嗎？

通識有識嗎？

位於巴黎、擁有近五百年歷史的法蘭西學院（Collège de France），同一時間由幾十位學有專精的教授組成，近年來他們更多的是院士和諾貝爾獎、費爾茲獎等級的學者。法蘭西學院的教授為社會人士開出不授學位的課程，範圍涵蓋人文社會、數理化、生醫、能源、環保等領域，授課內容隨著相關研究而年年不同，而且只有當教授做出時代性的重要研究成果時，才應邀授課。為了接上世界脈搏，兼且讓人透徹了解各種議題的真相，簡單而有深意的學問，必須由大師開講。法蘭西學院的做法跟美國先進大學由資深教授講授大一物理、化學、生物、英文等基本課程的做法一致，雖小道，必有可觀，唯專家足以解惑。

教育在於激發學生的興趣、好奇心，鼓勵理性思維、分析與探索。無論有無通識，養成終身學習的態度是顛撲不破的道理。如果所修的通識課，竟然無異於電視、電影、網路或者自學而得的資料，甚至零碎、自爽的片斷民粹，那又何苦多此一舉，花錢上大學，跋涉聽講？

大學培育不同學生的能力和興趣，通識教育不能培養專業技術與知識，對於平凡的眾人而言，學習無一技之長的泛泛通識課，未必有益，必定有害。及至表面上鼓勵大學生囫圇吞棗，多修學分，累積教條，頂多造就些思考弱、缺乏自律不入流的學究。

按莊子的說法，人生有涯而知無涯。用有限的生命去追求無限的學問，必定失敗。所以，通「通識」不可能，甚至可以說絕無僅有。沒有良好的通才基礎不可能解決問題，即使是通識課，無論難易與否，為了避免膚淺，對多種學科的了解必須建立在專家之學的基礎上。

錢穆對《中國歷史研究法》的觀點可以提供借鏡。他曾說，研究歷史的人，要先專精某一斷代，然後看通史。在這個基礎上重新認識某一階段的歷史，然後挑另一個斷代，下大力氣研究，回過頭來再去看通史，一段一段地延續發展，最終才能融會貫通、渾然一體。這一道理也適用於對某一學科的學習與研究。可以專精一兩門相關的學科，在此基礎上發展出去。其實，無論專長為何，歷史應該是人人必備的學科，而且要趁早學習。

烹飪原理

佛家勸人修行，要求「一門深入，長時薰修」。做學問當如是。同樣的道理也體現在烹飪上。主廚可能專精於某些菜系，但先要通盤了解烹飪的科學與藝術原理。對於烹飪，沒有通才般的了解不可能專精於任何特別菜系。若只有泛泛的通盤認識，而沒有專精的探究和投入，自然不可能成就大廚。

老子說過，「治大國，若烹小鮮」，學有專精的教師跟藝有所長的主廚一樣，都該具有研究的精神與實踐。否則，博士訓練出來的學士不都變成學士了嗎？

第十一章　成功常青樹

社會發展離不開教育，理想的教育，可以昇華個人，理清思緒。教育本來就是學習的過程，因為連孔子也承認「非生而知之者，好古，敏以求之者也」。所以，除非大學可以弘道，而非以道弘人，用來裝點門面，否則就不成其為大學。

然而，教育不一定跟大學有關。

土豪的算術

在解釋學位的用處之前，先說個解答一道簡單算術題的故事。

大陸出現的「土豪」一族，給人的印象不外乎財大氣粗，動不動便搬出一袋袋鈔票，到處顯現庸俗的土霸氣。許多人看不起土豪，競相揶揄他們。可是，介紹一個土豪的故事，希望可以帶來一些啟發。他雖然沒有什麼學位，生意卻做得相當大，顯然有兩把刷子。

土豪的兒子做作業，被一道算術題難倒了，題目是：雞兔34隻同籠，共有92隻腳，雞和兔各有幾隻？

這個雞兔同籠的故事，曾經難倒不少人。相信有人即使花很長的時間，也未必能答得出來。讀點書的理工學生會搶著解答：假設雞有 X 隻，兔有 Y 隻，兩個變數……問題還沒定義清楚，人已被搞得一頭漿糊了。與此同時，反而是土豪先把答案給說得一清二楚。

土豪說：「我有個假設。假設雞和兔都訓練有素，吹一聲哨子，雞和兔都抬起一隻腳，92－34＝58。再吹一聲，又抬起一隻腳，58－34＝24。這時候所有的雞都會一屁股坐在地上，而兔子還靠兩隻腳立著。所以，兔子有 24÷2＝12 隻，雞當然就有 34－12＝22 隻了。」

以上問題，學文史社會藝術的，恐怕因為不容易了解題目，而不知道如何著手；學政治法律的，還以為是個隱藏陰謀鬼計的問題，而胡思亂想，動錯了口、動錯了手；學金融經貿的，可能以為只不過是個社群 networking 的問題，而找錯了方向、敲錯了門，想趕快找人溝通溝通、交流交流；至於理工醫技的師生，想必匆忙求解多元聯立方程式，把簡單的問題先給制式化、複雜化。不管哪類專長的普通人，花了些工夫後，都一時只能勉強求解一道特定問題，如果換些不同的數字組合，各家又是一次次地亂作一團。

土豪也許土，可是賺來的錢並不是天上掉下來的。台、港類似這樣的土豪也有一些，以前有，以後肯定也有。土豪沒有學位，他的演算法還真土得有點學問。雖小道，依然可觀。三人行必有我師，誠然。

如前章指出，學位浮於社會，走火入魔，充滿了不少博士與學士。最近有報導指出，大陸培養的博士人數已超越美國，成為全球博士最多的國家。然則中國的科學技術實力、人文社科研究等，是否因此即可居世界前列？博士人數短期內躍居世界之冠，或許只為華人社會崇尚頭銜的風氣，再次提供例證而已。

上海發展快速，居留證可不易得。二〇一五年七月一日，為了支持科創建設，上海實施外國人才口岸簽證，以便工作居留。近聞外地人取得此證的先決條件是具備高科技、高學歷。二〇二二年香港政府也矢言推出以高學位為主的類似計畫。這也許算是擁有博士學位的好處，但是，按照這個方法，如果毛澤東和蔣介石生在今天，都將不得其門而入。當然，像屠呦呦這樣的醫學科學家也會被擋在上海的門外。土豪一般的故事，隨手可得，難道不值得重視嗎？

學位不等於學識

由於重視教育的傳統，華人看重學位，少有例外，有時候還深信愈多愈好。其實人生的長度決定不了人生的厚度。有些成功人士確實曾經就讀知名中、大學，所受的培育薰陶可以驕傲他人，或許對後來的事業發展有所助益。其實，即使這些人不曾就讀那些知名的中、大學，日後也可能功成名就。重視教育值得誇耀，重視學位卻可能走入偏鋒，因此減少了想像的空間。只求表面功夫，不但成就不了事業，反而虛擲光陰。

據我數十年的經歷，中學成績優異者，進大學後並不一定繼續名列前茅；大學時代的優等生，往往不一定成功，在職場上更不一定是競爭力強的從業者。名校畢業的博士，也未必是優秀的研究人才或傑出的教師。同理，大學裡任職、持有名校博士學位者未必是優秀教授或研究員。有學位沒學識，令人扼腕，到處可見。

有位中年的香港政府官員在私人網頁上自我介紹，開宗明義誇耀自己高中、大學時成績優良，曾經讀過多所名校，卻沒有提到其他成就。讀到這裡，不禁猜想他可能事業不順。果然，此人潦倒，前景暗淡，只能沉湎於往日如煙的學歷！

不妨將學位比作足球運動員所穿的球衣。球衣可表明一名球員所屬的球隊，但不一定能說明他在足球場上有何表現。穿著更多的球衣，即使是威名遠揚的球隊球衣，並無助比賽，當然也不能保證獲勝。學位之外，還要有知識和專才，好比是在足球比賽中得分的能力。如果不能得分或表現不佳，穿上著名球隊的球衣又如何？有些人為擁有多個學位、甚至名校學位感到自豪，但就像擁有許多球衣一樣，如果只供吹噓，實在無濟於事。

有些從政參選人的論文被爆抄襲，影響選舉。消息曝光後引起關注、引發批評，台灣平時搞民粹，理盲又濫情，不在乎「專業」和「知識」。一到選舉，「論文」和「學位」突然變得重要，更有人懷疑有些學位的含金量。這種現象還是因為社會過於看重文憑，將學位與學識畫上等號，以其為衡量一個人學問高低的標準，引致上下交征、胡纏亂打、瘋狂求得學位的風潮。

這類學歷風波並非個案，社會輕學問，唯學歷至上。政界洗學歷，學界有人與之配合、協助化妝、鍍金。官場有鬻官賣爵，學界有文憑工場，當政界掀起追求學歷的熱潮，學位就變了質、走了樣，連原本代表的一段學歷都蕩然無存。

由於社會有求得學位的壓力，所以大學樂於擠出各式學位，甚至創造出嘆為觀止的學程、學分以回應需求。這多少跟兩岸三地大學課業訂得繁瑣、沉重有關。因為很少有人願意自我審視，並修訂裁減低效（low utility）的學程。只要得到學位，好像並不在乎課程的內容有什麼用處，以至於社會充滿學位卻缺乏靈魂的現象。不少人求取學位，只不過順應潮流，盲目跟著別人的步伐，研究所更可能是個臨時的避風港。

說到底，學位只不過提供一種資格證明，並不能確保持有者找到稱心職業，獲得高薪，過上幸福美滿的生活。許多人竭力追求而終於獲得的大學學位，其實際效用僅在於作為事業起步時的一塊敲門磚，而不可能終身持續受用（sustain）。

理想的情況下，大學頒發的學位應該等同學識，但是在目前台、港、大陸體制下的高教似乎無法做到，此所以社會上有各行各業的出眾人物，完全不須藉著學位為他們的表現撐腰。大學有責任評估這類現象，減少學識與學位之間的差距。如此並不存在的理想大學，為高教留下很大的改進空間。另一方面，兩岸三地的民眾之所以看重學位，只因為那是個方便的權宜之計。在難辨學識的普羅大眾眼中，學位仍有短暫的用處，這點很難反駁。

有個說法：我生下來時很聰明，但教育把我毀了。不敢說學歷無用，但是可以確切地說，由於教研不合一的學習過程太多，許多大學授予的課程要不是可以自學而得，就是完全沒有學習價值。浪費在這種課程上的精力，遠不如藉著實踐入世，求得真材學識來得可靠。依目前看來，有些組成學位的大學或研究所課程，毀人才智聰明，並不值得浪費精力，果然，很多人被學位毀了，還不自知！

學識未必等於經驗效率

兩岸三地擁有學士、碩士或博士學位者不在少數，甚至有人吹噓自己有好幾個博士學位。然則在學位、學識之外，若要事業成功、生活幸福，還需要什麼呢？上世紀末、本世紀初成功的企業家和具有遠見卓識的各界人士，不勝枚舉。這些人嚴格自律、全心投入，有理想、有動力，有決心和毅力，能夠堅持不懈，終於成就一番事業。

當然，出類拔萃者往往得益於合適的社會環境。不妨看看迄今獲得諾貝爾物理獎、化學獎的八位華人科學家。西方國家開放的高教和研究環境，是促成他們成功的重要條件。包括一些華裔在內的不少諾貝爾獎得獎者，在學生年代並不名列前茅，卻無阻他們日後的成就。

香港許多實業界的翹楚，與人相見時常謙說沒讀過什麼書。這說法很有意思。這些社會賢達，在各自的事業領域都相當成功，而且對社會的貢獻很大，絕非「沒讀過什麼書」的不學無術者所能達到。究其實情，他們或許未曾在高等院校修讀過學位課程，然而不但讀了書，而且善於將讀書所得運用於實務，其學識才能乃至專業認識，都已達到極高的境界。進一步觀察，他們不只有學識，更有學以致用的實用知識。

與此類似，較年輕的一輩，如大陸的劉永好、首富鍾睒睒，新加坡的黃廷方，台灣的鄭崇華、郭台銘，美國微軟的蓋茲（Bill Gates）和戴爾的戴爾（Michael Dell）等人，也沒有什麼高級學位，有的甚至沒念完大學。他們劍及履及、積極執行，從事管理的卻是精深的高科技，其成就皆有目共睹。

至於再年輕的一輩，如Google的創辦人佩吉（Larry Page）及布林（Sergey Brin），Yahoo的楊致遠和費羅（David Filo），特斯拉的馬斯克（Elon Musk）等，也都沒有完成他們的博士學位。Facebook創辦人祖克柏（Mark Zuckerberg）、Uber的創辦人卡蘭尼克（Travis Kalanick）及亞洲首富阿達尼（Gautam Adani）甚至連大學的課程都沒有完成。

縱觀各種領域內許多成功人士的經歷，他們必定能做到「使樂趣成為事業，從事業獲得樂趣」。有報導說，崔琦獲得諾貝爾獎之前，早就視物理實驗為玩遊戲。他覺得「所謂研究工作，實際上就是做一些好玩、有趣、有挑戰性的事，而且還有錢拿」。這是樂趣、事業融合無間的絕佳例證。對他們來說，學位並不重要，學識也未必是成功的要素。

《時代》（*TIME*）雜誌介紹蘋果電腦總裁庫克（Tim Cook）的作息：「每天早上三點四十五分起身，花一小時閱讀、回覆電郵，健身後去星巴克繼續閱讀，或寄送電郵，然後上班」。沒有意外，也無捷徑，成功人士視工作為摯愛，樂在其中，從不懈怠。以古人的話說：「知之者不如好之者，好之者不如樂之者。」

學識代表抽象的概念，需要驗證、力行。因此，當學業告一段落、身處升學就業之時，即使有些學識，思考今後方向或確定升學目標之際，最好考慮量才適性，也即順應自身的興趣、才具，作取捨選擇。惟其如此，未來的事業生涯方可做到選我所愛、愛我所選，心無旁騖地投入學習和工作，不但自身受益，又能回饋社會。

具有實用的知識仍然未必是邁向成功的特效通行證。這個說法適用於各地、各時代，不論是台灣的「六年級生」、香港的「九〇後」，大陸文革後的「七七、七八級生」，或是任何其他地區或年代的人。只有具清晰目標的人，選修經過嚴格審視的學程，才能見著學位的價值。

檢視教育成效，不妨看看解決了多少問題，或是製造了多少問題。我小時住南投，藍天白雲，門前有小河，後面有山坡，河裡摸蛤蜊，白天出門見蜻蜓，晚上綠地飛著螢火蟲。二〇一八年初，再次訪問台中與南投，見識了什麼叫空汙，聽聞簡報肺癌數目飆升（表17.1）。中、投的空氣品質曾經全台數一數二，但是為什麼過了半世紀，學位滿市集、學識高八斗、知識跨四海的生活環境變得糟糕，蛤蜊蜻蜓都難找？

以打籃球比喻，學位像運動員的身高，只是一個參數。學位之上有學識，學識好比投籃命中率；然而個人投球的高命中率，未必保證球隊贏球，就如同學位高並不等於學識高。有學識的人如果不能學以致用，也是徒勞無功，正像文筆花俏的人未必載道是同個道理。學以致用還要用對地方、用對方法、用對時間、用對人物。

社會競爭激烈，大家憑真本領獲取酬勞，很難靠學位資格、學識甚至實用的知識坐享功成。有人終於在認清這點後感到苦惱，那是因為他們生活在學位、學識、知識萬能的幻覺中，自以為理當享有某些權利。

經驗不等於經得起考驗

為了羅致人才，專業招聘人員往往要求了解求職者多方面的潛質。在職場上、專業領域裡，要取得佼佼業績，依賴名校學位或者有些學識經驗，反而限制發揮個人的才能和創造力，甚至最終害了自己。這時候經驗就很重要。但是，經驗不等於經得起考驗。

大學工作中常遇到應徵者強調他們有教職的經驗。有人強調有教書經驗，有人解釋有工業經驗，有人說有豐富的研究經驗，也有人比劃表示有募款經驗。這些經驗有價值嗎？經得起考驗嗎？許多經驗只不過是過眼煙雲，拍拍手讓人帶不走任何回憶。

舉例來說，很多人都有談戀愛的經驗，可是有多少人了解愛情？很多人都有烹飪的經驗，可是有多少人可以燒出可口的佳餚？很多人都會開車，可是有多少人不曾出過車禍？很多人愛講話，可是有多少人能把道理講清楚？很多人常跑步，可是有多少人了解跑步的要訣？很多人讀過書，可是有多少人能指出讀書所為何事？很多人教過書，可是有多少人被受教的學生記住？很多人號稱交友廣闊，可是有多少人曾經靠關係而得以成功募款？有錢人一定快樂，沒錢人一定不快樂嗎？

很多人的經驗實在經不起考驗。經過考驗的經驗才有道理，才值得珍惜。這就是為什麼小醫生有時候治大病，而經驗豐富的大醫生反而會把人給治壞。又為什麼常聽說汽車是被修壞，而不是被開壞的？還不是因為修車人的經驗經不起考驗。

位於成都的都江堰就是一個實例。這項水利工程為李冰父子建成於西元前二五六年，其理論依據非常堅實精確，兩千餘年來灌溉四川平原的千里沃野，至今澤被大眾。這項偉大工程成於古早年代，即使現代工程技術專家也必然為之折服。李冰父子未曾修讀過古典物理或是近代物理學，但他們業有所精，設計的工程經得起考驗。

李冰父子的功業，常人難以企及。然而平凡人做平凡事，即使再微小的功夫也同樣可以成為社會進步的助力，而非阻力；必須不忘學以致用的原則，秉此精神求學和做事。致用也即力求實際效用，有助社會、民生，而致用所依的語言、媒介、學位、甚至學識等因素，倒是相對次要。

人生沒有理所當然

當人們沸沸揚揚討論諾貝爾獎的秋月天，可曾聽說過獲頒一九六四年諾貝爾文學獎的法國存在主義哲學家沙特（Jean-Paul Sartre）拒絕領獎的故事？得知獲獎後，沙特表示：「作家在政治、社會和文學方面的地位，只有靠作品的語言，透過創作本身，得到最好的滿足，沒有任何獎賞可以取代。」

拒絕接受諾貝爾同等級的大獎或微小等級獎勵的類似故事，也目睹過好幾個。二〇〇六年，俄羅斯聖彼德堡的數學家佩雷爾曼（Grigori Perelman）因為破解了「龐加萊猜想」(Poincare conjecture)，而獲頒四年一次的費爾茲獎，獎金百萬美元。當年四十歲的他，拒絕了這項榮譽，寧願選擇與母親過著甘之如飴、不為人知的隱居生活。

三十多年前，老朋友傑克在愛荷華州立大學教書，平時對大學放言批評。有一次，院長評估他的表現，要求他端正對大學的態度。傑克不以為然，表示如果學術環境不合適，即使給他終身職（美國大學的 tenure），他未必願意接受。

十多年前，時任教西雅圖華盛頓大學的伍教授，暑假講學於香港某大學。三個月過去，學校給他的薪資與補助金和當初的應允有些落差。與其爭論傷感情，伍教授毫不遲疑地將支票退回該大學：「就當作免費服務好了」。爽快！

這種崇高的態度與端正不阿的德行，值得師法。

凡有成就的人，無不長年辛勤努力。天才不努力，神童也會變成庸人。王安石在《傷仲永》中描述神童方仲永。方家世代以耕田為業，仲永五歲時，還不認識書寫工具，卻已能寫詩題字，請他作詩的人絡繹不絕。他父親以此圖利，不讓他繼續學習、訓練。成年後的方仲永，江郎才盡，甚至變得不比一般農夫。

王安石為文悲嘆，如方仲永這般天資聰慧者，由於沒有受後天培養，尚且淪為普通人。本來就不聰明的凡人，若不接受磨練，設想結果會如何呢？學海無邊。因此，也許學位並不重要，但教育、學識、知識、歷練卻很重要。

幾點體會

當年選擇研究生院課程時，權衡取捨的尺度是目標專業的教師素質，而未必只是大學的名氣。就日後的經歷來看，獲益甚多於當年受教的幾位良師。除了專業研究，還從導師身上學會如何判斷一篇科學論文的優劣，如何挑選研究課題。這些歷練不但對從事專業研究有益，而且對後來為學術期刊擔任主編大有幫助。

學術期刊編輯的歷練，還另外學到寶貴的一課：優秀的文章應當表達清晰，首重言簡意賅，無須辭藻華麗。文字的功用是將事實敘述清楚，將理念解釋明白。寫文章是為了說明道理；重邏輯、講理性，與其用花俏詞句寫成濃得化不開的篇什，遠不如心口如一，以清晰的文筆表達實情、闡述道理。不管從事什麼職業，與人溝通或發表議論，應該信而有徵、要言不煩，也即有一分證據說一分話，表達觀點則應簡明扼要。

初入教職的時候，我曾遇到一位差勁的系主任。然而，多年來他一直是我心目中的老師，因為他不理想的處事態度，做過的錯誤決策……都是我日後帶領學術單位極力避免的鏡子。這也是多年來從事教育領導工作的另一種體會。眾多成功人士的寶貴經驗，並不寫在學位證書上或登錄於成績冊內。一紙文憑遠遠不夠，甚至不必要，重要的是保持求知精神，做好矢志追求的前景。

生活優渥，要想得到認同，唯有憑真本事，避免晃盪人間。在許多場合跟年輕朋友說，人生沒有免費午餐，千萬不要以為社會虧欠了我們什麼，而應憑表現爭取社會認可。

農夫的贈言

有一年在古城西安應邀餐敘，同桌客人講到家住鄉下務農為業的朋友，農夫的兒子剛從大學畢業，準備去美國留學。農家子弟出色，前程似錦，眾人讚嘆稱羨；然而做父親的幾句教子贈言，才真令人心生敬佩。

他對兒子說，出國留學，不在乎讀多少書、得什麼學位。那些東西在國內絕對可以得著。到了外國，要實地學習人家做事的方法，看看人家的制度、社會的長處。這些都不是任何學位可以概括。

你瞧瞧這農夫的見地要勝過多少博士、博士啊！學以致用，山崩水斷流。

體制封閉，官僚為大，飾非文過，雖博反害。如果心術不正，則可能藉學位，成就沽名釣譽、大發橫財。如此情形，三十六計借屍還魂，科舉名利依舊，上下交征學位。反之，如果教育促進社會福祉，那才能夠拋磚引玉，亨達自任。

在大學一方，給學生頒授學位之外，要為受教者帶來真實的收益，這是個浩大又有意義的挑戰。更困難的，則是要做到讓大學教育成為受教者的必需品，而非用來粉飾太平的裝飾品。這個問題發人深思，請參看本書「後語」的詳細概要。

好的學位應能反映出大學畢業生的知識水平和專業知識，如果所學有價值，又樂於學以致用，可以說是天下無難事。由此不難了解賈島的意思：「兩句三年得，一吟雙淚流。」我引用陳標的《蜀葵》作為農夫贈言的註腳：

眼前無奈蜀葵何，淺紫深紅數百窠。
能共牡丹爭幾許，得人嫌處只緣多。

第十二章　學生與我

優質教育可以啟迪心智、發掘學生的潛能，而不僅享受輕鬆、愉快的學習環境，或者把大學當成萍水相逢似的職前訓練工廠，只為了畢業後找份稱職的工作。也許有人認為，大有成就的例子，未必適用於普通人。聞道有先後，我是學生也是老師，對於指導過的許多來自天南地北、不同地域背景的碩、博士生，全都一體相待。學生是大學的主體，眼前就有很多有關普通人的經歷。

我出任城大校長後，實踐「健康一體化」概念，身體力行，毋懼寒風大雨，除二〇二〇年及二〇二二年新冠疫情外，每年率領千名上下的教職員、學生及校友參加渣打香港馬拉松比賽，間或組隊參加香港外的國際賽事。我和大部分健兒參與十公里組別的賽事，其餘人則出戰全馬或半馬項目。我們還曾多次邀請特殊學校的學生併肩馳騁，透過運動，全程投入共融。我擁有長跑及越野跑的經驗，深知長跑結識志同道合的朋友，齊心合力、堅韌且有效提升社群的凝聚力及高昂士氣，至今有好幾位保持聯繫的長跑朋友。

培養團隊精神，坐而言不如起而行。為了達到這個目的，年年訪問不同表現、不同專業、不同經濟背景的學生。特別探訪生活不優渥的家庭，了解他們的日常生活，聽取他們對學習的看法和對學校的需要。經由這些訪視，得以介紹現代化大學持有的標準，鼓勵大家自立自強，以及在擁有自己的看法下，尊重他人的看法。

《孔子家語》說的「不以無人而不芳，不因清寒而萎瑣。氣若蘭兮長不改，心若蘭兮終不移。」以下說些忘不了的學生故事。他們都像是不求聞達只煙霞的蘭花。

添欣與育基

添欣主修應用社會學，行走不便。她外向，樂觀，助人，功課好。志工是她日常生活的一部分，中學在香港電台當過DJ，暑假曾經在立法會實習，有志進修社工碩士。她用老式的輪椅當行動工具，搭地鐵、電梯、過馬路，無論天候狀況，沒有怨言，上課聚會從不遲到早退。問她未來做什麼？添欣無意辦公室的工作，薪水多少不是心中的目標，只想踏上社會，服務眾生！

育基學物理，有學習障礙，從小就是過動兒，學業成績極佳，有志學術研究。物理、數學優良，艱難的課程困不住他，平常的嗜好是閱讀科學雜誌，隨手就抽出一本交到我手上。今天像他這樣學業優異的大學生，有意從事枯燥的理論科研，算是香港的異數。

添欣與育基成績出色，但並不來自生活富裕的家庭。個別交談中，他們笑口常開，自始至終沒有提到經濟支援的要求。他們感謝大學、感謝社會。經一再追問「大學有何可以提供幫助？」他們分別笑答：「有機會當出國交換學生嗎？」以他們的學業成績，如此基本要求，大學哪有困難不提供交換生的機會？

添欣與育基跟社會上那些豪取強奪的大人物及一些錙銖必較的人真不一樣。家訪他們，十分愉快。相信日後添欣會是個受人尊敬的社會工作者，育基將在物理學界散發光彩！

寶欣與淇淇

十二年前三月天的訪談中，結識了重病而堅持上課讀書的施寶欣。本來只是普通的探望，竟然發現她超人的毅力，不由得肅然起敬。在她的老師鄭寶璇的陪同下，禁不住一而再地探訪她及她的家人。最後一次見面，已經是初識她之後的兩年多，躺在病床上、骨瘦如柴、奄奄一息的寶欣，特地為我朗誦她手寫的杜甫詩作《登兗州城樓》：

> 東郡趨庭日，南樓縱目初。
> 浮雲連海岱，平野入青徐。
> 孤嶂秦碑在，荒城魯殿餘。
> 從來多古意，臨眺獨躊躇。

聽著聽著，知道她在傳遞來日不多的信息，不由想起了賈島的《三月晦日送春》，春意將盡，夕陽西斜，默默期待著奇蹟的出現：

三月正當三十日，春風別我苦吟身。
共君今夜不須睡，未到曉鐘猶是春。

春有盡頭，她在病床上領取了我代表大學頒發的學位證書後，終究還是走了。美麗的寶欣不是那些學業、事業光鮮的個案，因為病榻兩年多的學習，任何人都只能達到普通的成績。當然，因為早逝，她無法領受一展事業長才的機緣。四季如春未必就是十全十美的世界，不是智慧感人，只因為她一心追求學問；也不是大學給了她全人教育，因為她沒有機會、也沒有精力接受為一般學生設計的教育。從她父母的背影看到了良好的家教，也從她的眼神中看出她忍受著刺骨之痛。她隨遇而安，無奈、無怨尤，心懷感恩，實現了自己的夢想。

寶欣摯愛學習，憑藉著毅力，終有所成，可以安詳而去。她就是全人，只不過像陶淵明《擬古其七》中隱藏的感嘆，好景不長、青春易逝：

日暮天無雲，春風扇微和。
佳人美清夜，達曙酣且歌。
歌竟長歎息，持此感人多。
皎皎雲間月，灼灼葉中華。
豈無一時好，不久當如何？

莫言說過，當眾人都哭泣時，應該允許有的人不哭。當哭變成一種表演時，更應該允許有的人不哭。在很多時候，學生是我們的老師，寶欣就是明證。

生命或許不完美，意志總是無窮盡。

二〇一六年九月三十日，我家訪翻譯及語言學系當新鮮人不久的孔美淇及其家庭。說家庭，其實只有她和媽媽兩人。來自單親家庭的淇淇患有一種罕見的肌肉病變，早晚依賴呼吸機生存、乘輪椅出入。

我們經常在校園不期而遇。無論清風徐來或是炎夏隆冬，其母常傍身邊，她永遠笑臉相迎。艱難的生活無阻她樂觀面對人生、廣闊交友。她擔任城大的融入大使，曾代表大學出訪澳門，見習當地大學的特殊教育服務及特教生的學習環境。

淇淇孜孜不倦追求學問，年年獲頒各種獎學金。日暮天無雲，春風扇微和，以寶欣為名的獎學金在二〇一八年頒給了學養出眾的淇淇。

二〇二〇年五月十六日，脆弱的身體終於撐不下去，她被送入加護病房。兩天後的傍晚，我懷著沉重的心情到廣華醫院探訪失卻知覺的淇淇。在緊急入院前的最後一刻，她似有預感地早已提交畢業論文。我又一次在同學的病榻前，向淇淇頒發畢業證書及甲等榮譽錦帶，由其母代為接受。

幾年前，曾感傷地見證了忍受刺骨之痛的寶欣側臥病床，領取我頒發的學位證書。春意闌珊的寶欣，氣若游絲對我朗讀杜甫的詩作《登兗州城樓》。哀愁憂怨，時不我與，難為她了。

今天見證了另一位年輕全人的典範，我引用鄭板橋的《竹石》讚賞淇淇。夕陽西斜，思慮她不能水波不興地對頒獎作出反映。遽然間，那平靜無波轉而急促的呼吸起伏十分顯眼，告訴我，她一定感受到我站在她的身邊：

咬定青山不放鬆，立根原在破岩中。
千磨萬擊還堅勁，任爾東西南北風。

黃廷方慈善基金從報刊上聽聞淇淇的故事，受其感動，特別致電我，主動捐贈兩百萬港元，成立「孔美淇勵志獎學金」，以表揚她積極面對挑戰，為身心困難的學生提供資助。

咬定青山，堅毅不屈；千磨萬擊，卓絕進取。我以寶欣、淇淇為榮。年輕的朋友要勵志學習。

遵守小道理，少講大道理

二〇一〇年五月，多所世界著名大學的校長在南京參加「第四屆中外大學校長論壇」。問及中國高教離世界一流尚有多大的差距，好些校長表示，中國的大學教育比美國至少落後二、三十年。北京大學前校長許智宏當時坦率地指出，中國沒有世界一流的大學。這種想法與我的體驗不謀而合。

據觀察體會，目前大陸大學教育落後的原因之一，其實也是兩岸社會文化的一個特徵，即社會上許多人高談空洞不實的教條，然而對生活中應該遵守的規章制度等具體準則，卻置若罔聞。

《禮運大同篇》描述的大同世界，還有台灣社會隨處可見的題詞，如忠、孝、仁、愛，以及香港社會素喜提及的全人教育、至善若水、立德育人等等，都是中華文化的道理，但在現實生活中則是另一番氣象。再以大陸為例，到處可見語不驚人死不休的政令宣傳標語，其中充滿著專橫可怕的詞語。千里之行始於足下，我們足下的交通不敢恭維。大陸和台灣的街頭上，隨時可看到行人與汽車爭搶道路的景象。香港雖然交通便捷，上下地鐵時，仍然有人東擠西扯。

大學教育方面，硬、軟體已與世界先進水平相差無幾；但心件有所不足，指的是心靈方面的要素，也就是高教界的專業精神（professionalism），以及作為知識分子最基本的操行持守（integrity）。心件缺失，有蛛絲馬跡可尋。

《禮運大同篇》開宗明義指出：「大道之行也，天下為公，選賢與能，講信修睦。」當社會追求民主時，有些人忽略了人道章法、操行持守。台灣實施的民主不能跳脫私天下心態和黨派利益，哪裡能夠選出賢能的才、講信修睦的人？執政者不講誠信，以私害公，風行草偃，誤導高教及年輕人的心態行為。

作為社會的縮影，大學校園雖有可供遵循的規章制度，甚至設下許多詳細、繁瑣複雜的政策，仍然有人追尋政客的嘴臉，抗爭、黑函、情緒發洩不時發生。為了處理這些不滿的情緒，結果推出更繁瑣複雜的規章法條，致使制度愈來愈龐大、複雜。就這一方面來說，似乎比西方更重法治，而西方在決策方面反而比較人治，也更有效率。這就是心件良好與否產生的後果。

早年在台灣讀書時，覺得美國人、歐洲人奉行個人主義，而我們強調民族、國家。旅居西方多年後，才體會到台、港、大陸人士最奉行個人主義，其實更是利己主義的實踐者，西方人在團隊精神方面反而合作得較好。美國的大學雖然不講全人教育，卻在無形中給予學生全人教育的示範，大學生自然坦率；不灌輸愛國主義，美國人卻甚具愛國情操。

這些現象表明，凡事憑依據、講規矩。兩岸三地的大學及社會如要改進，就應該擺脫矯揉造作的心態，重塑身教，先從遵守小規矩做起。添欣與育基、寶欣與淇淇是全人教育的活教材。

教學相長，很容易體現學生有很多值得學習之處。作為老師，教授優秀的學生，同時增進自己的教研視野，讓人珍惜與滿足。

陳年的溫馨故事

三十多年前在愛荷華州立大學當教授時遇到一個情景。學生考試，改完試卷，循例將答卷紙發還學生，然後解答問題，同時把正確的答案寫在黑板上。

下課後，有個小伙子跑來要分數，表示他的答案正確，卻被扣了十分。看看他的答卷紙，好像有修改過的痕跡，再想想批閱過的眾多卷紙裡，的確有個鉛筆作答的個案，莫非就是眼前的這張卷紙。如果是的話，那張卷紙因為與眾不同，而曾經被我仔細閱過，不太可能評錯。但是不能百分之百肯定眼前的年輕人是否在看過我寫在黑板上的答案後，再塗改了發還他的答卷紙。

靈機一動，暫不回應他的要求，但是也不為難他：「回去看看，你現在的答案正確嗎？如果確定的話，明天再見我。」

心想，如果他隔天找我，就給他加回十分。結果，他不曾出現。

多年後，一個叫瑪琍的同學，送了張聖誕卡，提起以上年輕男生曾經跟她道起此事，有點懊悔自己的行為。

貪得之心，人皆有之，知過能改，善莫大焉。他是個有良知的年輕人。

第三部
政教分離

俄罗斯
RUSSIA
加拿大
Canada
美国
the United States of America
蒙古
Mongolia
中华人民共和国
China
澳大利亚
Australia

心邪政疫染
上人教理天
四書分東西
不道離心件

自二〇〇八年出任城大校長以來，明訂教研學術為大學發展的主題。大學專注本業，堅守政治與教育分離（「政教分離」）的原則。大學不為政治服務，政治並不凌駕大學。

大學乃求真理、做學問的大雅殿堂。政教分離本是維護學術自由與大學自主的根本，也是促進科研創新的動力。政府官員、媒體、政治團體、社團機構、各路政商名流等外界勢力皆不可糾纏大學。大學的教職員、學生、家長及校友不得利用大學，討論非關學術教研的議題或從事與大學無關的街頭政治。具體地說：

1. 大學不提供外界宣傳或校內師生發表個人的政治觀點，助其達致政商利益或其他個別目的。
2. 為鞏固大學研究和專業教育的地位，大學必須維持恪守中立和學術自由的教學環境，外界不得藉由任何理由干擾或影響大學的學術管治。
3. 本着互相尊重的精神，大家在合法的基礎上理性討論、表達意見、包容不同觀點。任何個人或團體不得利用大學的名義，在校內、校外或網路平台宣傳、鼓吹，舉行政治性集會或競選議員公職。當然，這並不表示大學教職員工不能有政治立場、討論政治問題，或不能以個人身分參加校外的政治活動。

緣由

宗教與統治者的政權分離（Separation of Church and State）指的是分割宗教組織的傲慢與掌權者的權力。宗教權力和國家、政府統治權力的分割是歐美政治學說的主流觀點。Separation of Church and State 被通譯為「政教分離」，積非成是，以訛傳訛，一錯百年，並不恰當。Separation of Church and State 應該翻譯為「宗統分割」或「宗統分離」才貼切，否則就是「宗統不分」、「宗統歸一」，因為當初原意防犯的是宗教干涉統治階級的政權，避免統治階級拿著雞毛當令箭，借著教派鞏固政權。

宗教與統治階級糾纏不清的問題起於宗教，在中古時期的歐洲為害尤其嚴重，曾經多次造成宗教戰爭，其著名的有一〇九六年至一二九一年間，在教皇的推動下，進行一系列的歐洲十字軍東征。當時的教會高高在上，視君主政權如卵翼，予取予求。趨利之人，常為朋比，逐漸演變成教會配合專制的君主統治。宗教與統治者聯合共生、彼此利用，可謂「宗統合一」或「宗統不分」。他們長年依存互利，宗統不分在歐洲以外的中東、南美、甚至中國的歷史長河中也屢見不鮮，不同的道路掀起一樣的驚濤駭浪。

也許早期的大學並未展現出任何明顯的社會影響力，因此無論教會或者君主政權彼時尚不至於干涉大學管治，當然也說不上學術有無自由或者大學是否自主。直至大學成熟定形，大家發現知識即力量，於是在利益及權力的誘導下，基督教會與君主帝王沆瀣一氣，除了個別駕馭百姓靈性、唯我獨尊於世俗政權，他們落場操控指點大學，視之為掌權奪權的寄生工具。意欲九州春色折腰，古今中外皆然，權謀千迴百轉，百喙如一，總是似曾相識。繼宗統不分之惡，宗教因素箝制大學，啟「宗（教）教（育）不分」（宗教不分）之害，大學落為教會聖堂囊中之物，奧地利維也納大學的經歷就是典型的例子。

行行復行行，政權與大學管治難分難解，政治的手開始牽拖又依附大學，政教不分於焉誕生。政府、政客及男女老小開始視之有利可圖，清淡濃郁固然有別，至今依然沒完沒了。兩岸三地有樣學樣，混水摸魚，毫不遜色。

一七八九年法國大革命後，通過人權和公民權宣言，申言「宗統分離」，直至拿破崙一世恢復天主教的國教地位。一九〇五年法國立法（loi du 9 décembre 1905 concernant la séparation des Eglises et de l'État），確立了世俗國家的概念。該法律根基於三項世俗主義（secularism）的原則：國家中立、宗教信仰自由及與教會相關的公共權力。至今法國立法，不准許將帶有宗教性質的服飾、標語、宣傳文件出現中學校園。

美國是第一個在憲法中明訂宗統分割的國家。一七九一年，在《憲法第一修正案》中明訂「國會不得制定設立國教或禁止宗教自由之法律」，此外，國家力量不得援助、助長、壓迫宗教團體。然而，包括美國在內，宗教組織至今對於執掌政權仍然有些影響。台、港並不例外，歷年來個別宗教界參與政爭，有意無意間主導政權更替，而大陸的政權則嚴格控制宗教活動。無論過或不及，大家總算在大原則裡避開了中古歐洲宗教與統治難分難解的漩渦。

大學求真求理，政治求巧求詐，真理與巧詐並不相容。宗教與統治權分離的美國把政治活動與教育科研，分離得乾乾淨淨。大學規模少者數千，大者數萬，再加上教職員工和學生家長，範圍不小，可資利用的機會不少。所以，為免政治糾纏大學、圖利個人或政黨，候選人不得藉由大學校園拋頭露面；教職員工不得使用公家電腦、電話或設施參與選務或政治活動；學生不得以學生身分掩飾、謀求政治利益；執政者不得利用大學從事政爭或政見宣導的平台，更不得利用黨派或大學生影響大學的運行。否則，就是政治干擾教育的政教不分。

政教分離可追溯至一八一〇年建校的柏林洪堡大學。芝加哥大學一九六七年公佈的經典凱文報告（Kalven Report），具體主張大學要維持政治中立（neutrality），才能堅固大學自主，也就是說，為了鼓勵和捍衛校園多元文化，大學必須超越並獨立於街頭的政治潮流（political fashions）、政治激情（political passions）與政治壓力（political pressures）。凱文報告雖然不是法律準則，卻被奉為高教的圭臬。二〇〇九年，芝加哥大學校長齊默（Robert Zimmer）重申唯有院校自主，才足以確保學術自由。

政教分離是美國大學先進的重要基石。美國的高教未必十全十美，但是路歸路、橋歸橋，把政治與教育分得清清楚楚。政教分離放之四海而皆準，許多歐洲國家的憲法在不同層級明文規定學術自由權，其他國家包括高加索的喬治亞、亞洲的日本也嚴格遵從這一原則，將學術自由寫入憲法。

兩岸三地不將學術自由寫入法條，經年似有若無地違背政教分離，歷久不衰。大學多少被視為執政者的工具，學位則是政客臉上的化粧品，為之塗脂抹粉。台灣的政治人物成為大眾膜拜的對象。察言觀色，算算這些人物在校園出現的次數，可以看出「以政干教、以教輔政」的嚴重程度。人盡皆知，不必列舉。

政治與宗教分離的同時，許多男女、政府、政黨有志一同，把政治當做宗教信仰狂熱追逐，黨派彼此排斥，更甚於宗教戰爭。維護學術自由和校園自治是大學的核心價值、高教的成功之道。政教不分有害創新，是高教國際化的阿基里斯致命要害。

人、文化、大學

兩位與博洛尼亞大學有關的歷史人物，開啟了大學質疑權威和關注人文的先河。第一位是終結封建黑暗、開拓文藝復興時代的代表人物但丁（Dante Alighieri）；但丁的長詩「神曲」引發了大學及思想界的人文啟蒙。另一位是哥白尼（Nicolaus Copernicus）；他挑戰當時教會以地球為中心的主張，用數學模型提出以太陽為中心的理論，自此引起人類認識論的革命。

西方民主制度希望執政者為民眾提供保證社會進步的途徑。很多國家熱衷於美國的政治制度，卻並未持著適當心態履行使命維護人民福利，畫虎不成反類犬，常以失敗告終，何況美式民主顯然仍有不足之處。

合理的教育體系建立在人與文化之上。許多地方的民主運動發酵，爭權奪利者一旦掌權，馬上變成教育體系政治化的推手。社會運動一再牽連、利用大學，求利奪權；政府官員覬覦大學事務，謀利攬權唯恐力有不逮。上有所好，下有學生、媒體、甚至教職員工把大學當寄居蟹，打主意、謀個人的利益。大者不仁，小者不智；大者毀國，小者毀人。

大學不是政府的附屬單位，大學校長更不是政府的高級職工，呼之即來，揮之即去。對於這些道理，兩岸政府不瞭解、也不想瞭解，社會大眾上世相承、積非成是。可惜流年，憂愁風雨，師生不察，惑以終身，奢談什麼學術自由、大學自主？

決定社會整體成功的關鍵是心態，大學的進程亦不例外。學問之道，本是荒漠甘泉；唯有政教分離才可能枯木逢春、萬象更新，是必須學習力行的範式。為了維護自由安全的學術環境，珍惜多元意見，必須恪守政治中立，外力莫入，外行止步。

政教不分離，學術少自由、大學難自主。

第十三章　干擾心件的外力

現代大學發跡於歐洲，發展到世界，發揚光大於北美；各地的高教，無論功效如何，都有前因後果。大學反映一種文化，文化本質不改變，大學必受影響。如果不服從專業倫理（code of ethics），浪費了學術自由，大學運作的基石必然動搖。

社會上，各種利益集團都想影響大學運作，媒體、社團、政黨、校友、甚至學生都隨時找機會涉足大學事務；當然，最有機會也最想染指大學的是掌權的政府。至今，仍然隨時有外力干擾大學。譬如，據《澳大利亞人報》二〇二一年十一月十九日的報導，新南威爾士大學（University of New South Wales）校長雅各布（Ian Jacobs）和雪梨大學校長史朋思（Michael Spence）因反對政治干預辭職。猶有擔心者，《中國季刊》（*The China Quarterly*）主編普潤格（Tim Pringle）於二〇二一年九月受訪時表示，中國大陸研究領域面對的最大挑戰將是學術自由。就此而言，兩岸三地落後當今先進，政治干預如家常便飯，實際差距遠大於三、五十年。

比利時魯汶天主教大學

一四二五年教宗馬丁五世（Martinus PP. V）下令建立魯汶大學（Oude Universiteit Leuven, OUL）。文藝復興時期，比利時先後經歷西班牙、奧地利、法蘭西及荷蘭等王國統治，大學遭受戰火洗劫。法國大革命，法蘭西第一共和國占領魯汶大學。拿破崙一世戰敗後，一八一五年比利時被劃歸荷蘭王國，國王威廉一世在舊有的校舍上成立魯汶國立大學（Rijks Universiteit Leuven）。一八三〇年，比利時獨立。五年後，九位崇高威望的天主教樞機恢復了魯汶天主教大學（Université Catholique de Louvain）。

進入二十世紀，歷盡滄桑的大學再次遭到兩次世界大戰的嚴重破壞。一九六八年魯汶天主教大學分裂為今天學生共約十萬人的兩校，講荷蘭語的校區留在魯汶成為 KU Leuven（Katholieke Universiteit Leuven），講法語的則搬至新魯汶成為 UC Louvain（Université Catholique de Louvain）。我有幸跟兩校校長分別交談。

明顯地，在將近六百年的過住歷史中，魯汶天主教大學曾經暴露在教堂和執政者的雙重影響下。沉舟側畔千帆過，病樹前頭萬木春，今天分處兩地的魯汶天主教大學同時返老還童、脫胎換骨、飽養煙霞，不但宗統分割，而且均已是堅持「教研合一、政教分離」的國際一流大學。KU Leuven 且被公認為是歐洲最具創新能力的大學，值得探討他們的研究創新和教育創新。

奧地利維也納大學

維也納大學（The University of Vienna）是歐洲最古老的大學之一，也是一所聲譽卓著的學府。二十世紀最有影響力的思想家之一及精神分析學的創始人佛洛伊德（Sigmund Freud）是該校的校友。根據維也納大學的校史記載，天主教耶穌會（Jersuit Order）的指令於一五五〇年進入維也納，大學暴露在教堂和執政者的雙重影響下。這不僅是宗教干涉統治階級政權的宗統不分，而且也是政治干擾教育的「政教不分」，甚至還是宗教進入校園的「宗教不分」。

維也納教堂、政府、大學三者難分難解的關係持續到一七七八年，大學終於有機會正式取消以宗教為是的入學標準。一八四八／四九年，學生訴願促成了維也納的革命。革命被抑制後，圖恩海恩斯坦（Thun-Hohenstein）教改為奧地利的教育版圖做了轉折點，維護得之不易的教學與學習自由。

十九世紀末和二十世紀初的維也納是歐洲最著名的猶太文化中心之一。好景不長，一九三八年十一月九日至十日凌晨的水晶之夜（the Night of Broken Glass），納粹黨員與黨衛隊襲擊德國境內的猶太人，戰火迅速燒到奧地利。其實，早在一九三〇年，在反猶太主義（Antisemitism）氛圍的鼓惑下，維也納大學已通過限制猶太學生入學的規定，並有迫害猶太學生的傾向；一九三八年國家社會主義者（National Socialists）掌權，維也納的猶太人在大屠殺中遭到殺害，大量的猶太學生被剔除。

動亂延續至一九四五年，之後維也納的猶太文化和社會才逐漸恢復平靜。一九七五年，《大學組織法》（*The University Organization Acts*）樹立了大學的決策方針，算是再次脫離了政教不分及宗教不分的漩渦。維也納大學把自己六百五十多年的歷史叫做花樣般的校史（Colorful History），果真有些波折，也有些道理。

當然，這是維也納大學的歷史。很可能，同樣的陳年歷史也曾經發生在其他古老歐洲大學的身上，甚至一再重覆發生。柏林洪堡大學的歷史就是另外一種情景。

柏林洪堡大學

二〇一九年六月二十五日，訪問柏林洪堡大學。這是一所坐落於柏林、先後誕生或與教研密切結合了五十五位諾貝爾獎得獎者的大學。大學歷經幾次改名，一九四九年，為了紀念創始人洪堡兄弟，重新命名為今天的柏林洪堡大學。該校因全球知名以研究為導向的「洪堡式高等教育」著稱，世稱「現代大學之母」。日本的東京大學與美國的約翰霍普金斯大學，當年都以洪堡大學為楷模而成立。

錢鍾書圍城中描述的柏林大學就是今天的洪堡大學，也是馬克斯主義（Marxism）理論的誕生地。恩格斯（Friedrich Engels）、叔本華（Arthur Schopenhauer）、黑格爾（Georg W F Hegel）、愛因斯坦、普朗克（Max Planck）、波爾（Niels Bohr）、海涅（Christian Heine）、俾斯麥（Otto von Bismarck），以及中國的俞大維、溥心畬等哲學、書畫大家都與洪堡大學淵源深刻。

洪堡兄弟認為大學是「知識的總和」（Universitas litterarum），教學與研究應該同時在大學內進行，也就是教研合一。他們認為大學的任務，一是對科學即哲學的探求，一是道德的修養。作為社會人應具有的素質，修養是個性全面發展的結果，與專門的能力和技藝無關。大學要忍受寂寞和維護自由，不為政治、經濟社會的利益所左右，也就是政教分離。

一九四九年，蘇聯占領區的德意志民主共和國，即通稱的東德，定都東柏林。納入東柏林的洪堡大學，繼納粹法西斯政權嚴重摧殘後，再因共產黨「以政干教」的統治而沒落，跌宕起伏，往日輝煌不再，至今再沒有出過一位諾貝爾獎得獎者，也沒有什麼學術大師或重大的科研創新。一九九〇年柏林圍牆被拆除，十月三日兩德統一，柏林成為東西德統一後的新首都。位於圍牆邊東柏林的洪堡大學逐漸回歸正途，煙冷蒼蒼，已然不堪回首，長路漫漫，只得重新起步。

二〇二一年十月在接受我訪問不久，柏林洪堡大學校長孔斯特（Sabine Kunst）抗議議會修正《柏林高等教育法》，讓政府有權要求大學應聘的教授都授予終身職。她辭去校長一職，以示政教分離。

喬治華盛頓大學和聖路易華盛頓大學

台灣民進黨的執政團隊曾有人手執判官筆，自稱東廠，驕狂好似帝制復辟。就以二〇二二年發生的碩士論文門而言，當政者自總統起，多人高調力挺被質疑、被判抄襲的論文，摻和大學管治，政教混淆，其意如一。雖然全球各地不時頻傳學位造假事件，但是無論確認與否，如此政界反應匪夷所思，不會發生在先進國家。以二〇二二年當選美國聯邦眾議員的桑得斯（G. Santos）為例，《紐約時報》（*New York Times*）十一月十九日指他虛構紐約市立大學（CUNY）學歷，兩黨皆質疑他的誠信，要求他辭去眾議員。

在《大問於市：與全球頂尖校長對話》系列節目中，我與喬治華盛頓大學（George Washington University）校長萊頓（Mark S. Wrighton）對談。萊頓於二〇一九年出任喬治華盛頓大學校長之前，在聖路易華盛頓大學（Washington University in St. Louis）擔任校長長達二十四年，帶領兩所大學取得驕人的學術成就。他可以說是美國高教的活字典。

這兩所同以華盛頓命名的大學有著獨特的淵源。位於美國中西部聖路易的華盛頓大學，為美國前二十名的學府，有「隱形常春藤大學」之稱，共二十五位校友及教授獲頒諾貝爾獎。其主要創始人及校長艾略特（William G. Eliot）是喬治華盛頓大學前身哥倫比亞學院的畢業生。

喬治華盛頓大學位於美國首都華盛頓特區的中心地帶，毗鄰國務院、財政部，與白宮、國會山莊只隔數街之遙，為美國和全球培養不少政治、外交和法律頂尖人才。該校的知名校友包括美國前國務卿杜勒斯（John F. Dulles）和鮑威爾（Colin Powell）、二十八位州長、一百二十八位國會參眾兩院議員，以及數位其他國家的政治領袖。

喬治華盛頓大學吸納教研菁英，與眾多的美國政府部門和國際機構合作，研究國際事務和政策。這些政治人物影響力龐大，卻絕對不會明目腆顏，插手大學的學術管治，否則必是醜聞。《華盛頓郵報》（*Washington Post*）——普及標示「民主死於黑暗」的報紙——揭穿一九七〇年代美國水門案醜聞（Watergate scandal）的兩名記者之一的伍德沃德（Bob Woodward）曾經在喬治華盛頓大學修讀莎士比亞及國際關係。喬治華盛頓大學可以說是政教分離的活字典，值得台灣參考學習，千萬避免變成黑暗的民主。

一流的高教

什麼才算世界一流高教、一流大學？

執世界牛耳的美國大學，治理、運作學校有不少可取之處。美國的高教——遠離政治干擾的學術氛圍、教研並重、學術與企業結合、多元化、唯才是用、分層負責、同儕評比、教授主理學務（非校務）等——成就了許多先進大學，間接帶動經濟成長和社會繁榮，貢獻二十世紀的世界科技文明。

自從一九〇一年頒授諾貝爾獎以來，至二〇二二年止，共有六百三十六人獲得物理、化學與生理學或醫學獎，其中獲獎時隸屬美國教研機構的有三百一十人，占49%。近二十四年（一九九八至二〇二二），美國學者在全球一百九十位以上領域獲獎者中，占55%（即一百零四位）。環顧全球，美國一枝獨秀。可是你或許不清楚，這三百一十位得獎者獲獎時散布在六十多所美國的大學校園中，其範圍之廣，遠超過台、港、大陸人所嚮往的那幾所少數美國名校。這是美國高教卓越的一個標誌。美國前百名的公私立大學（非世界前百大！）隨時都可能有教授獲得諾貝爾獎，其廣度、深度與接受度，不是其他國家望塵可及。

物理、化學與生理學或醫學獎等諾貝爾獎的認可，代表客觀的科技成就，其背後必然有些一流大學的指標。也就是說，一流大學有若干一流學科、一流師資，同時需要一流的基礎設施，以及雄厚的財力。除了硬體與軟體之外，一流的大學具有適切的教育理念、一流的管理機制、開放自由的校園文化和學術環境，也就是第二部介紹的一流心件。

大學必須擁有多方面的資源並善加利用，才能位列先進。總體而言，兩岸三地的大學在硬體、軟體方面都不差，也即在校舍建築、設備儀器方面不相上下；在師資配備、教材、課程設置方面，現正努力向先進看齊。但是大陸，甚至台、港的大學在心件方面，目前還差很遠。

心件，就是一個重視教研專業、學術品質、社會績效的理念。這裡指的是所有與教育相關的人——無論是大學的教師、管理層的各級主管、學生，或者對大學決策有影響力的委員會，甚至社會人士——內心服膺而遵行的基本理念，或顯或隱表現於大學的辦學宗旨、教學思想、科研取向等方面。

與世界的一流大學相比，兩岸大學心件落後，社會要負些責任。華人重視教育，是項優點。由於學費普遍便宜，教育投資昂貴，其差額乃由全民買單。如果未能回饋社會，功效便打折扣。凡此皆由於不重視權責、品質、產出與績效的基本心件元素（chemistry）。

我們的大學與世界一流大學的心件差距在哪些地方？以史為鑑，比利時魯汶天主教大學、奧地利維也納大學和柏林洪堡大學可以提供許多蛛絲馬跡。應該如何縮小這些差距呢？亞利桑那州立大學（Arizona State University）校長柯柔（Mike Crow）列舉出美國大學之所以出眾的三大管治要素，為理想的心件做了註腳，值得介紹。

1 辦學自主

美國州立大學的部分資助來自州政府撥款，拿人手短，大學似乎要為現實的政治妥協屈膝。美式高教讓大學管理與政治壓力分開，政府一旦確立撥款，更是尊重大學自主，學術與行政管治都由大學做出專業抉擇，自行決定薪資、升遷、挽留和聘請師資、學科發展。自主的大學，不會向獨立的校董會以外的任何單位或個人匯報，政治人物、政府官員、議員、媒體不隨便進入校園，也不允許學生胡亂涉入校政。

兩岸三地行政牽扯多、對大學教研的投入未必慷慨，政府官員凌駕大學之上，品頭論足、橫梗大學運行，甚至涉足大學管治，打電話、發電郵、拜訪校園，有如家常便飯。

2 自由競爭

大學自主產生的一個教育生態即競爭。美國高教出色，自由競爭為重要因素。

其爭也君子，大學竭盡所能，爭取教授與學生招聘、研究資金、社會捐款；美國政府對高校的大事小事並不橫加涉及。近五十年來，美國各大學及其學科的表現因為資金的投入、校領導的決策、教授的招聘等而起伏升降。相比之下，兩岸三地的政府主觀訂定科研項目，大學有時候還在為從事什麼樣的研究而困擾，隨時亂了章法，不能自已。政府因循苟且，百姓胸有定案，資金投入按陳規定案進行，自由競爭的力量弱又受貶抑，甚至視同刺扎在背之芒。

3 市場機制

為了提升競爭能力，先進大學運用市場機制，聘用合適人才，以便提高學術水平，創建學術品牌。兩岸大學的架構以學科為單位，過度量化控制；政府撥款，主觀決定數量，壓制了創新。美國的大學自行定位，從世界各地延攬學者及學生，而兩岸政府以對人力市場需求的估計及預測為基礎，決定各校各學科的招生人數。系所學生人數的限制，不由市場調整，結論當然未必正確，難怪出現落差。

就辦學自主、自由競爭、市場機制等三個要素而言，台、港、大陸的高教各有長短，與美國的高教相比，利益糾結不清，心件皆有不足，「控制大學」是看待高教的共同通關語。

教職工會

柯柔列舉出美國大學之所以出眾的三大管治要素，在兩岸三地往往窒礙難行。

舉例來說，工會有其價值，香港的工會曾經在法律保障下，活動力不受管制，活動範圍與影響力都較西方工會為大。其實，大學提供教授不少發揮的空間，師生擁有的學術自由遠超越了傳統工會為人微言輕的勞工代言的範圍。但是，香港的大學在學術自由之外，還有受法律支撐的教職工會，他們通常由職工或沒有學術根基的少數教師主掌其事。各校的教職工會以反對黨自居，利用大學學術自由的環境，彼此串連街頭，主導示威，甚至參選議員，無役不與，破壞了大學的學術自由，掛羊頭賣狗肉，未曾為學校職工爭取應得的福利。二〇二一年八月，擁有四十八年歷史的香港教育專業人員協會，因政治原因宣布解散，始於政教不分，終於政教不分。莫非這就是香港？

香港教職工會出格的現象，不曾在美國的大學出現。雖然少數的美國大學也有工會，但是工會為員工爭取薪資福利，遠離政治，絕不涉及學術事務，更不曾有主導者藉工會謀求個人的政治私利。

台灣有「高等教育產業工會」，但是香港教職工會出格的現象，不常出現在台灣的大學。有些大學成立的研究生工會，偶因待遇與工時問題與大學抗衡；或由政黨主導，為政爭強出頭（二〇二二年十月十日《中國時報》）。

高教差距的社會因素

針對教研人員的創造性以及大學的學術成就進行評估比較容易。較困難的，則是培養學生，使之成為高瞻遠矚、具備獨立思考能力的社會中堅。

大學培育學生，不僅著眼於他們畢業後的第一份工作，還要為他們的第二、第三份工作未雨綢繆、做好準備。先進的大學，遠看今天的學生如何成就為二、三十年之後的社會中堅，藉以培養他們與不同背景的人交流共事的能力。

招聘教師也是如此。大學聘用教師，除了細看應聘者今天的表現，更要評估此人未來有否潛力得到終身職，能否在一定期限內升等為副教授後，再勝任教授，以及四十、五十歲之前可否在本身專長上有所成就，這似乎回應了孔子「四十、五十而無聞焉，斯亦不足畏也已」的觀察。如此全方位的評估不但有助大學發展，也為當事人探討是否適應教職，以免起步之初，因為入錯了行，為日後留下難以彌補的缺憾。

華人學者身處西方的教研環境，心無旁騖，業有所精，因以展現他們的才華。兩岸三地的大學顯然尚未發揮最大的功效，否則一定可以在自己的土壤上培養些頂尖人才，設立些傲人的專業，展示些重要的成果。

與北美相比，兩岸三地傳統的氛圍、積習要為未能發揮潛能負責。其阻礙來自以下長年共存的社會因素，也就是本書標示的心盲：

1 產、官、學三棲的迷失：兩岸三地的大學教師，在學界、政府和產業界同時擔任領導職務，官員樂於在大學及產業掛名兼差。不少人認為三棲很了不得，遊走三界，人上之人，故無不引領以望。殊不知，產、官、學涇渭分明，各有所專，每項專業都必須全心投入才可能有所成就。把政、商、學混在一起，既分心，又有利益衝突的困擾，不容易把事情講清楚。學無止境，大學教授應專心教研，除了與本分相關的研發社教，該把其他事情交給別人處理。

大學重視產、學、研的結合，但求在清晰的程序下，避開傳統產、官、學三棲的錯誤觀念。為學者應該拋開產、官、學三棲的心思，推動創新，帶動產、學、研三方面的合作。講究圓融世故的產、官、學三棲也許在政、商適得其所，但是與學術創新頗有衝突。三棲若只是少數人的機緣巧合，尚有可原；無志於教研的人，如果黃粱美夢將此當成追求的目標，並不恰當。

2 不了解大學的時代性：許多人對高教不甚明白，卻不知道自己不懂，這是很麻煩的事。大學工作被誤會為高福利的肥缺。學而優則仕是中國舊時候讀書人的出路，有其歷史因素，至今好像陰魂不散似地纏繞著大家。因此，當聽到有大學生表示期望師法前人，把學位當作進階為官之路時，不免大吃一驚。原來社會上除了讚揚說話漂亮之外，古老的官僚想法，依然深植於他們的骨子裡頭。

此外，常有人想到大學做事。為什麼？他們回答說大學薪水高，待遇優厚，生活輕鬆，無拘無束。如果個別員工給人懶散的印象，當然需要檢討，因為大學是一個為勤奮工作者創造新知的平台，大學教授克盡己任，藉研究更新並貢獻知識，其專業性於今尤甚。資訊流通順暢，大學普及使得大學生並不比他人崇高（elite）。在全球化的氛圍之下，大學面對激烈競爭，如果不走在學術前沿，就會被淘汰。

兩岸三地的社會不清楚大學擔負沉重任務，喜對學術問題發表議論。社會應該尊重大學的專業性與時代性。知之為知之，不知為不知，是知也。

3 錯置的思維：政府官員監管大學，唯恐大學不聽話。社會人士重視學位，專權的政府相信控制大學，就可以間接控制學位頒授，兼掌控、利用年輕學生，所以控制大學就變成權力發揮的一種方式與指標。這與美式高教極為不同，也與學術科研來自清新乾淨的空氣不和。在台、港、大陸政府的眼中，聽話遠比創新重要，所以千方百計訂下規矩，要大學就範。

香港延續英制的大學學科評比，每六年由教資會主導 RAE（Research Assessment Exercise），邀請外人二次評審包括已發表的研究論文。這些論文在出版前已經由同行專家評審，為什麼過幾年後再由可能完全不相關的外行專家，蜻蜓點水般回鍋評核大學某一專業的教授論文及研究成果、並進而主導政府撥款？凡此浪費人力物力，承繼殖民舊制，有如「第三世界自卑綜合症」（Third-world inferiority syndrome），究竟能生出什麼邊際效用？台灣及大陸也曾經面臨類似的情形。

依競爭性（competitive, unsolicited）的研究計畫表現來看，香港各校的產出難分軒輊，往往政府投入較低的學校，甚至表現更為出色。此所以一貫傾斜的撥款政策，違背了追求卓越的精神，因而減弱了公平競爭所帶動的整體學術表現。如此情況，也反映在專業選擇方面。學生選擇專業，崇尚主觀的排序，致使教育資源不能發揮最佳效益。

尊重創意

有了創意怎麼辦？美國的高校可以公開談論學術創意，彼此尊重。可是，我們不懂得欣賞創意，因為很多人更樂於奉行老二哲學；凡事讓別人衝在前面，靜待撿了便宜，才開始採取行動。兩岸三地創意不多，為了改變命運，有樣學樣，拷貝他人創意的本領倒是不小。比如，老張牛肉麵店或是王二手機店開張，如果有錢賺，旁邊就會一窩蜂地開出一間間的牛肉麵店，或是一排排的大小手機店鋪。

談什麼理念？為什麼要談理念？什麼時候談理念？不知是否出於中華文化的習性，一般人不太尊重他人，心中只想截胡別人的成果，等待或者設法探討專屬私密的資料（privileged information）曝光，便宜複製。以致原本實踐教育理念的創意之舉，被覬覦者當做賺錢的燒臘店，開了一家又一家。

城大與康乃爾大學合作在香港成立國際認可的動物醫學院，遭到阻撓就是個好例子。二〇〇八年提出此議，面對重重障礙，甚至有人利用不知道哪裡來的資料，在別家大學安排模仿計畫，甚至遊說康乃爾大學改變合作對象。有些摸黑搞的鬼來自一兩家個別媒體及立法會議員。細想一下，如此行事，恐非首現，竟是創新卻步，不能在社會扎根的一個原因。

先進大學延攬優秀學者，引進前沿教研。可是這樣尚且不夠，如果傳統積習和社會的心態阻力（Mass）太大，加速力（acceleration）太小，就會阻礙大學做出貢獻。行有行規，道有道法。高教是個廣泛但專業的論題，面對複雜的現象，政府要放手、社會要支持、媒體不打擾，還要共同嚴守行事規範，各盡己責，維護學術風骨（integrity），遠離阻擾創意的社會與政府因素。

道之所存，師之所存

政教分離、學術自由與大學自主是三個理想高教的組合。然而，這三個組合在實踐中都不甚理想。

《師說》：「道之所存，師之所存。」如果拋棄大道，官盛則近諛，空談虛語、蠱惑眾人，那麼不但遠古人，離國際化也差著。小學而大遺，未見其明。今人推動高教，容易在枝微末節上費心，或急功近利，或持一偏之見，忽略了「高教與政治、政爭糾纏不清」的病態，有害學術自由與大學自主。如此積習長存，其來有自，並非囿於某個特別階層或某些個別群眾。

身處開放的社會，眾人對政治、經濟議題，可能產生爭議，互不妥協，大學容易成為不同政經立場人士角力的對象。政教分離是雙向的，外界不要撈過界干預大學的科研運作，大學本身亦莫沉溺於街頭政治，同仁與學生更不可公器私用，乘火打劫，把大學當做免費的政治平台。紛亂期間，大學不擅政治或公關，也不應該涉入街頭政治及公關遊戲。然而這些恰恰是兩岸的缺憾。凡此有跡可循的例子一再發生，表示高教尚有改進空間。

政治與教育各守其道是需要面對的課題，術業有專攻，人人都可貢獻社會，並且因此得到肯定。應該把專業學術事務交給專家，外人不要費心撈過界！不從事學術的人，切勿把權術當學術，把客氣當福氣，打著自封的正義旗幟，醞釀輿論壓力，脅迫大學表態；如此這般，應該轉行他業，另求發展。

創意與創新的基石乃在於心無罣礙、就事論事。旁觀者清，與先進的美國高教相比，兩岸教育系統內的各種個體彼此對峙，顯得突兀。龜笑鱉無尾，有時還得面對好似「小孩和小孩吵架」的窘態。

大學有責任為民表率，面對荊棘，保持積極心態，調整步伐向前看。社會要尊重大學的專業性，拋掉空談；政府要拋掉空談，教師也要帶領學生一起拋掉空談。為了維護自由、安全及創新的學術環境，必須珍惜多元文化；鼓吹個人自由，不得干擾他人的學術自由。這樣才能避免煩躁不滿的情緒持續發酵，因混亂而造成社會撕裂。否則即使今天動盪止息，日後還會發生各式各樣的其他紛爭。

維持院校政治中立需要智慧與堅持，若以凱文報告為心件的基準（benchmark），兩岸三地的社會恰好落後美國半個世紀。

食古不化的故事

兩岸三地的社會歷來崇尚才高八斗、學富五車的人，這些人也以知識淵博而自豪，貪多，既不求甚解，也不懂得驗證，讀書為了當官。《西軒客談》裡面講到讀書和作文的問題時，用飲食做比喻，說明好飲食的人，雖然暴飲暴食雞鴨魚肉、美酒好茶、蔬菜水果，也得消化，把有營養的物質吸收進去，才能夠提些精神、延續些精力。否則，白做功夫，食之無味，還害了身子。

至於一般人，即便讀了很多書，空有學位，食古不化，恐怕未必能理解，書讀多了反而害事，官也當不好。讀書要理解、消化，才能隨著轉化為助力，小則利己，大則濟世；否則，將讀過的東西原封不動搬出來，使用失當，別人不瞭解你的意思，自己也得不到什麼好處，反而成為社會的累贅。

香港是美食之都，講究營養、補身、美味與陳設，狼吞虎嚥沒有意義，即使街頭小食、雲吞、叉燒也都要有些特色，叫出個名號，否則沒有市場。個人及社會要看重學位的內容與效用，絕非暴飲暴食以多求勝。那為什麼不能用同樣的標準看待高教，而竟然隨便搬上人家的辦法，囫圇吞棗？

香港把大學改成四年，是獨立思考的時候，早該擺脫過往的心態與模式，確定以成效為主的高教。不想想英國人都不再執行的方式規章，為什麼還食古不化，依樣畫葫蘆？而台灣跟大陸是否也該把高教交到專家手裡，把政治的手放開，把造福社會的目標擺在心中，由他們定奪教學研究的方針與校政？

既然大家都有選餐廳的自由，那政治為什麼要主導大學事務？街頭政治為什麼可以影響大學？衙門裡的官員為什麼能凌駕大學校長？先進的美式高教，值得兩岸三地思考改進。對於人們自然的需求，千萬少干涉，同樣的道理也適用於高等教育。

學術與高教必須獨立於外力。思無邪，我心憂：

共棲產官學，肥仕瘦社稷。
人瘦尚可肥，社稷不可醫。

第十四章　學術自由與大學自主的心盲

作為追求真理、創造知識與創新的土壤，學術自由提供教授及學生學術探索的自由，確保學習、教學和研究不受外力干預，並鼓勵他們表達學術看法、發表科研成果。按照愛因斯坦的話說，學術自由就是傳授認知真理的權利。此一清晰的概念，獲得普遍認同。學術自由是政教分離的第一個要素。知識傳承、創意、創新與人類福祉及文明社會的進步息息相關。有了自由，百家爭鳴，才能拓展知識。正如潘恩（Thomas Paine）說的，「探索只會使謬誤退縮，而不是真理。」那就是朱熹提倡的格致。限制學術自由，不僅抑制知識的傳播，還會妨礙合理的判斷和行動。

現代概念的學術自由有三層意思。首先，學術自由是指學術機構主導其課程及學術事務，不受政治干預。例如，大學確定講授的課題及授課人員，制定大學生及研究生的錄取標準與畢業要求，及確立大學的學術使命與優先事項。第二層意思即教授從事課題研究，在課堂或學術研討會上討論這些課題不必擔心遭到報復。此處並非指對任何場所的所有講演作全面保護。第三層意思顧名思義是指探討學術問題的自由，與學術不相關的事情自當別論。近年來，討論學術課題被要求遵從學術倫理的規範。換句話說，學術自由不是無限制的自由。

學術自由的界定

美國大學教授協會對學術自由所作的表述是，教授「須注意不可將與學科無關的有爭議事宜引入教學中」。追求學術自由的先決條件必須是探討學術問題，並且投入學術論證。沒有學術的因子，或者當探討的問題與學術無關時，不宜套上學術自由的帽子。無論師生持任何政治立場，不應涉入大學教研與管治。打著學術的旗號，爭取學術之外的利益，偏離了學術自由的範圍，其誤用舉止，不可取，也不應該發生。

國際合作與日俱增，維護學術自由的責任不分國界。學術界堅決捍衛這種自由，並且採取必要的措施行動。舉個例子，據二〇一八年十月三十日英國《金融時報》的報導，由於對學術自由的擔憂，康乃爾大學產業與勞動關係學院中止與中國人民大學的兩項學術交流計畫。這或許是近年外國大學因學術自由，暫停國際合作夥伴關係的第一個案例，但並非孤例。據《南華早報》二〇一八年十一月六日的報導，約翰霍普金斯大學醫學院因擔心知識產權損失，決定暫不接納外國學者。

很多時候，學術自由被當作惡語相向、粗劣行為的託詞，比如高聲斥責同事，當眾責罵學生或職員，誹謗上司或其他大學管理層，逃避專業職責。認識的某些香港同事及學生，認為學術自由就是讓他們在任何場所對任何人都能口無遮攔。一名同事甚至曾經說過，即使她恣意誹謗和損毀他人的人格：「只要相信自己說的是事實，就可得到學術自由的全面保護。」不消說，這些行為在任何工作場所均不適當，不可能被認可。個人的失格觀點不應成為破壞規則的藉口。

二〇一八年二月，美國的非牟利倡議協會「全美學者協會」（National Association of Scholars）發表了一篇關於學術自由歷史的參考文獻。該協會稱「熱愛自由的美國人，無論是自由派還是保守派，制定學術自由的新信條，以抵禦新的威脅」。這些給美國校園造成的新威脅來自「鬧亂的學生與不講自由被意識形態役使的空想家（rioting students and illiberal ideologues）」。

這些觀點剛巧應對了二〇一九年香港動盪時造反者的標語，以及他們橫行無阻，三天兩頭就以學術自由的名義當幌子搗亂秩序。「非同志即敵人」的政爭意識是學術自由的病毒。不幸的缺失，隨時隨地都會發生。另一面，學術自由促成了與當權者權力的重要分離，並且阻止政府指使大學持特定立場或推行某些特別的思想看法，以防政府或外界利益團體利用教育機構作為宣傳工具。

水能載舟，亦能覆舟，學術自由一方面受到限制，一方面被嚴重誤用；身處不同，各有異相，借題發揮，有辱斯文，其來有自。

學術倫理

學術倫理（academic ethics）是指從事科研和進行學術活動時應遵守的規範與道德。學術倫理問題近年受到額外關注。在學術自由的旗幟下，無論是教授論文造假、博士論文買賣，或大學校長遴選，暗盤交易均時有所聞。

哲學家康德（Immanuel Kant）認為，人以其「善的意志」規範自己的行為，為盡義務而實踐「始終把人當作目的，而非當作工具」的道德法則，這些都是「自律」行為。任何以功利主義或享樂主義而建立的行為模式，缺乏普遍的道德意義。

其中一個例子，至今記憶猶新。涉事者是著名生物醫學學者、諾貝爾獎得主、洛克菲勒大學前校長巴爾的摩（David Baltimore）。一九九一年，為了捍衛與其聯名創作論文的女同事的清白，他辭去任職十八個月的校長職務，儘管最終獲裁定，並無觸犯學術造假，而他本人並未遭到任何質疑。

另一起觸犯學術道德的著名公案發生在二〇一四年的日本，遭質疑觸犯學術造假的是理化學研究所（RIKEN）的博士後研究者小保方晴子。她宣稱已發現類似幹細胞的多能（STAP）細胞，可以移植到身體任何部位。然而小保方晴子和她的合著者被指控學術造假。她的指導教授及合著者笹井芳樹是日本最優秀的細胞再生學專家之一，事發後自殺，小保方晴子則從公眾視線中銷聲匿跡長達一年多。

西方道德形上學類多建立在追求真理。東方儒家道德的形上學基礎則是本著心中的知恥、良知。根據觀察，此所以在西方，甚至日本、韓國，若有人在學術倫理上有缺失，無不即時道歉引退，算是知恥近乎勇。這一點就是心件，兩千三百多年前《孟子盡心上》已講得清清楚楚：「君子有三樂，而王天下不與存焉。父母俱存，兄弟無故，一樂也。仰不愧於天，俯不怍於人，二樂也。得天下英才而教育之，三樂也。君子有三樂，而王天下不與存焉。」。「仰不愧於天，俯不怍於人」，兩岸三地有人談嗎？如果為師者不能內省，怎麼能夠要求學生有禮守節？

兩岸三地引進西方文化，可是許多所謂的學者缺乏西方求真的精神，指引道德操守，不能也不敢談「何必曰利，亦有仁義而已矣」，因為他們常常連中國傳統的好義勝於好利的標準都未能達到。他們喜歡引論程序正義，彷彿這就是全部的道德（totality of morality），忘了這僅是倫理學中最低的道德要求，儘管他們連這基本的道德門檻也達不到（黃光國）。

近年台灣爆出政界洗碩士學歷的歪風，教授把關懶散不察，學生論文抄襲、詐欺因而層出不窮。不法取得學歷者被發現後，有些認罪、自責、下台；政客則煽動民粹、續求官位，不但違背學術倫理，而且違反誠信做人的基本原則，大異於西方與日本社會普遍嚴守的道德水平。一個二〇二二年定罪的案例，居然不論真假，大量涉抄襲的嫌疑者與舉發者，相繼出籠，甚至還大張旗鼓舉辦「論文規範」公聽會。大學自主的個案，哪需當朝者出面、網上抹黑、網下漂白？春秋亂、妖言惑、爛仗起，政界既有人帶頭巧詐，學界則見隨波逐流之輩，政教糾纏熾熱，為學位之亂平添新愁。

崇尚學術道德的心態來之不易。社會上掌權的人不講道理，原本該為年輕一代樹立榜樣，結果上樑不正下樑歪，凡事以政治取向決定取捨，把自我利益定為座標，民主的結果居然是社會民粹。民眾心中沒有上帝，又不知恥；學術界沒有人談論學術倫理，導致許多從事學術的人鄙視道德倫理。因此，沒人敢指正不當行為，打馬虎眼和稀泥的鄉愿文化一點不難理解。

橘逾淮為枳，糟糕的是理想的計畫到了兩岸三地，會像變形金剛般地變樣換臉，以致大學充滿一些沒有內涵、甚至不堪聞問的空心學位。此以從政者涉足在職專班的碩士學程裝飾門面為甚，好好的學程被搞得烏煙瘴氣。幾年前，曾一再提示潛在病態，旁人不見、不解、不信；近年來，隨便翻翻新聞版面，被濫用的學程與造假的論文並列頭版，一目了然，眾人才曰嘆為觀止。這個傳統中華文化所造成的因果，本是心盲，何足為怪？

怪的是從政者說謊成性，病來如山倒，有流行成常態的趨勢。民無信不立，為今之計，建議自總統以下，凡競選公職或議員的從政者，在不准許參加測謊補習的條件下接受測謊。只有通過測謊的人，才具有參選的基本資格。也唯有如此才能維持健康的心件，摒除鬼話連篇的投機分子。

違背學術倫理的其他例子

羅蘭夫人（Madame Roland）的名言：「自由自由，多少人假汝之名以行罪惡之實」，也常見濫用學術自由、急功近利的例子。

譬如，一九九八年韋克菲爾德（Andrew Wakefield）等十二位作者在《刺胳針》（*Lancet*）發表的一篇論文上，聲稱接種三合一疫苗（MMR，麻疹、腮腺炎、德國麻疹的混合疫苗）與自閉症之間的關聯。雖然經十幾年多方審查後，確認這是一場精心設計的造假案，但是為時已晚，公眾聽信謠言，疫苗接種率下降，麻疹疫情已經在美國發生。

首爾國立大學教授幹細胞研究造假、麻省理工學院教授竄改數據、東京大學教授假造研究成果、上海交大晶片仿冒、台灣中央研究院研究新藥數據造假、台灣大學單一教授指導的多篇論文抄襲……哈佛、洛克菲勒大學等違背學術道德的事件，層出不窮，歷年有之。

當今學術界還有癡迷於發表論著，一稿多投、朋黨彼此掛名互引論文、虛假評審等屢見不鮮的案例。有人甚至試圖用電腦模擬偽造出版物，或者未獲同意而偽造合著者名單。這些盲目追求數量而產生的病態行為，並不罕見，不過在印度、台灣、大陸尤為普遍，五花八門的原因，不一而足，難以列舉。兩岸學界假學術自由之名而行捏造、抄襲、侵占之實，時有所聞，有些人因此被列入國際學術雜誌及國家研究資助單位拒絕往來戶的名單上。

與以上造假不同，近年來有關違背學術倫理的爭議，還牽涉到使用CRISPR/Cas9系統進行基因編輯（genome editing）和基因改造（gene modification）的質疑。二〇一五年，這項「基因剪刀」技術在生物科學家中間引起高度關注。有些人認為倫理不該阻礙執行科研探索。這種視學術道德為無物的生物道德情結（bioethics），可能存在於從事人體實驗的生物學家眼中，如此偏差的價值觀引起廣泛爭議。

大學自主的精神

大學自主是政教分離的第二個要素。與醫療、金融、建築、軍警或其他的專業一樣，大學的管理專業擁有自己的文化與獨特的運作方式：學務由教授主導，校務由院長、系主任等學術或行政主管主導。

由於大學必須處理經費、募款、招生等議題，想求得百分之百的自主權，有現實的困難。目前地球上也還找不到這樣的大學。舉例來說，當經濟不景氣的時候，大學必須尋求適當的解決之道，除非政府、立法機構或私人基金有點良心，尊重大學專業，否則他們有機會左右大學的運行及導引教研。大學之上，依構成的不同，有校董會（如香港）、教育部（如台灣）、政黨（如大陸）負責規畫政府資助大學的大方向，不多也不少。有些國家的大學則完全自主，甚至並無上級政府單位。如此理想的系統，不是兩岸三地可以想像或按現有條件做得到的。

提及大學自主，還多了一層阻礙。許多時候，政府機關或社會大眾主觀想像（perceive）高教的運作，就像第三章裡講到的計程車司機一樣，在指手畫腳之餘，虛假地以「尊重大學自主」（institutional autonomy）或者號稱「採取開放的態度」（open-minded），作為會議的開場白與結尾語。講多了此地無銀的話，則聽者不自在，心想發言者到底想掩飾些什麼？

半世紀多之前，兩岸大眾見面常以「吃飽了沒有」為問候語；上學後，老師必先檢查小朋友刷牙了沒有。這些現象乃是因為那年頭，吃飽飯與早晚漱口刷牙都是不易達成的生活大事，所以一定要問問。今天的兩岸社會，談大學自主，難道與上世紀中葉時候，關心他人吃飽飯與刷過牙的原因差不太多？明天上班上學，試試問候同事同學吃飽了嗎，或者刷牙了沒有，一定會被認為神經病。

但是因為台、港、大陸的大學自主不足，有必要追問：大學自主了沒有？根據管中閔與孫效智：「……現行（台灣）大學法有許多對大學自治不恰當之限制，……」（二〇二二年十二月二十五日《風傳媒》），香港與大陸對此類立法少有著墨。就大學自治的實踐而言，香港優於台灣，台灣優於大陸，但是，路漫漫其修遠兮，彼將上下而求索，都應該改進。

大學自主是美國大學成功的要素之一，美國維護大學事務的自主性已呈常態，所以不必刻意強調。外界干擾愈多，自主性愈少，創新有成的機會就愈低。（見第二十六章：高教的創意與風險）。兩岸大學創新維艱，虛假地重申大學自主，不足為怪。

自從台灣民主化之後，街頭政治像脫韁野馬似地進入大學校園，而以近兩屆的台大校長遴選為甚。眾所周知，二〇一八年外界涉入台大校長遴選，作梗大學自主，甚囂塵上。二〇二二年台大的學運分子再次明目張膽，行「政治審查之門……是職業學生，及背後操控的「新黨國體制」……是一九六〇年代的文革嗎？……拷問個人的「忠誠度」嗎？」以上引楊渡語，他稱之「心魔」（二〇二二年十月十日《中國時報》）。

心魔來自心盲。

心智盲點

無論受過多少教育，人人都有盲點、弱點、空白或隱藏的偏見，這些需要了解和改進的地方，稱之為心智盲點。

在多個場合，曾讓聽眾解決一個謎題，他們當中有知名學者、名校教授與學生、商界領袖，還有其他學有專精的人士。我拿出一張紙，一面沒有任何打印內容，另一面印了一張地圖。然後，將紙撕成小碎片，讓他們看空白的一面。請大家把撕碎的紙片拼回紙張原樣。

大眾一臉茫然，不知從何做起，沒有辦法把那些碎片拼成原樣。說白了，其實一點不難。有次，一個小朋友發揮思路，把碎紙片翻過來，發現背面的地圖，依照地圖，很快把碎紙拼好。有感於此，寫了一首題為《心盲》的小詩：

眼盲政迷茫，科技教自強。
碎紙分合離，翻轉離心盲。

詩文中隱藏並提綱挈領表明政教分離是大學成功的要素，對培養創新創意的學術氛圍必不可少。受到「日出而作，日入而息，鑿井而飲，耕田而食，帝力於我何有哉」傳統文化的影響，台、港大學師生出現霸道橫行學術界的各種個案，黑函流通就是一個例子。台、港大學寬容假藉學術自由做出的惡言劣行，如果發生在美國的大學校園，沒兩下就被攆走了。

在山泉水清，出山泉水濁。承受「一朝為官終身是官」的影響，政客覬覦大學事務，干擾大學自主，賣布不帶尺，動輒表達意見，又喜下達行政命令，從政治的立場定位學術秩序。至於媒體，輕則報導雞毛蒜皮小事，重則服務政權政客，壯夫動食指，老稚分杯羹，吹捧或打壓特定人物就像家常便飯。美國的政府、媒體不流行針對大學或教授而採用亂七八糟的小手段。

把學術自由當作破壞規矩的煙霧彈，如同缺乏學術自由，其惡尤甚。高教是一門專業，應留待專家處理，不要淪為推行政治算計的工具，讓欠缺專業知識的外行插手。心盲是政治權力凌駕大學、權力腐蝕教育體系的盲點。

蔡元培的理念

一百多年前，蔡元培提出發展現代大學的三項原則：第一、大學應當是獨立的、自主的；第二、大學應當具有思想自由和學術自由；第三、大學學術與思想自由需要相應的自由社會政治環境。如今，前兩個原則常有人引述，但做得不夠，第三個原則幾乎沒人提及。

如果不能堅持大學自主，又無嚴守正道的學術自由，說明國際化不過是空談虛語，更不論辦優質大學。

那麼健康社會制度的標準是什麼呢？簡而言之就是政教分離。

大學心件不彰，蔡元培學術自由的理念在政治權力的摧殘下，一百多年後，依舊搖搖晃晃。兩岸三地的高教發展處於早夭期（infant mortality）的適應階段，兩岸三地並沒有配套的政治環境支撐自由社會，為高教提供學術與思想自由的利基。兩岸三地的政府在訂下繁瑣的規章之餘，唯恐監管不周，多有干涉，為大家心嚮往之的創新，設下一道無形甚至有形的牆。

大學不為政治服務，千言萬語，不如摘要如下：

春風到天涯，兩岸才見花。
學術無自由，創新不抽芽。

第十五章　政教不分自我調整的機制

二戰後，美國光芒四射，帶動全球政經發展。兩岸三地順應潮流，接軌國際，先後選擇性地加入以美國為主的全球體系。這個大趨勢促使美國在全球高教上一枝獨秀，吸引且培養了無數人才，在人文藝術、科技創新各行各業皆獨領風騷。英文的流行因此成為一個具體而微的現象，是美國引領世界的結果。

毫無疑問地，國家社會的穩定進步依靠殷實的經濟體系支撐，先進的高教體系也靠穩定的政經環境做後盾。教育投入應被視為國家社會的投資（investment），而非日常的花費（expenditure）。美式高教作為世界高教的的主流，是美國政經進步的濫殤，值得美國人引以為傲。

雖然美國的大學享有較高的學術自由，但是大學並非在真空中運作，無法完全避免外界的干擾，也不曾免疫於政治環境的變遷。

美國的學術自由

百餘年來，美國科學家與海外同行合作，同時在實驗室、課堂與研究網路中納入國際學生及同事的參與。這些合作者當中，有些來自學術自由未獲善待的國家。因此，捍衛自由的權利成為一種挑戰。

即使崇尚學術自由的美國，也多次遭遇違反學術自由的障礙。上世紀五〇年代，全球兩極化，民主國家與共產國家針鋒相對，美國社會反共且排擠前蘇聯及共產中國。在極右的恐共環境下，參議員麥卡錫（Joseph R. McCarthy）大肆渲染共產主義對美國的滲透，煽動政界、藝文界、高教界人士相互揭發共產黨的危害，造成「紅色恐慌」，導致許多科學家及演藝人員如卓別林（Sir Charlie Chaplin）等受到牽連。

麥卡錫時期，羅素（Bertrand Russell）曾獲法院判決不適合在紐約市立大學（CUNY）任教。但是，仍然有不少人為捍衛學術自由，抵制校內外的壓力與討伐，其中最出名的莫過於擔任芝加哥大學校長的赫欽斯（Robert M. Hutchins）。由於他出面作證，致使一項侵犯學術自由的不公平法案未能通過。

一九六〇年，甘迺迪（John F. Kennedy）出任美國總統，重視民權，調整氣氛，大學回復安定，外國學生赴美造成高潮，再次為美國的科技發展注入新血。

二〇〇一年九一一恐怖襲擊事件後，美國的大學受到影響，有主張應該規定大學教些什麼課程或收些什麼樣的學生。大學感受外部壓力，導致有些教師被解雇而失去表述自己觀點的平台。時任總統布希（George W. Bush）於二〇〇一年十月簽署頒布《美國愛國者法》（*USA Patriot Act*, Uniting and Strengthening America by Providing Appropriate Tools Required to Intercept and Obstruct Terrorism Act of 2001），意為：「透過適當手段阻止或避免恐怖主義以團結並強化美國的法律。」此法擴大了政府獲取潛在恐怖活動信息的權力，明確指出政府有權蒐集一般民眾的電信資訊，包括電話號碼、電子郵件與網址等資訊，侵犯個人隱私，外國移民、難民及少數族裔的人權因而受到破壞。

《哈佛商業評論》（*Harvard Business Review*）在二〇〇四年十月發表全球經濟競爭力領域的佛羅里達（Richard Florida）所撰寫的〈美國即將面臨的創造力危機〉（America's Looming Creativity Crisis）文章裡，精闢地闡明了美國的成功與移民之間的關係。他指出：「美國的增長奇蹟取決於一個關鍵因素：對新思想的開放態度，使其能夠動員和運用美國人民的創造力……但是，美國在培養有創造力者、創新思想或新公司方面並沒有太多內在優勢。相反，其真正的優勢在於能夠吸引來自全球的這些經濟驅動力。美國在上世紀獲得成功，至關重要的是大量有才能的移民湧入美國……正是人才幫助美國建立了首屈一指的大學體系與創新基礎設施。」

「後九一一」的布希總統時代，大學靠合約及撥款等方式獲得聯邦支持，同時受到商業、富裕的捐款人與政府的多種影響而不易完全自立自主。保衛大學專案委員會（Ad Hoc Committee to Defend the University）在二〇〇七年發表一份聲明，詳細列出大學受校外團體影響所造成的一些後果，其中包括中傷學者、向管理層施壓、嘗試繞開或擾亂既定學術管治程序等。如今看來，這些現象在兩岸三地都似曾相似，甚至是現在進行式，卻不見有人質疑發聲。

歐巴馬出任總統期間，眾議院於二〇一五年通過《美國自由法案》（*The USA Freedom Act*），削減了《美國愛國者法》授予政府的監控權和蒐集民眾通訊紀錄的權利，回到了美國精神的正常軌道。

餘波蕩漾，再一次令人困惑的政治體驗，發生於二〇一六年川普當選總統後的四年任期間，支持極右翼的活動首先發生在維吉尼亞州夏洛茨維爾備受爭議的「團結右翼」集會，然後在加州柏克萊和其他城市反抗集會。在柏克萊騷亂及暴力事件發生後，二〇一七年二月二日川普在Twitter上威脅，削減對柏克萊加州大學的資助。此舉濫用權力，印證了「大學要靠撥款等方式獲得聯邦支持而受到壓制」的擔憂。

撥發大學的聯邦資金給了掌權者予取予奪的機會，進而威脅學術自由，因此普遍被學術界批評為濫用職權。此外，川普任內簽署了不少新政令，例如禁止穆斯林占多數的國家的人移民美國，此與長期以來對美國繁榮舉足輕重的開放政策背道而馳。美國四十八所大學的校長為此抨擊川普，敦促他糾正政令所造成的損害。

美中緊張關係衝擊高教

二〇一八年七月，川普以減少美國對華貿易逆差、奪回製造業的工作崗位為名，掀起中美貿易戰，對總數達五千多億美元的中國產品加收關稅，稅率由10％至25％不等。這是人類經濟史上迄今為止規模最大的貿易戰，兩國彼此對進口產品加徵懲罰性關稅。

政治博弈直接影響經濟往來。雖然美國對華投資相對穩定，維持每年約一百三十億美元，但據智庫《美國企業研究院》（American Enterprise Institute）的統計，中國對美投資卻從最高峰二〇一六年時的五百四十億美元，滑落至二〇二一年的十六億七千萬。投資大幅縮減的主要原因是貿易戰導致中國企業有所顧慮，美國對中資企業愈趨嚴格的投資審查，以及中國對資本外流的限制。

美國的大學在管理、使命和發展方面一向享有法律賦予的自治權。但是在不同歷史條件下，美國學術自由與大學自主行之有年的普世價值不時受到挑戰。例如，大學與產業間的產學研合作可加強競爭和實現新的科技突破，歷來被認為是互利的事。但是由於受聯邦政府對違反制裁限制的調查，麻省理工學院於二〇一九年決定不再接受華為和中興的研究資助。

出於擔憂間諜活動和知識產權被盜竊，美國國務院從二〇一八年開始，縮短攻讀航空、機械人、人工智能（AI）等尖端領域中國學生的簽證，並要求他們每年夏天回國須重新申請簽證，增加了被拒絕入境的可能性。二〇一八年十一月，美國聯邦司法部成立「中國專案」(China Initiative)，確認起訴中國人竊取商業機密案件的優先權，政府部門有充足資源投入這些案件，以確保快速而有效地得出適當結論。許多中國學者赴美簽證因此遭拒。二〇一九年，美國再次收緊大陸留學生的簽證審查，一批回國度假的留學生因此無法返校。十一月十九日參議院舉行聽證會，顯示聯邦調查局（FBI）正集中力量阻止美中學術及科研人員交流。

自二〇一九年至今，對抗中國的氛圍裡，舉目可見大陸裔的美籍教授受到為難。中國推出的「千人計畫」被美國政府看作是「以學術自由為幌子的技術盜竊」(theft under the disguise of academic freedom)。若有人身兼「千人計畫」或「長江學者」，則幾乎必被訪談查詢；若與中國科研計畫往來，輕微幸運的或被勸導提前退休，嚴重不幸的則以間諜罪進行調查、起訴坐牢，等候審判。

美中新冷戰，有再次恢復二十世紀四〇年代末到五〇年代初麥卡錫主義（McCarthyism）對華人學者「紅色恐慌」的跡象，中國留美的學生、訪問學者、科技交流人員、美籍華裔科學家遭到懷疑、排擠，甚至指控。表面上是針對大陸裔學者，其實人人噤若寒蟬，如坐針氈。為此，包括美國大學教授學會（The American Association of University Professors）、美國大學協會在內的多個美國高教、公益維權組織曾聯合發布聲明，對美國華人科研群體的現狀表示擔憂，並認為某些政府機構捕風捉影，不僅限制了學術自由，而且影響到美國教育產業的發展，他們呼籲公平對待華人學者和研究人員。

人才的流動不外推（push）和拉（pull）。由於大陸調高教授薪酬待遇和美國對華裔科學家不友好的氛圍，許多優秀的高端科學人才選擇返回大陸或是前往香港。有跡象顯示中國對美人才流失開始終結，大陸留美學生學成歸國的人數不斷上升。據二〇二〇《中國海歸人才吸引力報告》，目前三十至四十歲的海歸人數占比30.6％，二十至二十九歲的年輕海歸人數更高達52.2％。此時，有說拜登政府放鬆對留美學人的控制，以便留住人才，推拉之間，留美華人學者專家，有放緩回大陸的跡象。

新冠疫情加速衝擊高教

二〇一九年底，武漢爆發新冠疫情，迅速蔓延全球。目前看來，受疫情衝擊最大的不只是建築業、零售業、交通運輸或是餐飲業，而且包括教育業。

政治淩駕教育的種類繁多，川普政府一度嘗試以行政法令將外國留學生阻在國門之外。同樣的也發生在台灣，二〇二〇年新冠疫情爆發初期，政府頒布禁令，陸生遭到歧視、打壓，有的被阻擋在機場不得入關，有的離境後再也無法返台。到了八月，政府開放境外生入境，卻出於政治考量唯獨排除陸生，台灣多所大學表示擔憂。

新冠疫情引發健康危機，擾亂全球經濟活動和生活，旅行受限制，貿易受影響，學術交流受阻擾。美國認為中國政府應對疫情負責。

自從中國推行開放政策以來，出國留學的人數快速增長。二〇〇〇年，留美大陸學生人數為六萬，但是二〇一九／二〇年度已達三十七萬多；其中入讀大學的，占留學外國本科生及研究生人數的三分之一，共繳納一百五十億美元學費，而美國大學三分之一的學費收入來自國際學生。美中關係持續緊張，加上長達三年的疫情，在二〇一九／二〇年度，中國赴美留學生的增長率僅為0.8%，十年前的黃金時期，這一數值曾達到23.5%（見表0.1）。大陸留美學生人數，在二〇二〇／二一年度達到372,532的高位後，減少14.8%至317,299。

新冠疫情肆虐加上美中關係緊張，留美不易，轉頭香港。二〇二二年秋季班，申請入讀香港各大學本科及研究生的大陸學生大幅成長。以城大為例，碩士班申請人數為前一年的二倍多、近八萬，而僅得四千多名額供碩士班新生入學。

對於美國、英國、澳洲等收錄海外學生的英語國家，教育產業最大的經濟支柱之一是吸引國際學生、賺取高昂的學費。國際學生支付的學費往往是本國學生學費的數倍。以英國為例，本國學生每年的學費大約九千英鎊，外國學生則可能要繳交近四萬英鎊。新冠疫情帶來意想不到的財政衝擊。由此發展下去，若留學生人數繼續大減，則對依賴這類收入的大學影響甚大。

此外，出於保持社交距離的考量而推出的網上授課，雖然可救燃眉之急，卻遭質疑難以獲得高質量的學習體驗。更何況來自低收入家庭的學生，往往沒有穩定的網路或不受打擾的居家學習環境。種種原因都導致入學人數下降，國際交流停頓。

自我調整的美國民主機制

為了抑制中國超越美國，美國共和、民主兩黨在看待中國這一件事上難得一致。二〇二〇年底的全國性大選中，兩黨候選人都採取攻擊中國的策略，把對方描繪成受北京控制，藉以打擊對手、抬高自己。

此情此景，九十多名美國和其他國家的知名學者連同前政府高官於二〇二〇年四月三日發出聯名公開信，呼籲美中合作，共同應對新冠病毒帶來的全球性危機。聯署人包括美國前國務卿歐布萊特（Madeleine Jana Korbel Albright）、前國防部長哈格爾（Charles Timothy Hagel）、前駐中大使洛德（Winston Lord）、澳洲前總理陸克文（Kevin Michael Rudd）、美國知名學者奈伊（Joseph S. Nye, Jr.）、前哈佛大學校長、前財政部長薩默斯（Laurence Summers）等人。

在那之前一天，一百名中國學者也以民間身分在國際期刊《外交學人》（*Diplomat*）上刊發《致美國社會各界的公開信》，表示新冠肺炎是最嚴重的全球公共衛生危機之一，各國應該共同抗疫，而不是相互埋怨、推諉、指責。

劍走偏鋒，美國脫離傳統吸引世界人才的主軸與強項，在新冠疫情惡夢的催化下，傷亡慘重，折了傲氣。川普本土化的強勢態度，加上對中國貿易逆差的現實問題，火上澆油，國土安全部和移民及海關執法局於二〇二〇年七月六日發布新規，拿外籍生開刀，不少國家的學者與學生被拒入境，原因是將他們視為危及科技發展的外部敵人。高教受波及，重覆一九五〇年代的舊時傷痛。

初期擬定的計畫是：如果大學秋季全部實施網上授課，持非移民Ｆ１／Ｍ１簽證的外籍生不能繼續留在美國，否則可能被驅逐出境。美國國務院不會為就讀這些大學的一百一十萬國際學生發放簽證，海關執法局亦不會允許就讀這些大學的國際學生入境美國，除非這些學生選擇面對面授課或網上與實體混合教學模式。川普政府試圖以疫情為由，將更多移民拒之門外。

新規剛出，哈佛大學和麻省理工學院於二〇二〇年七月八日向波士頓地方法院提出控訴，宣布國土安全部和移民及海關執法局新出台的政策違法，譴責這一決定「武斷和反覆無常」，是對自由裁量權的濫用，並請求法院頒布限制令與禁令，阻止政府執行二〇二〇年七月六日公布的措施。全美兩百多所大學隨即跟進表示支持以上控訴。

政府的新規無非是對大學施加壓力，威逼學校秋季開放校園課堂，進行實體教學，罔顧學生、教師和其他人員可能面臨的健康風險和安全問題，可謂政治干涉教育的例子。壓力之下，聯邦移民執法機構於七月十四日收回成命。

由於川普執政後期政策轉變，原本正常的學術合作交流，可能被視為構成犯罪，旅美的大陸學者動輒得咎。二〇二一年一月十四日，麻省理工學院教授陳剛被指控隱瞞與中國的聯繫，以獲取一千九百萬美元的美國聯邦研究經費。在此之前，已經對大約十名美國學者和六名訪問研究科學家提出指控。事發不久，由麻省理工學院材料科學系教授芬克（Yoel Fink）起草、一百名教授聯名簽署致校長的公開信，表明陳剛被指控隱瞞的聯繫，只是例行的學術活動。校長萊夫（L. Rafael Reif）發文，澄清麻省理工學院和南方科技大學之間的合作項目，呼籲開放包容的學術環境、平等對待華裔學者，同時主動為陳剛的法律辯護付費。一年後，聯邦法官撤銷對他的控訴。

移民國家的美國有「民族大熔爐」的稱號。雖然種族隔離政策早在一九六四年已經廢除，美國社會至今仍然存在系統性的種族歧視，其中白人對包括黑人在內的有色人種的歧視，以及舊移民對新移民的歧視等，很難糾正解決。二〇二〇年五月，非裔弗洛伊德（George Floyd）遭警暴致死，僅是冰山一角而已。新冠疫情爆發後，由於川普屢屢使用「中國肺炎」、「功夫流感」等詞語形容新冠病毒，歧視亞裔的現象再次凸顯。仇恨犯罪勢頭猖獗，二〇二〇年，針對亞裔、尤其是對亞裔耆老的攻擊事件明顯上升。

有鑑於此，美國參議院於二〇二一年四月二十二日以壓倒性多數通過《新冠肺炎仇恨犯罪法案》（*COVID-19 Hate Crimes Act*），致力解決疫情爆發後針對亞裔美國人暴力攻擊增加的問題。法案交由眾議院表決，最後由總統拜登簽署成法。美國國務院官網二〇二一年四月二十六日發布解除禁令，自八月一日起，持有F1／M1簽證的學生將可以在學期開始前三十天入境美國。對來自中國、伊朗、巴西或南非的人員，則須滿足特定學術條件方可入境。缺少了學術交流，任何孤立自己的教育體系，都會阻礙進步。

仇視亞裔的行為受多種因素影響，包括對高教的執行與運作，恐非一時三刻可以消除。然而，自我調整的美國民主機制值得尊敬。

台、港、大陸政教何時分離

過去三十幾年，兩岸三地順應潮流提升高教。就時間點來說，台灣先行，香港居次，大陸最晚（見第三章）。但就效果來說，大陸進步最多，香港居次，台灣墊底。理論上，僵硬的架構似乎不可能應付快速改變的世界。中國政府高度集權、透明度差，但是有些事情若有需要就加以調整，成果明顯，高教的進步就是一個例子。台灣法政人士主政、因黨廢事，本土化的氛圍把大學體系搞得混亂無章法（見第五章），至今未了。

尺有所短，寸有所長；物有不足，智有不明。民主或專權的制度，各有局限性；僵硬的系統結構固然難以改觀，彈性的組織也可能越變越慘。除了制度以外，領導人物的能力與見識十分重要，王道或霸道分道揚鑣，涇渭分明。

全球繞了幾圈，參訪、交流上百所大學，對答、訪問了幾十家世界一流大學的校長，發現各地執政者都曾經從不同的角度涉入大學事務。美、加涉入最少；法國、以色列則幾無涉入；歐洲、澳洲有校長因政治的手伸入大學而辭職；台灣與大陸有人因為政治正確而與當政者彼此依存互利，更多的則是出於無奈而容忍政治的手腳；香港政府則透過教資會明修棧道、暗度陳倉，私下參訪校園，口頭宣揚並要求執行如大學分類等政令，既要面子，又想裡子。為何不學學美國，直接了當，明確立法，或者白紙黑字，下個行政命令，便於執行？

政教分離的困難像極了中古時代的宗統歸一。高教發展下的兩岸三地，誇張點說：大陸很多壞人，很多好人；由於文化根基薄弱，真情容易流露，可以瞬間看出誰是好人、誰是壞人。香港沒有壞人，沒有好人；柔弱生之徒，舊殖民及新威權的教化下，老中青東張西望，見風使舵，間有爛人，一時看不出好人壞人。台灣很多壞人，更多旁觀者；社交媒體網紅網黑，膽大的囂張，膽小的斯文，壞人張狂如亞馬遜河食人魚，見骨就啃；好人不想惹事生非，一聲雷響，溜啦！

政教分離是理想的境界，沒有哪個國家社會可以完全做到。美國與兩岸三地不同的是，美國具有自我調整的機制，而且短期之內即可作出調整。美國社會以民主自豪，掌權者在任期內雖然權力至大，幾乎可以為所欲為；但是國會、社會人士、繼任者都有人以社稷為先，往正道方向及時調整。正氣足，邪不能侵。美國社會提供機會平台，允許不同意見者表達看法，有機會把真理辯解明白。

依當代認知的西方標準，兩岸三地無論實施的是虛假民主如台灣、不知民主何物如香港、不認同西式民主如大陸，自我調整的機制都遙遠又不明顯。執政者甚至社會群體少有反省的心地，沉默的大眾被迫明哲保身。台、港、大陸不像美國有這麼多有分量的學者站起來說句公道話；也不見大學組織敢明確表達立場，因為兩岸三地至今尚無蔡元培標示的「配套的自由的社會政治環境，為大學提供學術與思想自由的利基。」(見第十四章)

回顧歷史，中國的春秋戰國、西方的文藝復興都曾經是國際化的具體例證。在進化歷程中，國際化與在地化彼此高低起伏，偶然走走回頭路，晴時多雲偶陣雨可以了解。長遠而言，全球一體應該以王道為基礎，其趨勢無法改變。

政客多、政治家少的社會，政教分離像是遙遠的天際，可望不可及。

與香港特首對話

二〇二一年八月四日特首林鄭月娥訪問城大。我們表示香港的大學評比尚且不錯，可是仍然不如日本、新加坡的大學，也不如北京的清華、北大等校，甚至有落後韓國及大陸其他九校聯盟大學的跡象。當大陸的高教快步前進的時候，香港踟躕不前，算是不進則退的警訊。

然後，她引用過時的「應用研究」與「基礎研究」，以區分大學的角色（見第七章），大學請教何謂「應用研究」。多年來有人單向導引特首，沒有人消化「應用研究」代表什麼意思。明月相照，書滿架，研未了，應用、基礎不將心掛，此是則彼非，彼是則此非，若曰兩存其是，斷無其理。

大學絕非社會的裝飾或附屬品。理想的大學可以提高人文關懷與經濟發展的層級，如今勞動力水平已達穩定飽和的香港，有賴教研之助，帶動社會進步，增進文化與經濟成長的邊際效益。可是香港中上級主政的教育官僚，曾經主張用充裕的資金購入所需的專業人才和技術，而非培養本地人才。這種買辦心態有一個明證，就是政府高官都將他們的子女送往外地留學。

再說，學生住宿是大學教育極其重要的一環，香港政府卻多年忽略幾乎所有本地大學嚴重缺乏學生宿舍的現象。校園窄小擁擠，體育設施貧乏。直到二〇一八年七月，在林鄭月娥的主動提議下，部分的宿舍要求才獲提交立法機構，仍然執行牛步，白頭吟處變，青眼望中穿。

二〇二二年二月底香港新冠肺炎確診數字創新高，各檢疫中心及醫院設施全告爆滿。為應對如此堪慮的疫情，港府有意徵用學生宿舍作隔離設施。且不說此一餿主意是否得當，大學宿位本來短缺、捉襟見肘，哪裡來的床位？

每當學生或畢業生做出政策規畫外的表現時，政府急著搶功勞，夜深飲散月初斜，無限宮嬪亂插花。舉例來說，二〇二一暑假，聽聞香港隊在「二〇二〇東京奧運」奪得一面金牌、二面銀牌和三面銅牌，創下歷屆奧運最佳戰績，政府部門出面表功。可是過往幾十年，他們哪裡有為大學體壇出過什麼力氣（見香港無線二〇二一年九月二十六日晚間新聞：特首於西安探訪港隊運動員）？話說香港個別大學重視體育，十幾年來屢創佳績，無人關心。說到這裡，聰明知禮、出口成章的林鄭啞口無言。

為什麼香港以及台灣、大陸高教界常向當政者說些不痛不癢的話？何時有些進步，像美國一樣，做出自我調整？何時當政者可以持平面對大學，不再鰍滑鰍滑似的裝扮個什麼樣的嘴臉：

清風明月我，水深火熱你。
喜事我出面，災害你來擋。

第十六章　大學：社會運動的溫床？

香港曾經是殖民統治下三不管的世界（見第三章）。九七後的初期，教資會監管大學，但並不涉足人事。近幾年，政府、學生、甚至媒體意欲跨界染指大學事務，只要高興，大家都可能指手畫腳，如入無人之境。台灣的政黨借執政優勢可能插手大學的上級人事。大陸則是黨政一家，在枱面上力行政教合一的原則。

大學應該走在時代的前面，台、港的大學則三不五時像拾荒似地撿取遺留下來的糟粕。政教不分在台灣和大陸根深柢固，政黨骨子裡都想指揮大學，只是程度不同，輕重有別。這到底為什麼？又是為了什麼？

社會的病態

政府以為控制大學就可以穩固政權、便於發號施令；不知道是因還是果，或者根本就是華人文化的特色。有心人察言觀色、借力使力，把大學生當作對抗或依附政府的籌碼，設法以花費最小的邊際效益取得或維持執政的機會。大學裡面有純潔的人，也有不純潔的人；純潔的膽小，雖然看不慣，但是不敢發聲；不純潔的膽大，就利用機會舉手動腳，兼謀個人利益。無論政府控制大學，或者學生把大學當作對抗或依附政府的籌碼，大家有志一同將大學視為社會運動的溫床。

大學尊重社群的提議。譬如，過去十年，收到很多聲音，要求大學改名，以反映大學的發展。提出的新校名花樣百出，不下數十個之多。對更改校名一事，城大持開放態度，聆聽建議，與師生、教職員及校友保持溝通，既無定案，也沒有預設立場。

可是，只因為有教授放言高論提些建議，坊間居然流傳「南洋」、「華南」等未來的校名。這些名字均不在校方的規畫之中，也從未得到校方認可。部分個人及媒體居心不良，特別提出這兩個名字，為更改校名一事做些花樣文章，與政治掛鉤，以訛傳訛，煞有其事，莫名其妙。皇帝不急太監急，大學改不改名、改什麼名，跟外人、官員、媒體有什麼關係？

類似這樣的事情在香港屢見不鮮，卻不曾見識過美國社會或媒體對大學做出類似的訛傳。當然也不曾聽說美國學生或教授居然敢就社會問題，針對大學示威暴動。美國的大學不是培養、也不允許被當作政治運動的場地，美國的大學生不會，也不可能被當作政治籌碼，這個約定成俗的現象，大家遵守。

也許有人問，美國大學生不也進行過不少示威活動嗎？

是的，美國的大學校園內經常有自發性的示威抗議，特別是上世紀，為了越戰、韓戰反徵兵，曾經爆發過大型示威衝突。

美國的學生運動

美國的學生運動始於二十世紀二〇年代，從早年的反種族隔離和反歧視到一九六〇年代的民權運動，從反越戰到反伊拉克戰爭，從要求控制槍枝售賣與使用到人權運動，以及有關問責警察、種族多元化、學費增長、取消學生債務等各樣論題。

不論哪一種主題，都具有一個共通點：反映對社會不平等的關心和投入。除了具體且直接關係校園的個案，如二〇一五年九月，哥倫比亞密蘇里大學（University of Missouri, Columbia）校園爆出種族歧視事件，引發占領、絕食、上書、罷踢球賽、杯葛校園商店等一連串抗議活動，所有的學生運動都起自社會、抗爭社會，而非因為社會問題而對抗大學。這些運動也都無關政黨，其著名的包括：

1. 一九六〇年代，學生運動要求解決種族不平等的社會問題。一九六〇至一九六八年的美國民權抗議運動（1960-1968: U.S. civil rights protests –from Greensboro to Columbia）始於一九六〇年二月一日。北卡羅來納州立農業技術大學（North Carolina Agricultural and Technical College）的非裔青年學生在當地伍爾沃斯（Woolworth）白人專用的午餐櫃台靜坐，抗議種族隔離制度。三月底，活動蔓延到十三州的五十五個城市，並吸引白人青年參與，和平抗議在圖書館、海灘、旅館、商店及其他各種場所實行的種族隔離制度。抗議持續，於一九六八年達到沸點，最後以哥倫比亞大學千多名抗議者占據五幢大樓、紐約市警察局暴力清場告終。這次被稱為「晨邊公園抗議事件」（Morningside Park Protest），除了反對種族主義政策，訴求中夾入反越戰、反徵兵等因素。

2. 一九六四年，柏克萊加州大學的學生提出捍衛言論自由、學術自由和政治自由的權利，由此發起「言論自由運動」(The Berkeley Free Speech Movement)。這一運動與同時期的「非裔美國人民權運動」和「反越戰運動」聯繫緊密、遙相呼應。一九六〇年代一系列事件被認為是「美國現代歷史上最強大、最有效的學生抗議活動」。

3. 一九六五至七五年的反越戰示威，從「教學抗議」到肯特州立大學（Kent State University）的槍擊案（1965-75: U.S. Vietnam War protests from SDS Teach-ins to Kent State shootings）是學生運動的大事。反越戰示威，最初是一九六五年由「學生爭取民主社會組織」在安娜堡密西根大學（University of Michigan, Ann Arbor）發起「教學抗議」(teach-ins)，反抗美國政府的戰爭策略。一九七〇年五月四日，國民警衛隊在對峙中向肯特州立大學的學生開槍，造成四名學生死亡、九名學生受傷。此一被稱為「五四屠殺」的槍擊案，導致四百萬學生罷課，上百所大學及中學關閉。槍擊案影響了民眾對於美國在越戰中扮演角色的看法。

4. 占領華爾街事件（Occupy Wall Street）起源於二〇一一年九月十七日，近千名示威者進入紐約金融中心華爾街示威；之後，進入大學校園遊行，當戴維斯加州大學（University of California, Davis）示威者在校園內的廣場上和平靜坐時，大學警察要求學生離開現場未遂，向人群噴灑胡椒噴霧。視頻公開後，反制警察的聲浪在網上迅速傳播開來。兩年後，法官判定大學須向每名遭到噴灑的學生賠償三萬美元。

5.二〇一七年，川普當選總統，美國東西岸的城市和大學校園爆發多起「愛勝過恨」示威遊行（Love Trumps Hate Protests）。奧斯汀德州大學（University of Texas, Austin）是舉辦遊行和罷課最早的大學之一。學生高舉「愛勝過恨」和「學生反對川普」（Students Against Trump）的標語牌。其他遊行示威的大學有天普大學（Temple University）、俄亥俄州立大學（Ohio State University）、佛羅里達州立大學（Florida State University）和教堂山北卡羅萊納大學（University of North Carolina, Chapel Hill）。二〇一七年二月一日，紐約石溪大學（Stony Brook University, New York）學生在校園內遊行，抗議川普禁止七個穆斯林國家的難民、移民和個人進入美國的行政命令。

崇高目標的學生運動

女權活動家尤沙夫賽（Malala Yousafzai）致力爭取巴基斯坦婦女教育權利，於二〇一四年時年十七歲時獲得諾貝爾和平獎。

二〇一七年時年九歲的印度女孩龐蒂（Ridhima Pandey）把印度政府告上法庭，批評當局面對氣候變遷無所作為，讓下一代付出代價。瑞典環保少女桑伯格（Greta Thunberg）為提高對全球暖化和氣候變遷問題的警覺性，在瑞典議會外進行「為氣候罷課」行動，並在二〇一八年的COP24會議上發言。二〇一九年三月十五日，全球有一百四十萬學生響應由她發起的抗議活動。二〇二一年十一月四日蘇格蘭格拉斯哥聯合國氣候峰會（COP26）的會場外，她再次疾言厲色，表示這不再是一場氣候會議，而已成為全球漂綠（Greenwashing）的公關表演。

另外一個值得注意的環保例子，則是二十一名九至二十歲的美國年輕人在二〇一七年三月控告美國政府和能源公司沒有妥善處理全球暖化問題，侵犯了孩童在憲法上的生命、自由和財產權。

桑伯格來自富裕的國家，龐蒂來自低度開發的國家。也許她們反對現狀所持有的數據或理據未必全然正確，但是兩人帶有純潔的正義之氣，令人肅然起敬。當兩岸三地空氣汙染嚴重，COP26舉行的當頭，成千上萬人在全球各地舉行示威，要求採取快速行動，削減化石燃料使用，抑制空汙；大陸不允許遊行，台、港平常手舞足蹈的民粹分子又到哪了？怎麼就沒有人像瑞典的桑伯格、印度的加姆（Licypriya Kangujam）、美國的年輕人、或者印度女孩龐蒂那個樣發出抗議破壞環境、造成氣候變遷的世紀正義之聲？

再回顧韓國那些年的學生運動，他們曾在重大政治變改中發揮舉足輕重的作用。日據時代，學生運動的核心是獨立反日，其中包括一九一九年的「三一運動」和一九二九年的「光州學生運動」。二戰結束後，主要訴求是反獨裁威權、反貪腐、爭取民主及南北韓統一，尤其是一九六〇年的「四一九運動」及一九八〇年的「五一八光州民主化運動」等。韓國的學生運動義無反顧、勇往直前，可歌可泣。

法國以反抗、起義、革命出名，法國學生也有「革命青年」的稱號；法國的學生運動雖不普遍，卻往往與民生有關。一九六八年發生的「五月風暴」是一場大規模的反制度、反資本主義和反戰爭的學生運動和意識形態的抗爭，並吸引不少外國學生到法國聲援。學生運動促使工會動員超過九百萬工人，引發歐洲二戰後最長的工潮，最終導致一九六九年戴高樂（Charles de Gaulle）因公投失利下台。自那以後，值得一述的學生運動包括法國並未參戰的二〇〇三年反伊拉克戰爭示威、二〇〇六年的反勞工改革抗議（CPE–First Employment Contract）。

以上這些示威者並不出自個人私利，也不曾聽說其中哪個人因此升官發財，更不曾見過哪個政黨涉足其中。

說到這裡，應該可以了解為什麼回到東方，從事兩岸三地的第一份正式工作後，不習慣政教糾纏不清的社會現象。最不適應的就是有人把大學當作政治導向、社運動亂的出氣筒。冤有頭、債有主，如果有道理的話，為什麼不直接找當事者評理申冤？

南非的種族隔離始於荷蘭統治時期。十九世紀英國政客、商人及羅茲獎學金（Rhodes Scholarship）創立人羅茲（Cecil Rhodes）促成南非惡名昭彰的種族隔離法案。自一九五〇年代起，南非不斷引發包括大學生在內的一系列起義及抗議事件，直到一九九四年完成全民選舉，才算從法制上終結了種族隔離。但惡夢難拋，春雷破夢，二〇一五年三月九日，開普敦大學爆發學生運動——「羅茲必須倒下」(Rhodes Must Fall)，動亂很快響徹到二〇一六年元月的牛津大學奧里爾學院（Oriel College）。

二十世紀殖民宗主國退場後，拆除神壇雕像的行動橫掃全球。此一學生運動乃是另一個全球反殖民主義的濫觴，唯有台、港的年輕人無動於衷。

五四運動

台、港的Y世代和Z世代學運分子喜歡美化自己的行動以與「五四運動」相提並論。這是什麼跟什麼啊！

從狹義上講，五四運動指的是中國近代史上一場青年學生推動的愛國運動。一九一九年五月四日，北京十三家大學逾三千名學生聚集天安門廣場，昂首闊步，義憤填膺，抗議巴黎和會將戰敗國德國在山東占有的權益轉讓日本，隨後引發一系列全國性的示威遊行、請願、罷工、暴力等對抗政府的運動。運動達成既定目標，中國代表團最終拒絕在凡爾賽條約（Treaty of Versailles）上簽字。

從廣義上講，五四運動是學生和知識分子發動的良心運動，又是一九一五至一九二六年間新文化運動的一部分，推動白話文、促進文化進步和學術昌盛。期間，知識界反思中國傳統文化，提倡德先生和賽先生，以此探索中國的強國之路。

不論按狹義解釋或以廣義而論，五四學生運動被認為是中國近代史和現代史的分水嶺。五四的啟蒙要求，包括科學與民主、人權和真理、八股或白話至今仍然具有很大的吸引力。五四運動帶頭者是大學菁英，不少人日後都成了大學問家，其代表性的參與者包括傅斯年、聞一多、瞿秋白、蔡元培、胡適、陳獨秀、梁啟超、魯迅等人，其中有些成為倡議學術自由的先行者。

時下台、港的學生運動與當年的五四運動，無論是精神、背景、目標或參加者的學識能力等，皆不可同日而語，簡直差遠了。

從政教分離的角度分析，中國某些落伍的習性沉痾已久，五四運動終究有其局限性，文人帶隊，除了推動白話文有成效外，並無建樹，甚至百多年後的今天仍然積習難改。五四運動的倡議者高舉賽先生的牌子，白話文化，皮毛論教，重文輕藝，不但不能擺脫空談，也沒能在科技上有所表現。

社會運動學與仕

古人學而優則仕，讀書為了當官，朝廷為此訂下章法，往好處想是選賢與能，往壞處想就是收買讀書人為朝廷效力。朝廷和讀書人彼此依存，做好做壞、為民為己，只有憑良心辦事。古時候朝廷和讀書人的關係就這樣淵遠流長、無形引導了今天兩岸三地的政府、社會和大學。這也是中西教育和社會另一個有別的地方。

古今不同的是，今天兩岸三地更常見學不優則仕的世代。

當今的民運從大學起家，還未搞出個名堂，選議員或是三級跳當個黨官都是無本生意。吵得越大，官就當得愈大，得到的利益就愈多。選舉靠民粹製造聲勢，所以有志於此的大學生及教師，就利用大學平台從事民運，為日後為仕當官熱身。

至於讀書求學，對這些人並不重要，因為反正進了大學之後，幾乎一定可以畢業（見前言），何況許多民運學生入讀的通常是些輕鬆的學科，求個學位，天知道學了些什麼。有些教師眼見升遷無望，既然已經抓住鐵飯碗，沒人攆走，只要有政黨靠山，想幹什麼就幹什麼。選舉不治國，台式選舉文化不但搞壞人心，而且把高教搞得肝腸寸斷。

參加社會運動，應該有點理想。想想有為經濟弱勢的人發聲嗎？有膽量指責貪官汙吏、虛名為官嗎？除下切身的私利，有想要抗議為害高教的措施嗎？可以為維護大地的環保而主持正義嗎？有注意台灣超高的工安事故率嗎？有關心氣候變遷對台、港、大陸的影響，兩岸三地空汙對全球氣候變遷的關聯嗎？可以不要滿臉通紅、專注相關私利的政治議題嗎？可以少有追求動機不明、貪腐、不純正的目標嗎？可以不為求得官位而帶頭衝突嗎？

可以不怕路長，只怕志短嗎？

甚至放低點標準，可以等到成就些具體的果實之後再謀私利、求官位、爭議員席次嗎？一些台、港的投機者在社運期間就迫不急待朋比為奸，或者因其他刑案而惹上牢獄之災，看看歐、美、印度、韓國的社會運動，不感到汗顏嗎？

三國諸葛亮有說：「若志不強毅，意不慷慨，徒碌碌滯於俗，默默束於情，永竄伏於凡庸，不免於下流矣。」信乎？

打著紅旗反紅旗

民運學運是中國共產黨起家的本錢，大陸加強學生的黨性不在話下。台、港對中國共產黨有意見的那些人，怎麼東施效顰，啟用紅旗方式造反，戴上面罩，一齊舉旗反變臉前的紅旗？

民運學運應該為社會不平之事發出正義之聲。民運學運促成年輕人當官發財，就算不是台、港兩地獨有，也在台、港兩地發揚光大。有些反中國威權的人為什麼反而最中國、最威權？一旦掌權，為什麼打著民主的旗幟反民主？

討論議題時，師生務必尊重學術道德，堅守和平與理性。政治黑手不得伸入大學校園，惹事生非。年輕人的能量是推動社會進步的動力，只有共同努力、團結共生，才可能找出方案，主持社會正義。

拔刀相助的小故事

最近聽了一個震撼人心的小故事。

二〇二一年五月初的一天，美國佛羅里達州一名男子帶著年幼的拉布拉多（Labrador Retriever）遛狗，突然一隻短吻鱷（alligator）從池塘竄出，猝不及防地咬住他的愛犬，並將之拖入水中。男子見狀，二話不說衝進池塘，用大拇戳爆鱷魚眼睛，還將鱷魚從水中拉出，直到牠放開愛犬為止。

這一幕驚險過程，被路過的老師目擊。事後男子接受訪問，表示當初義無反顧，發動凌厲攻勢，終於讓短吻鱷知難而退，棄甲曳兵，人與狗則僅受輕傷。

人間有溫情，雖然類似以上真情流露的故事隨處可見，但是依我的經驗，他們發生在台、港、大陸的機會要比美國低。危急時候，兩岸三地的人未必有拔刀相助的念頭。如果有，也會再三斟酌，先想想自己；美國人熱情、天真、爛漫，想到做到，沒那麼多亂七八糟的鬼心思。

當年在台灣的陸戰隊服役，信守「我打前鋒，你支援我」的基本道理，一般人怎麼懂得？人性的差別，明確表現在教育、文化的特質上。其中可見的一點端倪，就是政府與民間喜歡把教條叫得震天價響，唬唬人，天知道什麼意思。許多人說的比唱的好聽，做起事來畏畏縮縮，老的畏縮，小的也畏縮。他們的膽子大到頂多做到「你打前鋒，我支援你」。是非？先不論曲直，有些示威分子，柿子挑軟的吃，不敢跟掌大權的對著幹，就專找弱小不相干的大學粗暴出手。

革命？妙的是，民粹運動的學生，有時候扮大人，有時候當小孩。示威暴動時，有人包裹著臉，執著尖銳武器，囂張驕恣不可一世；壓力來了轉身就跑，出事被捕後，呼天喚地，如喪考妣。這些沒出息的人反應之混和反差之大，跟西方人或者韓國人、日本人都大不相同。

眼前就有現成的例子。話說一九六〇年代，南非開普敦大學的白人學生反對種族隔離，舉行多次大型示威，真名實姓，抬頭挺胸，不惜與前來彈壓的軍警激烈對峙。他們大義凜然，不畏毆打逮捕。二〇二一年一月六日，兩千多名美國示威者暴力闖入華盛頓特區國會山莊大廈，擾亂進行中的總統選舉人計票。光天化日下，與山莊警察對決，明火執仗，行大路走大門，並不遮遮掩掩，不屑一顧那些綁個黑麻布、鬼鬼祟祟捂著臉的暮雨宵小行徑。當暴民被軍警制伏後，坦然面對，絲毫沒有摧裂哀叫。值國會山莊攻擊事件兩周年，拜登表示美國「無法容忍」政治暴力。

正義？難道只是紙上文章，聊備一格？

第十七章　民粹：學術進步的絆腳石

國際多元，今天的社會主義與二十世紀初的共產社會已不相同，資本主義社會與當年的資本主義社會也有變異。社會主義和資本主義早已你中有我、我中有你，而不再是凡事彼此互斥的兩大陣營。然而，民粹心態與奪權爭利的手段依然如故。

有人為了圖求個人私利而迎合眾人喜好，對個別事情做出無根據的解讀，再繼之以有意圖的宣揚；也有披著羊皮的媒體因勢利導，不以中立、客觀、持平、公正、公眾利益為依歸的專業精神，只為求得政治經濟上的回報。前者乃是由於統稱「民粹」的作祟，而後者則可歸於媒體與網路的庸俗化。《漢書藝文志》說「然惑者既失精微，而辟者又隨時抑揚，違離道本，苟以譁眾取寵，後進隨之。」譁眾取寵就是古人為今人民粹下的註腳，也是無良政客砍砍殺殺的刀斧利器。

台式民粹

台灣大體上把宗教與政治分離，但是民運人士把政治當做宗教信仰，在大學校園狂熱追逐。政府有時呼應民粹，爾虞我詐，有時帶頭民粹，離心離德。

傳播教授何舟認為民粹主義是一種極端強調平民價值的思潮。它把大眾化作為所有政治運動和政治制度合法性的最終來源，利用平民非理性的反應對社會進行激進改革。然而這種激進改革往往適得其反，對社會及大眾造成長遠傷害。民粹主義者反對菁英和專家權威，有極大的排他性，容不得任何反對派和旁觀者。台灣的民粹運動，表面上來自平民反權威，其實藉著民粹運動上台的執政者將計就計，以謀利掌權為目的，與民間狼狽勾結、互為表裡。

前核四廠長王伯輝於二〇二一年四月十八日在《風傳媒》發表精闢言論，可以為本章的立論註腳。他提到，一位台大社會系學生參與各種社會運動，感受民粹對台灣的影響，為民粹下了個定義：民粹是指一個政策雖然符合多數人民的期待，但卻違反客觀的公眾利益。例如，如果有候選人高喊「全民健保免費」一類口號，會讓選民感覺很爽，但顯然違反客觀的公眾利益，所以這種行為就是民粹。（註：過去三十年來，台灣廣設大學，大學網幾乎覆蓋了所有的鄉鎮，此舉有助提議及附議者參政，符合以上的民粹解釋。見第三章。）

這位同學舉例：核四發電廠關係能源發展的重大公共興建案，竟然不是用專業的角度討論或辯論，而是由林義雄一人絕食施給壓力，就由政府借力使力宣布封存。一個人綁架公共政策的討論空間。他再舉例：當年的台北市長黃大洲，力主拆中華商場、拆違建再建大安森林公園及基隆河的截彎取直，不僅解決了水患，更造就了今天內湖有秩序的規畫，當年的黃大洲卻被罵得體無完膚。目前這些建設可以說是台北市的驕傲。

凡是公共建設，會有正反兩面意見，處理這種兩難的問題，要以全民的最佳利益為依歸，尊重專業。利用民粹，造成民眾恐懼，不是正常及正確的做法，後遺症早晚浮現。

再如，一聲令下，核一廠二部機、核二廠一號機，在沒有規畫存放用過燃料的情況下，就得提早除役！廢核之後，台電北部的電廠只剩林口、大潭及高汙染的協和，這樣不會缺電嗎？二〇二一年十二月公投，政府全員出動，積極涉入。補救之道竟然是破壞千年藻礁，挖東牆補西牆，引入高汙染的天然氣管道，為建新電廠鋪路。這就是政府主導的台式民粹。

缺電、停電

二〇二一年五月十三日，高雄市路北超高壓變電所因人為失誤，造成台電興達發電廠四部燃煤機組跳脫，導致北中南供電中斷，直接受影響者達四百萬戶。時隔四日，興達發電廠一號機故障停機，造成「五一七停電事故」，影響約六十六萬戶。二〇二二年三月三日，興達電廠再次無預警大停電，至少五百萬戶受影響，連帶供水受阻。不論是人為失誤或機電故障，一座電廠發生事故，居然導致全台緊急輪流停電，數百萬人遭遇斷電，暴露了電力供應脆弱的根基。

電力供應涉及工商業發展及國家安全保障。停電引起關注，一時間，台灣是否缺電，又該採取什麼補救措施，成為熱門話題。這原本是客觀的專業問題，但牽涉到政治因素後，對於是否缺電的命題，各方議論紛紛，不免想起二〇一七年的「八一五大停電」，以及由此引起的缺電之爭。

那一年接受台灣媒體採訪，以通俗的說法，就能源環保問題做了綜合回答。與當年的停電比較，二〇二一年五月停電涉及的問題相同，因此先前的回答依然適用。安全電力供應牽涉到幾個基本問題：能源政策、能源結構、備載電力、電網可靠度、合理電價等。簡述如下：

能源是現代日常生活的必需品，可供選擇的包括水、火（煤、油、天然氣）、核、風、太陽、生質，及其他（如地熱、潮汐、沼氣、……）等「七彩能源」。這些能源在功效、安全可靠性、可持續性、環保、資源儲量、經濟承受性、經濟價值等方面各有利弊。制定能源政策時，須同時考量環保、經濟福祉、可靠度與可持續性三者的平衡。不同國家可供取用的資源不盡相同，採用七彩能源的組成方式要量力而為。

台灣缺乏自然資源，98%以上的能源依賴進口；48%消耗在電力，石油交通運輸燃料占39%，13%用於其他熱能；石油、天然氣及燃煤占85%以上的能源消耗。如此超高比率的化石消耗世上少見，以致台灣二氧化碳及二氧化硫的人均排放量均名列世界前茅，為全球平均值的二到三倍之多。核能是潔淨能源，貢獻台灣四十年，至今未造成人員直接或間接傷亡的科學報告，但在「非核家園」美麗口號的影響下，核電發展阻力重重，取而代之的卻是汙染嚴重的火力發電，遠離聯合國減排的指標。

備載電能是確保安全供電的關鍵之一，與汽車附備胎是同一個道理。電力使用量隨時變換，高備載容量下的系統，停電機會小；低備載容量的系統，停電機會大，並且以幾何級數的比例上升。由於風險存在，意外會發生，所以為了滿足使用者，世界先進國家的備載電能遠超過15%。然而，台灣的備載電能往往遠低於10%，處在6%以下的「警戒狀態」，停電機會自然較大。最差年份裡，據說一年曾出現跳電一萬六千次的紀錄。(二〇一八年六月四日《中廣新聞網》)。

造成電力系統停電因素中，人禍永遠是其中的一部分，本來就在防範考量範圍之內。二〇二一年發生的一連串斷電事故，當局表示原因不在「缺電」，而在人為失誤、電網老舊、暑天熱浪導致用電量增加、旱災水情嚴峻導致再生能源發電量低於預測值。究其根本原因，還是在於備載電能預留不足。供電之事，悠關民生、經濟，哪能以最佳預期為依據，而不預留足夠備載電力！此外，備載電力須依賴發電穩定的能源，如火力和核能，至於風能、水能、太陽能等再生能源，受天候影響，並不適宜作為備載電力的來源。

台灣四面環海，天然環境與日本相似，沒有外界提供電網支援，電力供應自然須承受更大的風險。此所以日本在福島事故後，劍及履及恢復核電。為了二〇五〇年穩定供電與解決減碳進度落後，二〇二二年八月，首相表示將於二〇二三年夏天再啟動七座核反應爐，研議增設新核電廠，並同時考慮延長核電廠的運轉期限。

此外，維持電網的可靠度非常重要。二〇一七年及二〇二一年的停電，就因為台灣電網脆弱，基載不可靠，備轉容量又低，任何失誤必然引發停電斷電。

天下沒有免費的能源，電價應反映發電成本。制定電價時，除了計入發、輸、變電成本之外，尚須考慮安全、可靠、永續環境的福祉代價，以及社會、心理、國家安全。不同能源涉及不同程度的風險和環境汙染，電價的理想計算公式是：消費者選擇其樂於接受的電力來源，再依其申報的能源分配、用電量、生產成本、生命周期內的風險及汙染成本收費。另外，台灣電價超低，政府應考慮設定電價政策，鼓勵省電、合理用電。

作為清潔能源的核電，有助替代煤及天然氣等高汙染的化石燃料，至少可以加快過渡到未來清潔再生能源的速度，公認是當今解決全球暖化的理想方案。為何不能或不敢為能源環境做出如第四章介紹的全方位模擬？很多事情包括能源政策、環保維護、高等教育等，且戰且走，再加上專業的聲音不能講，也不敢講，所以只剩下奉承、迎合政府意識形態掛帥的聲音。

十幾年前，我說過能源不但有關社會安全，還是國安問題，必須獨立於政治激情與民粹考量。當初，沒有人了解。如今看看二〇二二年的烏克蘭戰爭，及其對歐洲能源的影響，一切大白，不必多言。台式民主，政治太多，民生太少，教育供裝飾點綴。

有人把民粹當催化劑，治國當選戰打，長於處理新聞，拙於解決問題。當此二十一世紀，全球以核電作為減碳的能源主軸時，台灣執政者應該全盤考慮能源選項。二〇二一年五月，台灣缺水、缺電、缺疫苗。二〇二二年晚春，疫情再度升溫，確診屢創新高，快篩試劑不足。空汙、缺電與處理新冠肺炎失態，正是無心政府利用民粹造成的後果。

香港兩三事

台灣是我出生、成長、服國民兵役的故鄉，長存原生感情。香港雖然在我抵港工作前是個陌生的異地，卻與我有著相同的中華文化與寫作語文。在台、港兩地學習、成長、工作、生活，我見我思，渴望暢所欲言。

東西薈萃的香港，新舊文化融合，港人引以為傲。但是卻罕有人注意到，精華之外，香港同時沾染了東西文化的糟粕。舉例來說，大學重視成效，應該以從事學術科研，增進民生福祉為宗旨。許多人既不懂歷史，也不學歷史。精華不得，傳統中國人崇尚空談、浮誇虛無的陋習，卻殘留在大學校園、凡夫俗子及官僚口中。他們頂多偶引幾句過時的教條，居然振振有詞，樂此不疲。柏楊「醜陋的中國人」泛指二十世紀迷失在醬缸裡的中國族群，這樣的醬缸文化在二十一世紀的台、港並不少見。

再說，傲上矜下的港人不時表現出焦慮惶恐的一面。新冠病毒橫行三年，香港東邊日出西邊雨，道是無晴卻有晴：東邊的心，要求清零封城，全民檢疫，與病毒誓不兩立；西邊的心，迴避全民檢疫，或想清零但不封城，寧與病毒共存，間有反對疫苗接種。結果該做的，望眼欲穿；不該做的，心神靡寧，老是橫當其埂，手足失措。舉止尷尬，行路難，行路難！多歧路，今安在？東邊的心，西邊的心，道雖有異，殊途同歸，先後存疑。不是情話，只因為東西滙集，朝令夕改，或見其弊，未必蒙利！

多言背道，多欲傷生。就行政而言，舊式的官僚、中式化簡為繁的典章同時並存，都與創新文化背道而馳。行政的繁雜長度，集中英兩大官僚體系之大成，有害高教的科研厚度。

香港承接英國的管治傳統，政府與民間喜歡將背景相同的大學不健康地分級、差額撥款，又想當然地把來自不同大學的學生分門別類。一些官員憑著早年亮麗的成績單，以說口牛津英語，自得其樂，飄飄然凌駕於大學之上。這些現象都為華麗的外衣，埋下社會怨懟，成就了日後動亂的伏筆。

香港社會開放，在政府行政與行事準則等方面，制度完備嚴謹、財務乾淨守成，算是優勢。章法嚴謹的香港，行政僵硬，照章辦事。校園缺少學術氣氛，少數研究與教學兩缺的教師藉著教職，治外法權似地從事本業以外的活動。教職工會曾經把政治紛爭帶進大學校園。社會人士重學位、不重學識，跨足個人領域指揮大學。香港表面強調大學自主，其實校內外明槍暗箭，防不勝防，隨處可見政爭壞教的痕跡。年輕人看在眼裡，有樣學樣，學生會人事混亂，一團爛帳，良有以也。

可是萬萬沒想到的是，許多不滿現狀的大學生心中憧憬的未來，仍然是來日當個政府官員，重複近親繁殖的足跡，這些不都是似曾相識的古老中國文化嗎？

也許過去的包袱實在沉重，曾就不同議題，以書面或口頭方式向政府部門提出建議，期望在位者拋開陳舊的思維方式，客觀地由專家領頭，專注教育、科研等高教議題，而不是訂下萬般規則，嚴管大學。舉例來說，十四年來，多人多次建議派員參訪高教體系領軍的美國，教資會好像怕毛病被揭穿似的，聽而不聞，一再往陳舊熟悉的英國、澳洲跑，繼續ＲＡＥ的英式傳統，多此一舉地為已發表的教授論文再次主觀評分，以決定撥款（見第十三章），並為閒散的官僚找事做，以刷新存在感。

林鄭前特首重視科創，大力投入資源，值得稱許，可惜政府在資源分配與管理、人員組織及反映社會不平等方面，表現得心有餘而力不足。先進的大學應該成效導向，鼓勵教授學生發揮創意做實事。港人雖然智商（ＩＱ）超高，但是很難懂得政教分離的重要性，因為香港目前沒有這種氛圍，也沒有類似的歷練，官小保身，官大學問大，何況還有想當官的，打著民主招牌，各懷鬼胎。

香港需要考慮逐步改造（re-engineering）政府架構及人事聘用。政府官員不在人民之上，更不在大學之上，領高薪的官僚不應該只顧得看法條、撥款寫報告，而不重視多元化的用人道理。更不應該逐年輪流自頒英式勳章獎狀。

大陸

幾十年來，接觸過大陸許多大學、科研單位，與老中青三代都曾共過事，天南地北無所不談。一般來說，大陸的教授出國頻繁，取經於西方的大學，對世界各地的高教相當熟識，既嚮往外面的環境，也深具自信。他們對內部管治有意見，卻未必盲從，不會像台、港那樣對某些事情抱持過時的態度。

我並沒有長時居住大陸單一定點的經歷，其一言堂的一條鞭管治模式，想必令人窒息。就為了這個緣故，雖然校園偶有紛爭，街頭政治不敢隨便進入大學，結果大學得以專注教研，避免像台、港的大學動輒受到外界的干擾。比上不足、比下有餘，如此倒也大致保持了校園寧靜，提供了百尺竿頭的進步契機，專注發展福世利民的「人本經濟學」。

數有不逮、神有不通，如果策略方向正確，專業道德上路，大陸的高教至少在工程、自然科學方面有些傲人的成績。他們企圖心強，投資教研不遺餘力：主觀上，即使招募先進國家的科研教學人員，卻不肯放手讓他們主管科研政策；客觀上，「政教合一」及執行不透明又滲入複雜的法規，為大家隔了一道牆，因此對國際專才的吸引力有限。其威權政治對大學直接干預，雖然表現出與台、港不同的另一番政教交織景象，結果殊途同惡。

另一方面，類似台、港，大陸規則太多，文件複雜，與美國重結果的精神背道而馳。大陸的會議多又持續長久，再由於單線決策的原因，主政者的權限大，往往等到最後關頭才訂出議程，甚至司空見慣地臨時更改會議時間，造成另類的後遺症。大陸地方官員則像跑馬燈似地頻繁更替，新人更換前人做出的教研設校承諾也相應頻繁，到處只見新人笑，不見舊人哭，人人都是新人笑，也當舊人哭，令人不知所從，難以信任。

有趣的是，在美國，大學的系主任、院長、校長個別裁決權力大，而在兩岸三地，更多的則是依賴委員會的決定。只不過大陸的委員會由黨決定；而台、港則凡事跟著僵硬的法規走，大家負責，也就是大家都不負責。

唯官員是從的病態

一九六八年我與馬英九總統同屆畢業於台北建國中學。二〇一三年受邀在總統府演講之前，彼此並不相識。除見諸媒體的公眾資料外，我們的專業及經歷全無交集。他關心民生，具科研實證的精神，重視能源報告，卻有少數媒體因此而別具心思給冠上「馬友友」的稱號。這是政黨巧用民粹、掌控傳媒造成的一個不健康例子。為什麼總統就一定高高在上，而不是「郭友友」，或者至少大家平起平坐、對等互友？

還有，抵港近半年後，港府任命梁振英擔任城大校董會主席，是直屬老闆。因為初抵香港，人生地不熟，剛開始並不清楚他是何許人。見面後，經說服，他了解並贊同城大擬議與康乃爾大學合作的重要性，進而積極協助成立亞洲首創的六年制動物醫學院。二〇一二年他出任香港特首，按慣例出任八間教資會資助大學的校監（Chancellor），也可以叫總校長，這是港英政府留下來的特色遺物（legacy）。但是居然有個別媒體硬把城大冠上「梁粉」的代碼。既然動物醫學院是由我及城大提出，最後經林鄭特首批准，應該把他們都叫做「城大粉」、「郭粉」才對吧！如今動物醫學院得以提升社會能量，落實「健康一體化」的願景，香港各界感謝兩位前特首支持成立動物醫學院。

由以上兩例，可見台、港社會主觀的把當官的擺在大學校長之上。古代傳下來「朝廷一讀書人的從屬關係」的習性，大陸也不遑多讓，掌權當官之後就一個個爬到大學上頭，成就了新的《官場現形記》。

受邀在世界逾百所中學、高等學府、專業團體、政府機構或國際會議上論述政教分離的重要性。演講交流，常被提問如何建成一流大學。其實，提問的人只想得到一些皮毛答案，就像饑餓難耐，渴望求碗速食麵的人，想填飽肚子，完全不講究前因後果。不過請記得，要求建立一流大學，必須配備一流的教育體系，而這個體系要立足於正確的社會心態，去掉為官員是從的病態；如此病情長存兩岸三地，始終不見好轉。

社會不安、大學遭殃

正確的心態在兩岸三地仍然欠缺，而這病態也是民粹的一大部分。

城大恪守校政自主的美式價值，政治歸政治，教育歸教育。校內外人士不得利用大學，進行街頭政治，破壞學術自由。二〇〇八年，提倡、推行「教研合一、政教分離」先進的高教論述；二〇二二年，大學教務會（the Senate）正式納入大學「學術管治的基本原則」，用以遵行（見附錄）。

「政治與教育各守其道」是一以貫之的信念，早在二〇一九年四月著作的 *Soulware: The American Way in China's Higher Education* 一書中充分闡述。或許因為踩到了大家的痛處，亦或許井蛙不可語海、夏蟲不可語冰。兩岸三地的政府及學生對「政教分離」如此基本的道理，都不置一詞，媒體也不敢轉述。牆內開花牆外香，此書反而引起日本人注意，已被翻譯發行日文版。書中警示如違背這一信念，將有害創新，必留後遺。說時遲，那時快，二〇一九年春夏間，書中預言眨眼顯現香港。

二〇一九年六月九日，反修例大示威，社會人士及大、中學生走上街頭，警民衝突。困局並非大學造成，但大學校園未能倖免，教研受創尤甚。有捐款者抗議學生動亂，紛紛要求大學退回捐贈，禮樂崩殂，風俗混亂，裡外一團爛。

二〇一九年六月始，出於對師生的安全和福祉的關心，多次致電香港政府，懇請考慮社會整體福祉，回應訴求。我也縮減或取消外出，坐鎮大學統籌應變，率先在二〇一九年八月中旬，責成學生事務及行政兩位副校長成立「緊急事故應變小組」（ERU），與學生教職員頻繁交流，提供數百件的協調與支援及回覆上千件的應對疑問，並在緊急時候清除障礙、招工組裝防護柵欄、維持秩序、安排交通住宿、疏散師生員工，並透過聲明、大學公告，表明尊重和平、理性活動，呼籲學生注意安全，不能容忍任何形式的暴力行為或霸凌言語。動盪期間，城大校園受害不小，但是不同族群個體間的衝突較少，此與大學在複雜不確定性的情況中，及時決策並妥善處置有關。

城大遭到史無前例的外力入侵，校外暴徒結合民粹學生與政客，手持石棍鼓噪要求會面校長，在校內、校外大行街頭暴動。光天化日下，3K黨般的黑衣蒙面暴徒肆意破壞校園設施，更在十一月夜襲校長及公關辦公室。一時間，喧騰鼓舞喜昏黑，昧者不分聽者惑，魑魅魍魎伺機而動。香港政府後知後覺，不察民意，導致事態惡化，民眾把對政府的怨氣發到大學校園。

二〇一九年的社會事件，城大守正不阿，勇於擔當。校董會主席黃嘉純、執行委員會一致主張校長不得面見校外示威人士。大學內閣申斥破壞勢力，呼籲維護社會安定、支持一國兩制。莫聽穿林打葉聲，何妨吟嘯且徐行。風雲變幻亂象叢生，作為學術科研的中流砥柱，秉持政治活動應遠離校園的原則，遵奉本業，專注教研。

二〇二〇年社會持續不寧，新冠疫情起步未了。五月五日，不同界別的社會人士發起成立「香港再出發大聯盟」，邀請大學校長共襄盛舉。城大以培養未來棟樑之才為己任，以卓越的研究貢獻香港，積極籌款推動學生就業輔導計畫，並於二〇二〇年四月十七日付諸行動，投入千萬港幣，專款專用。這些實踐較大聯盟的期許棋先一著。經大學內閣商議背書，城大遵行「政治與教育各守其道」的理念，並不參與，是唯一不加入大聯盟擔任共同發起人的大學校長。

上九剛毅，不事王侯，高尚其事。大學不隨街頭政治起舞，民粹政治不該凌駕大學。二〇一九年反修例，秉持政教分離，不失分寸；二〇二〇年大聯盟挺中，依舊堅守政教分離，不逾方圓。經過二〇一九至二〇年大小事件，政客乘火打劫，還有來自台灣的政客，見縫插針，謀無本之利，泛偏頗之言，政治干擾學術嚴重，無辜的學生被借用出手，硬把全球自由度第一的地方搞得不三不四。對於被捕的學生，城大出面請義務律師為學生辯護、保釋，而當初幕後鼓動的勢力，包括伺機而動以政干教、人身攻擊以求己利、撈過界的台、港政客們，花自飄零水自流，此時早已消失得無影無蹤。

斷簡殘篇，物極必反。二〇一九年，社運借題發揮，破壞大學；二〇二一年，政府反撲，國安法出鞘，政治的手進一步過問大學事務。表面安定，枱下暗潮洶湧。小嘍囉們像家禽似地，被抛入牢獄；挑起事端的老狐狸籌謀在前，早已逃的逃、跑的跑。進入二〇二一年，城大開始善後，為被捕判刑服刑後的無知學生安排回復學籍，繼續學業。

亂世中，智者隱身，既明且哲，以保其身，夙夜匪解，以事一人。政教難分，大學苦善後。呷緊弄破碗，青山對語往事如煙，社會落得顛三倒四。

二〇一九年動亂時候，信件雪片飛入，捐款人私下要求收回捐款、嚴懲示威學生。二〇二一年，塵埃落定，當初隱身保命的滑頭分子又是一波波信函電郵，公開責問大學二〇一九年軟弱、包庇學生，要大學報告解釋有哪些學生收了捐款上街示威。好一些搖擺分子！

溫馨平凡人vs官場假全人

二〇一九年香港動亂期間，城大得到成千的支持，全部來自普羅大眾。麥當勞的櫃檯服務員首先表示：「校長，有人搗亂，我們保護你！」她們是溫馨平凡人，真情流露；平生最識江湖味，聽得秋聲憶故鄉。

承平時候，政府官員延續殖民官僚的架式，趾高氣揚，囉嗦跋扈；動亂期間，他們透早露出古老的官場習氣，畏首畏尾，躲得遠、跑得快。號稱東西文化交匯的香港，不東不西，說的比唱的好聽，自己闖的禍，不但沒有擔當，清理殘局，反而一退六二五。即使正牌殖民地的英國官員想必不至於這般腳底抹油，亂七八糟。難怪百姓十分不滿，忍不住說三道四。

二〇一九年動亂時候，平常以上級指導員身分監管大學大小事務的教資會，已然杳如黃鶴，靜悄悄地遠離是非，留下悠悠白雲，陪伴各大學孑然面對肇因於政府、非於大學的不堪情境。千淘萬漉雖辛苦，吹盡狂沙始到金，城大近幾年來表現卓越、自立自強，只因為循英制陳規的港府守舊，不被認可為心中之選，所以受不到公平對待。照理說，應該對政府表達最大的不滿，卻反而把持著專業態度，以理性的方式溝通，沒有以怨報怨，因為很多社會現象並非一天一夜造成，也非少數人的一時過錯。既然求得合理的結果才是努力的重點，沒有必要高調譴責。

社會成員要把持尊重他人的態度。遺憾的是兩岸三地的政府及社會既不了解大學的多元性與開放性，又不尊重大學的獨立性與自由學風，既少團隊精神，又少自重。

民粹之偽

民粹就像是二〇二二年首爾梨泰院萬聖節、二〇一五年麥加朝聖、二〇一四年上海外灘跨年夜、二〇一〇年德國杜伊斯堡音樂節、二〇〇一年日本明石天橋、一九九五年台中衛爾康餐廳大火、一九九三年香港蘭桂坊慶新年、一九八九年英國希爾斯堡足球賽……等一波接一波的踩踏事故；後面人群推倒前面人群，遠方的人群經踩踏失去意識，後方的人潮繼續推進，前方的人潮不停倒下……逝者如斯，不知死之將至。

進入二〇二二年，新冠疫情屢觸高峰，當眾人為論文門、數位中介法、台海局勢緊繃、地方選舉熾熱等議題恍恍惚惚、紛紛擾擾的時候，氣候變遷正橫掃全球，寶島滄桑，未能倖免於難。作為全球生命共同體的一員，台灣能源環保步伐錯亂，減碳失策。前災未了，後禍難擋，空汙為害如故，再添海平面上升之難：台東海岸遭侵蝕，公路被掏空；台南運河水溢路面，數周不退；雲林台西海埔新生地養殖區潰決，海水倒灌……。舊憾新愁，政府不甩他議，民粹置若罔聞，彷彿事不關己。生態破壞，明看似天災，其實全是人禍。

就個人生命而言，茲以表17.1摘要比較台、港、大陸及美國以下各類事故年均死亡人數：過去四十年的核電，過去十年的地震，過去十年的車禍，過去三年的新冠肺炎及過去十年的肺癌。表17.1指出傷害百姓生命最嚴重的是無良政客逃避、民粹激情，近年躍居台灣癌症致死之首、大部分肇因於空汙的肺癌。相對而言，地震偏天災，空汙全歸人禍；天災不敵人禍，此表一目了然！

表 17.1：台、港、大陸及美國各類事故死亡人數比較[a]

事故原因	年均死亡人數[b]			
	台灣	香港	大陸	美國
1983-2022 核電	0 (0)	0 (0)	0 (0)	2 (～ 0)
2013-2022 地震	14.7 (0.62)	0 (0)	376[d](0.26)	1 (0)
2011-2020 車禍	2,943 (125)	115 (15)	61,177 (43)	35,433 (110)
2020-2022 新冠肺炎[f]	15,120 (633)	11,562 (1,520)	31,585 (24)	1,116,365 (3,334)
2011-2020 肺癌[c]	9,239 (392)	3,891 (524)	667,566[e] (473)	149,228 (450)

a 表列數字可能因報告失準，或存在少許誤差，無損比較分析
b 括弧內的數字代表每百萬人口死亡數
c 粗死亡數（crude mortality）；台灣及美國包括氣管、支氣管及肺癌死亡人數
d 2009-2018 大陸數據及全球估算數據
e 2015、2016 及 2020 數據
f 以 2022 年 12 月 26 日為準；大陸疫情呈報不透明

根據淨空的說法：「一切環保工作都是治標不治本，『本』是人性的汙染。」環境破壞是果，化石汙染不過是表象，本因其實來自人性汙染、精神汙染、政治汙染及道德汙染。

我畏因，眾生怕果。生態環境遭殃，心靈環境堪慮。社會吹捧口舌之勞，輕施好奪，政府不思治國常富，不怕亂國常貧。染絲之變，貪婪、混淆，無非出自心盲。斯人而有斯疾，心盲造就民粹，民粹汙染大地、塗炭生靈。

世界動盪不安，兩岸三地各有罩門，環境汙染，木匠帶枷，全民受害，怨不得天，尤不得人。大學不是政爭的廣場，沒出息的憤青們遊手好閒，既缺教養、乏能力，又貪近利、圖方便；拔出破劍，蒙首捂鼻，倒握劍身，四顧茫然。他們的毛病，到底成了誰的麻煩，又成就了誰的利益？

今天台、港的高教界，正處在這個不自知的醬缸裡頭，既不重視倫理教育，又免掉了社會公

民課程，大學不走自清大道，樂得之乎者也，空談自己都不懂的全人（見第九章）、通識（見第十章）。

這些心垢之病，究竟來自何方？

言必英文心盲盲，教研分道空晃蕩。

政教糾纏亂糟糟，全人通識民粹妄。

陳培哲與福奇

針對蔡英文總統強調二〇二一年「七月底要打國產疫苗」，中研院院士陳培哲提問「食藥署擋得住總統府的壓力？」並請辭疫苗審查委員。二〇二一年六月初，他以專業身分質疑國產新冠疫苗的製造與效力，具體指出「以國際標準七月絕不會通過」。對於他的請辭及陳述，總統府發言人表示「令人感到不解與遺憾」。繼之，網軍、政治力側翼發動撲天蓋地的攻擊，甚至運用民粹力量，影射陳培哲為中共同路人。

回頭看看二〇二〇年疫情初期時的美國，總統首席醫療顧問福奇（Anthony Fauci）「根據科學信息提供建議和觀點」，在多個場合與總統唱反調。例如，當川普聲稱治療瘧疾的藥物羥氯喹（hydroxychloroquine）對治療新冠肺炎有功效時，福奇當面予以否定；當川普表示新冠疫苗「很快」

面世時，福奇則說可能要花「一年至一年半時間」；當白宮聲稱檢測試劑充足時，福奇坦言「美國目前的檢測能力尚不能滿足需求」。凡此種種，無論是否認可他的表現、贊同他的看法，絕對不會死纏爛打抹黑他。

個性耿直與專業背景相同的陳培哲與福奇，都不曾為了政治原因而曲意逢迎、悖離科學。照常理，不帶官職的醫學教授與名重士林的陳培哲，本來就有不受約束的言論自由，就算不同意他的看法，也不應該有問題；而身居白宮官職的醫療顧問福奇，反而有必要謹言慎行、顧忌口舌之便。他們秉持醫學良知，在類似的場景下，先後就新冠疫情槓上各自的總統，甚至福奇的反應更為直白頂撞，兩人居然受到截然不同的對待。福奇被視為英雄，過了太平洋的陳培哲，反而像狗熊般被追殺。成熟的美國民主尊重專業，民粹的台式民主踐踏學人。

最近聽到一則故事，相當傳神。紀曉嵐憒罵和坤：你口口聲聲說愛大清，居然還貪那麼多銀子。和坤反駁：能讓人貪汙銀子的大清，有什麼理由不愛。愛不是用說的，愛更不歸政客所有。現今政壇，言不由衷把愛當做免疫金牌掛在嘴上，他們愛台灣的理由，為何跟和坤愛大清同一個調調？

台灣擁有學位文憑的人口比率比美國多得多，而文憑的社會價值可比美國差得遠。空有千株半未花，欲剪一枝無可棟，虛有其表。以小見大，曾經最先採用美制高教的台灣，如今不但大幅落在四小龍的底部，甚至還被大陸遠遠拋開。台灣人崇日，要是有種學日本人，早就自我了斷、下台鞠躬。

民粹輕忽人品，結果壞事。民粹當道，利用學術自由，阻擋學術進步。

第四部

品質與評鑑

格陵兰岛
Greenland
(Denmark)
俄罗斯
RUSSIA
加拿大
Canada
美国
the United States of America
蒙古
Mongolia
中华人民共和国
China
澳大利亚
Australia
印度尼西亚
Indonesia
1
2
3
4
5
6
7
8
9
10
11
12
13
14
15
16
17
18
19
20
21
22
23
24
25
26
27
28
29
30
31
32
33
34
35
36
37

悅目看佳人
品味各不同
評鑑較高下
難掩真瑕瑜

作為正規教育的一個環節，大學肩負培育年輕人進入社會品質保證的最後責任，是提升社會福祉和經濟生產力的重要著力點。因此，社會各界用放大鏡檢視大學，冀望把人文關懷、前沿科技融入高等教育。

一般來說，兩岸三地的政府、社會及媒體喜用微管（micro management）或奈管（nano management）檢視大學，甚至以毫不相關的主觀意識，越俎代庖。美國則以成效檢驗大學的表現，並不看重細節。

考試不好嗎？

談考試，一定想到考學生。其實該接受考試的還多著呢！求知以事實為根據，其應用範疇不限於科技。研究不只落實教育以充實教學內涵，也要落實企業經營和政府運作，以提高效率、改進效能。

考試等同評鑑。所以，請不要鼓吹考試不重要。就好比說，不能因為吃得不健康，就不准吃飯。考試作為考驗，未必不好，因為人的一生必須經歷無數考驗，有 closed book，有 open book，有 take home，還有更多發自不可預知的形式、地點，或時機。

除了個人，高教的成效必須通過考試檢視。因此，不只大學，政府和社會等舉凡與高教密切關聯的有機個體都應該接受考試，或者接受評鑑。政治與教育是否分割或分割的程度正是評鑑高教的重要部分；就此而言，大學、政府、社會、傳統文化要為確保政教分離擔負責任，其中政府負的責任最大，因為政府掌握的權限最廣、權力最大。本書第三部已經詳述政教分離的必要性、原則與實踐，但是目前並無評鑑單位為政教分離做檢視，否則兩岸三地必然得分不高。

本部以下章節將專注於檢視大學的品質與運行成效。

三百六十度全方位的評鑑

兩岸三地的學制是否出錯了題、考錯了方向，只顧在傳道、授業、解惑、提供知識的枝節小事上打轉，而不曾評定格物、致知的成效？特別是，盡力考學生，更多的只是做些皮毛改善，並未自我檢討教研合一的有效性，讓研究成為當代教育的主要元素。

大學必須審時度勢、明察秋毫，隨時調整教研的內容和方法，培養適用的生力軍，配合與支持社會整體發展的宏圖。教學曾經是二十世紀中葉大學教育的重心，如今除教學外，要把研究的因子與學習結合，帶領學生與世界接軌，並引導創意創業等具實質意義的規畫。

問責乃是三百六十度度全方位的評鑑，包括師資、學生、就業、教學、研究、資源、學費、環境、設備、管理，有形的硬、軟體與無形的心件，促使高等學府決策確實、方向明確，有助加強學校與社會和業界的聯繫。國有國法、行有行規，問責不可越界干擾大學運行，不得干預學術活動、打擾校園秩序。

評鑑下，各類機構定期發表大學與學科領域的排行榜。評鑑與排名廣受認可，目的在於責成檢討改進，回應學生、家長、校友、業界和廣大社會等的期盼。大學評鑑與排名是問責的具體檢驗。大學排名的序列，未必理想；可是如果漠視不理，則一定有問題。

雖然兩岸三地有許多人關心高教品質，卻罕有聚焦探討心件文化。很多人對此置若罔聞，卻又喜以政干教、民粹治校。很多人對此不聞不問，卻又捨近求遠，鼓吹科技創新、社會改革。到底是怎麼一回事？

公眾觀點

除了有形的排名，還有其他與大學及學位有關的心理與社會觀點值得關注。

在擁有先進高教體系的美國，優秀的州立大學體系經常受到公眾與立法者的質疑。根據皮尤研究中心（Pew Research Center）二〇一七年七月公布的美國民意調查，58%的共和黨人和傾向於共和黨的獨立人士認為，大學對國家有負面影響。多年來，美國的大學終身職位制度飽受抨擊，而且大家懷疑學位的「投資回報率」。

特定群體所持的這些觀點，顯然與兩岸三地的傳統看法不同。兩岸三地的老牌大學都是公立的，他們一言九鼎，頂多在雞毛蒜皮的小事上被批評；柿子挑軟的吃，很少在犖犖大端的主題上接受外界質疑。大學被視為公眾對高教質量評估的一部分，需要教育界人士不斷反思，否則教育將永遠陳舊落伍。

二〇〇八年金融危機，許多美國的大學試圖發掘替代收入來源，採取積極的經濟發展戰略。舉其犖犖大端者，在公眾壓力下，一些大學甚至在城市核心區的重生上積極投入資源，鼓勵創業型、科技型創新區的發展。以高教為支柱的創新區可以為經濟擴張、就業增長做出重大貢獻，克服公眾對大學「象牙塔」般的刻板印象。

然而，兩岸三地的老牌大學曾經做過什麼自省的工夫嗎？或者，只不過倚老賣老，享受政府大量資源，始終跟著人家的後塵走？

第十八章　檢討為成功之父

教育在兩岸被認為是個崇高又神祕的行業，甚至有「文人不愛錢」這麼一說，你相信嗎？有說教育是太陽底下崇高的事業。崇高不崇高，暫且不論。既然是事業，是否該有個目的，有點步驟，有些回饋？

教育，特別是高等教育，一定要有些成效，而不只是為了滿足個人精神層面的抽象概念。失敗為成功之母，檢討為成功之父。為了收到最佳效果，教育政策必須禁得起分析與比較，最終還要經世濟民。這就是重視評鑑的道理，教學要評鑑，研究要評鑑，學生的表現要評鑑，大學帶給社會的價值要評鑑，執政者的政策要評鑑，立法單位的成效要評鑑，媒體的報導也要評鑑。

兩岸的大學曾經像治外法權的地盤，有些人希望最好讓大學繼續蒙著神祕的面紗，我行我素，誰都不准碰！神祕面紗的外面，有社會人士像計程車司機一樣對著高教頤指氣使、品頭論足，甚至把大學與政界牽扯混淆一起。經常聽聞台、港、大陸人士感嘆，為什麼今天見不著民初北大的自由氣氛，看不到蔡元培、傅斯年那樣清高、開放的校長？他們的心中，似乎認為人心不古、大學風華不再。

以上這些不著邊際的講法，就是由於沒有經過專業系統評鑑而產生的假象，經不起考驗。難道大家真想知道蔡元培、傅斯年當年怎麼帶領北大、台大的嗎？以七十年前甚至百年前治校的方法，面對今天的環境，有可能立足嗎？自由為了成長，只有自由，沒有表現，算是大學嗎？可以空講教條，而不理會世界的脈動嗎？

今非昔比，昔非今比

今天的大學需要募款以補經費之不足，重教研、保質量，更新學程、促進交流，面對溝通、爭取獎助學金的訴求，幫助學生畢業後就業、創業，甚至還要面對民粹、濫情、政客、示威等，這些都超出民初大學的想像。當然，也很難想像民初的校長如果採用今天的治校態度，處理當年北大、清華的問題會是個什麼模樣。

民初的大學，抽象、孤芳自賞、自說自話的時候多，不知民間疾苦，做實事的時候少。今天的大學，具體、透明度高、專業性強、檢驗度重。中國之所以多年積弱不振，民初的大學校長把中國人的智慧擺放在象牙塔裡，尚空談、遠務實，要負些責任。當居禮夫人（Madame Curie）於一九〇三年第一次獲頒諾貝爾物理獎時，北大已經成立五年；一九一一年第二次獲得諾貝爾化學獎時，中國的大學仍然無感。

再把民初的大學與明治維新後日本成立的大學比較，就可以了解以上觀察。張之洞把日本苦幹實幹、振興工業的方案引進中國，卻絲毫引不起民初大學辦實務的興趣。魯迅留學日本的東北大學較北大、清華年輕，但教研更早卓越，如今已有幾位自產的諾貝爾獎得主。

據中國科學院二〇一五年六月六日發表的「中國現代化報告二〇一五」，按照工業勞動生產率、工業增加值比率、工業勞動力比率三項指標計算，二〇一〇年大陸工業經濟水平，比德國落後一百年，比美國落後八十年，比日本落後六十年。如此成績，難道民初那些大學和大學校長不該負些責任？再問問，台灣為什麼以代工自滿？香港為什麼沒有科研工業？大陸又為什麼製造不出高端的鋼、先進的半導體？

質量、品管

品質的概念起源於上世紀四〇年代的AT&T，AT&T應用統計控制技術取得成效，發展成今天通用的品管標準。香港把品質叫做質素，大陸則把品質通稱為質量。質量是個不錯的概念，因為質量包含具有可量化的量與可定性的質。

美國軍方在二戰後，將品管發揚光大，制定了質量管理的程序。上世紀五〇年代，物理學家戴明（Edwards Deming）提出戴明十四法，最終成為質量管理Plan-Do-Check-Act步驟的基本準則。在美國軍方設定「質量保證」（Quality Assurance）的基礎上，朱蘭（Joseph Juran）和費根堡（Armand Feigenbaum）引入全面質量管理（Total Quality Management）的概念，主張質量活動必須覆蓋所有的職能部門。

日本企業普遍接受戴明、朱蘭和費根堡的質量管理理論，汽車、電子、食品等行業的產品質量因而提高，產品行銷全球，歷時不衰。之後，質量的含義日漸豐富，不斷擴展，從產品質量延伸到程序質量，從製造業推廣到服務、醫療護理、資訊、政府、司法及高教。產品質量及服務品質不僅顯示企業的專業水平和信譽，還凸顯了創新科技，甚至國家管理機制以及社會現代化的程度。美國國家研究會（National Research Council）曾經每十年為美國大學學科的研究成果做出評鑑，被視為權威性的指標。英國與香港也時常進行類似的審核。

通稱的問責，延伸自「品管圈（Quality Circle）」的實現，是品管實踐的濫觴，強調行事負責，無論垂直或者平行單位或個體，人人有責。

學科認證

上世紀六〇年代之前，少有人注意品管，亦少有人把品質驗證當做事業或產品成敗優劣的基石。對於自家的產品，多淪為自吹自擂。例如，早期汽車製造業並未為車主提供保固，直到質量受到重視，保固才為現代品質的實踐開創先例。保固期從最初的一年，延長至三、五、七年，有些製造商甚至為主要零件提供終身保固。

隨著電動汽車問世，藉由傳感器（sensors）的助力，汽車製造業朝著與客戶聯繫更緊密的互聯網發展，製造零件由供應商提供，汽車則由第三方代工組裝。

品管最終成為全球性的論題，高教機構也不例外。大學不是商家，卻是社會的一員，而且兼具兩種身分：一、大學為社會培育有用之材，其品質之優劣，可以接受專業品評；二、大學又是社會的一員，拿了社會提供的經費，即負有開拓知識、研發科技的職責。其工作的績效、學生日後的表現，自然也須接受定期考核。

大學教育有品質保證嗎？大學畢業生也是一種產品，有保固期嗎？

為了保證學科品質，許多學會為相關學科設定嚴格的認證標準，其著名的有工程、商學、醫學、獸醫等專業認證，以確保品質劃一。這些認證為個別學科訂下最起碼的標準，因此當病人、建築使用者等客戶接受相對應學科的畢業生服務時，得到保障。追求專業認證是學科接受評鑑的必經步驟，世界各地的專業學會訂立認證標準，確定質量，大學據此執行教研，以昭眾信。

教研評鑑

大學教師教學評鑑，始於一九六〇年代末的美國。教學與研究是大學的首要使命，六十多年來，評鑑教師的教學與依據發表論文的質量而評定研究成果的做法，為教研評鑑指標的重點，在美國早成慣例，如今世界為各大學普遍採用。

根據《教研相長：解開大學教學與研究之謎》書中大數據的分析，學生教學評分總是低的教授，必然有些理由，有待改進。而學生評價總是高的教授，也必然有些道理，值得嘉許。

當年，有位西裔教授教學評鑑很差，因此反對學生對教授評分。我指出，就一位非美國主流社會的少數族裔教授而言，學生的評鑑乃是最客觀、最容易說服個人教學表現的方式。在各種指標裡，教學評鑑的確比較困難。就因為如此，設想若無評鑑，則系主任只能主觀評定你的教學表現，愛之欲其生、恨之欲其死，你願意嗎？學生的評鑑，可以作為改進的參考。與其讓系主任坐在辦公桌前，想像個別教授的教學表現，還不如冷靜了解他人的意見，求取改進。只要有改進，就有希望；沒有評鑑，就沒有希望翻身。

對於教學評分差的教授，給他們機會做出解釋。除了學生的評分，還有許多具體表現值得認可，譬如，編寫教學軟體或教科書籍供他校教授使用，指導大學生，在課堂外為學生介紹兼職、訪問公司，為學生找獎助學金，發表教學研究的文章或報告，爭取教學研究資助等都值得努力。其實，這些標準才應該是評定優良教學表現的重要指標。

評鑑研究的一項指標是論文發表。論文發表是研究的自然結果，發表數量的多少尚可計算，品質的高低該由專家評估，不便自說自話。然而，有人誇言論文發表的數量不是他們努力的目標，發表高品質的文章才是重點。如果曾經發表過高品質的論文，說這種話也許有些道理；若是從來沒發表過什麼文章，或者根本沒有能力發表論文，說這種話就有點吃不到葡萄，嫌葡萄酸的味道。

評鑑研究的另一項重要指標則是研究資助的取得。爭取資助必須經過多重審核，有的是同儕審核，有的則是業界審核。無論哪一種，提審者必須提供計畫的實用性與關聯性。這些審核，也是通過研究評鑑的一道關卡，許多時候獲得研究資助較發表論文困難許多。

排名評比

面對風雲萬變的世界，教育從業者必須保持機警、進取。高教就像高度競爭性的公司行號或製造產品一樣，有必要設定基準指標，測量、評鑑和修正教研方向和內容，跟上快速變遷的社會步伐。近年來，評鑑的潮流已經對提高大學教研品質發揮積極效用。要繼續從有用和適用這兩個著眼點，檢視高教對業界和社會的貢獻；同時以造福社群為目標，探討理論性和試驗性研究項目的價值，經由研究項目與結果提升教學品質，並經由教學回饋，以改善研究。

近三十年來，兩岸三地的新舊大學快速膨脹，新的大學相繼籌建成立，許多醫學、財經、技術學院一夜之間改制、擴充或整併為綜合性大學。在不少人眼中，規模和名稱成了衡量大學的標準。第十一章提到，學位少有用，指的是學識重於學位。無論有無學位，成功永遠靠著持續努力。如果大學夠成功，則理論上大學頒發的學位應該可以為學生帶來必要的學識。新舊大學成功與否，則可望由適當的評鑑決定。

認證、評鑑提示學科最低標準的門檻，其運作與內容經常被審核與更新，以反應適當的品質要求。認證、評鑑之外還有依據評鑑標準所訂定的排名評比。要言之，認證、評鑑大學的教研素質，其標準、細則並非十全十美，但評鑑的理念不錯，其結論，也即依據國際標準訂出的排行榜，具有參考價值。即使如此，認證、評鑑並無法保證卓越。

大學排名是評鑑機構對各大學教研質量的一種衡量結果。雖然未必人人贊同排名評比各學科或各大學的相對表現。但是不可否認，這些指標在主觀性之外，具有客觀性、可比性，並納入經普遍認可的同儕評鑑。若無評比，而任由大學自說自話，將會出現什麼情況？好比眾人皆謂學習成績不重要，而成績也的確不是成功的完全指標，可要是學習不打成績，何知所學有所進退？有哪些人認為成績不重要，考試故意得低分而引以自豪？

當老師的應該經歷過在發還考卷或者公布考試成績後，學生回頭要求額外加分的經驗。但是，有多少老師碰過在發還考卷或者公布考試成績後，學生上前要求還給老師已給的分數？或者可有人因考得高分，因此懼怕未能學得知識而聚眾遊行抗議？倒是聽說大陸文革期間，試行過不考試、不打分數，但文革結束後，還是恢復了原先的作法。

不論台、港、大陸或海外，公司錄用員工都會參考應聘者畢業於哪一家學校，以及該校的學術聲譽、評鑑或排名如何。參考應聘者畢業學校的品質作為應否聘用的參考，可以激勵大學提高教研品質，教育出高品質的學生。

排名評比是必要的現實。

大學排名代表什麼？

認證以外，評鑑之下產生了排名評比。《今日美國》（*USA Today*）在一九八〇年代提出大學評鑑，而《美國新聞與世界報導》（*US News & World Report*）最早就美國大學的表現做排名評比。四十多年前，大學排名評比——作為質量認可的一個標準——促進了全球高教的現代化。

排名是項指標，沒有什麼是無法評比的。當今國際上三種獲廣泛認可的ＱＳ（Quacquarelli Symonds）、ＴＨＥ（Times Higher Education）和ＡＲＷＵ（Academic Ranking of World Universities）大學排名，每一種評比涵蓋了多種教研綜合指標。不同排名序列容有差距，常見某些大學正飄飄然誇耀於最新排名，卻不料另一類排名的結果不甚理想。除非十分優秀，少有大學在以上三種排名中均穩定不變、同列前位。

ＱＳ、ＴＨＥ和ＡＲＷＵ三種排名榜上入列世界前百的大學，理當被視為優秀的大學。這些大學都坐落在哪些國家或地區？表18.1列出前百的美國、英國及亞洲重要國家或地區的大學在二〇二二／二〇二三年與二〇一二／二〇一三年三種別排名榜中與同列三種排名榜上的成績；以及同時在以上三種排名榜前百大的個別大學數之外，加入ＱＳ世界大學畢業生就業能力排名前百所大學的數目。從表18.1的標準衡量以上三種排名榜前百大的個別大學數作指標，及考慮畢業生就業能力排名榜前百的大學數，可以明顯看出大陸、日本和新加坡是亞洲國家高教評比的前三甲。

由表18.1摘要的世界前百大學的國家或地區數，可以看出十年前，亞洲僅有兩家日本大學同時進入三種排名榜世界前百大。到二〇二二／二〇二三年，亞洲則有以下十二所大學同時入列三種排名榜的世界百大。

表18.1有助深入洞察全球各國或地區大學的表現。請注意，亞洲十二所排名最傑出的大學中，九所都不以英文授課，再次說明英文並不是高教取得卓越認可的重點，也不能當作學術不被認可的託詞。

表 18.1：位列世界前百位的美國、英國及亞洲重要國家或地區的大學數

國家 / 地區	前百大學數				
	QS 2023	THE 2023	ARWU 2022	同列 THE, QS, ARWU	同列 QS, THE, ARWU, 2022 QS 畢業生就業力
美國	27 (30) *	34 (47)	39 (53)	23 (29)	21
英國	17 (18)	10 (10)	8 (9)	8 (8)	8
大陸	6 (3)	7 (2)	8 (0)	6 (0)	5
日本	5 (6)	2 (2)	2 (4)	2 (2)	2
新加坡	2 (2)	2 (2)	2 (0)	2 (0)	1
韓國	6 (2)	3 (3)	1 (0)	1 (0)	1
香港	5 (3)	5 (2)	1 (0)	1 (0)	1
台灣	1 (1)	0 (0)	0 (0)	0 (0)	0
以色列	0 (0)	0 (0)	3 (3)	0 (0)	0
其他國家地區	31 (35)	37 (32)	36 (31)	18 (14)	9
總計	100(100)	100 (100)	100 (100)	61 (53)	48

註：* 括弧內數字為 10 年前的排名

此與一般的認知大不同。

此外，十年前，大陸沒有一所大學在以上三種排名中同時列入世界前百，今天則有六所在以上三種排名榜中同列世界前百。如果引入第四個標準，即二〇二二年QS世界大學畢業生就業能力排名，今天大陸則有五所大學同時在四種排名榜上名列前百，日本有二所，而新加坡、韓國及香港各有一所。可以說大陸是近十年來，世界上進步最多的國家。香港與韓國的高教取得了一些進步，正走向卓越。若放寬標準，不局限於前百大，也可得到與以上相同的結論。

數字會說話，評鑑辨強弱。十年前，全球有五十三所大學在以上三種排名中皆列入前百，美國占二十九家。如今，有六十一所大學在三種排名中名列前百名，美國占二十三家。如果引入第四個標準，即二〇二二年QS世界大學畢業生就業能力排名，那麼今天共有四十八所大學同時在四種排名榜上名列前百，美國占了二十一所。上述結果表明，美國的高教成就卓越並非巧合。此外，在近期的QS、THE與ARWU三種排名中，美國甚至有九所、十二所及十五所大學分別列入世界前二十名。

認可QS、THE和ARWU三種排名結果的獨立性很重要。這三種排名標準都非美國設計，但是美國獨領風騷，吸引世界各地的傑出學者，在人員配置與學術計畫上得到聯邦政府及業界的充分資助，其大學以深厚的學術專長與卓越創新而揚名。許多美國大學的逾半博士生是外國留學生，其中不少人獲得學位後留在美國，為美國的經濟發展、社會福祉和高科技創新做出貢獻。有了健全的心件，高教才會進步。

與經濟發展同步的「亞洲四小龍」中，新加坡的大學排名居首，台灣的大學名次墊後。儘管有些香港的大學在某些排行榜上排名甚高，或可自豪，但不要忘記台、港的一流大學依然寥寥可數。除非香港高教界重視心件，用人唯才，獎勵表現出色的大學，否則可以預計，繼名列落後新加坡，香港很快就會被韓國的大學超越。

如此結果，其來有自，沒理由自我陶醉或者比較創校時間的長短。

科學家排名？

每當公布年度排名，台大校友就抱怨，亞洲各地的大學中，台大教師發表的論文數量最多，為何排名反而落後？難道台大學生比不上香港學生？這也是兩岸三地許多人提出的共同問題。這樣不高興，似乎不無理由。然而排名結果無關學生程度，何況「台大教師發表的論文數量最多」一說是否正確，有待商確。從評比操作層面來看，排行榜的名次取決於評比指標，以及各項得分之權重。若以體育競賽比喻，比賽結果反映遊戲規則。那麼全球各大學教授的研究成果，到底如何？再請數據說話吧！

史丹佛大學醫學院羅安耐迪斯（John P. A. Ioannidis）帶領的團隊分析大學教授的研究成績。根據他二〇二二年做的系統評比，依序排列了全世界各個學術領域獲引用最多的教授。這是迄今評比個別教授研究成果，最具深度的分類榜單，其分析的學科包括數理、工程、生醫學科及人文、社會、應用等各類專業，幾乎涵蓋所有的學術學科。數據分析了至少發表過五篇論文的學科領域及細項分類學者專家的引用指數排名。評比包括論文引用量、h-factor、共同作者調整的 h m 指數、不同作者論文引用的綜合指標等，以此作為篩選二十二個學術領域和一百七十六個細項分類學科的全球學者專家的根據。

透過羅安耐迪斯對全球學者專家在其個別學術領域發表的高度引用論文，可以顯示他們對其所屬學術領域的影響力。他的報告乃根據客觀、不帶偏見的公開數據編寫而成。由於排名是找出各領域內頂尖2%的學者，同行相比，不同領域的差別論文引用率，並不影響排名結果。

採用羅安耐迪斯的結果，可以分析各大學擁有頂尖2%的學者數，據此以表18.2列出全球包括美國、英國及亞洲重要國家或地區擁有頂尖2%學者數的前百大學數目。因為各大學的教授人數差別可以很大，所以也在表18.2中比較各大學頂尖2%的學者數與該校整體教授的比率，據此列出全球包括美國、英國及亞洲重要國家或地區以上比率前百的大學數目；亞洲表視最佳的是以色列。

表18.2再次顯示美國大學的優越性，簡單來說，全球傑出的教授一半在美國。再由此表看來，台、港、大陸的大學表現遜色。表18.2顯示香港的教授優於大陸的教授，雖然表18.1指出大陸的大學在QS、THE和ARWU三種排名表中遠優於台、港的大學。除以色列外，亞洲僅東京工業大學（Tokyo Tech）、香港城市大學及香港科技大學等三家大學位列「頂尖2%學者數占整體教授比率」最高的世界前百大。

這裡有些值得關注的現象，印證先前所指兩岸三地少數的老大學，長期受到不成比例的政府資助與偏愛。由於政府的額外加持，在地社會給他們超高的主觀印象分數有助排名，所以雖然台灣大學，香港大學、香港中文大學，北大、清華、上海交大等大學的傑出教授占比未列世界前百，他們的世界排名反而分別超前同地區的其他大學。就質量管理的要求而言，此一中華文化薰陶下的獨有特性，無助整體的高教進步。

台灣的大學教授論文產出無論就世界前百或前兩百的標準衡量，皆墊底於兩岸三地，他們排名落後其他亞洲國家的大學有幾層原因。正如第一部所指，首先是台灣的大學數量多（約為香港的十五

表 18.2：位列世界前百的美國、英國及亞洲重要國家或地區頂尖 2%學者數的大學數，及位列世界前百「頂尖 2%學者數占該校整體教授的比率」的大學數[a]

排名 國家 / 地區	世界前百頂尖 2%學者數的大學數[c]	世界前百「頂尖 2%學者數占整體教授比率」的大學數[b, d]
美國	54 (86)[e]	57 (85)[e]
英國	14 (22)	5 (31)
日本	4 (8)	1 (6)
大陸	1 (3)	0 (0)
新加坡	1 (1)	0 (1)
韓國	0 (1)	0 (1)
香港	1 (5)	2 (4)
台灣	0 (1)	0 (0)
以色列	3 (4)	4 (4)
其他國家地區	22 (69)	31 (68)

註：a 根據史丹佛大學醫學院羅安納迪斯（John P.A. Ioannidis）二〇二二年的系統評比報告
b 各校整體教授人數以各校提供 QS 的數據為準
c 個別大學頂尖 2% 的學者數。譬如全球排名第一的大學為擁有 1,472 頂尖 2% 學者數的哈佛大學
d 全球「頂尖 2% 學者數占整體教授的比率」最高的大學為西雅圖華盛頓大學，有 2,796 全職教授，及 1,096 頂尖 2% 學者數，其比率為 39%
e 括弧內的數字代表世界前 200 排名

倍，而人口僅為香港的三倍）、規畫差，因此資源少，導致設備不足、室內及校園髒亂粗糙（此事表面看來無關宏旨，然而恰恰反映出資源不足的弱點，引人詬病）、教授待遇劃一而偏低、研究生素質不佳、行政人手欠缺，教學科研的環境自然受累。

其次，雖然台灣各大學的教授曾經留學國外，但是校園國際化水準偏低，原因是近年來台灣社會自我邊緣化，高教界首當其衝。舉例來說，前國科會（二〇一四年已升格

為科技部，二〇二二年又改為「國家科學及技術委員會」）推行「千里馬」博士生海外學習的機會，立意甚佳，卻排除香港。如此設限，自斷追求卓越之路。

台灣各大學與國外院校的學術交流、學生交換不夠，各大學任教的外國教授也少，傑出的尤其稀少。固然有不少中研院院士任教於台灣的大學，但是至今甚少外國院士在台灣的大學任教。香港各大學則不乏中、美、加、台、英、德、法、俄、瑞典、澳洲的院士受聘任教，兩地對比鮮明、高下可見。香港招聘的教授優秀，跟待遇好有關。

許多人對大學的看法因民粹政治而被誤引。青山依舊在，幾度夕陽紅。青山夕陽，並不因人的想法而改變。是否有人因為排名結果不符合預期及過時的心態，而放棄國際排名？如果有虛無主義者認定排名體系沒用，那麼這類人的冬烘頭腦和空談又有什麼內在價值？

排名評比的價值與爭議性

自上世紀九〇年代起，高教界最大的變革，是在質量的認知下，藉大學評比做到教、研、學習品質的提升。

自有評鑑起，就有爭議。社會對此似乎不能全盤領悟，有些人表示沒法評比大學；另一些人則認為辨好大學就行，不需要排名。有人對評鑑的內容不滿，有人不贊同評鑑的方式，更多的人則根本反對評鑑。在沒有評鑑的年代裡，至少有幾十所大學陶醉於自以為名列前十的「好」夢裡。然而這

「好」字，並不應該隨便說說，而是要藉著質量的概念，做出系統性的評比。

有評鑑，就有人不安心。沒有評鑑，可容得自我陶醉。南加州大學（University of Southern California）主動退出該校教育學院《美國新聞與世界報導》二〇二三年的排名，理由是該學院連續幾年提供的數據有誤。《美國新聞與世界報導》公布的二〇二二年全美大學排名也將哥倫比亞大學從某些類別中剔除。

其實早於二〇一四年，馬來亞大學（University of Malaya）因為不同意THE的排名決定，而抵制國際排名評比，最後不了了之。中國人民大學及南京大學也在二〇二二年高調退出國際大學排名，認為此一決定符合中國教育發展的方向，甚至預測將成為趨勢。馬來亞大學和中國人民大學退出排名評比的原因與南加州大學退出的理由大不同。

退出大學排名的個案，讓人想起近五十年前台灣《拒絕聯考的小子》一書、一事，這個呼風喚雨的故事好像愛麗絲夢遊仙境，以出眾的方式，吐吐煩惱、無奈，並發發幻想、憧憬，一時為平淡的世俗生活添些談話材料，結果還不是終有休止，成不了氣候。

有趣的是，強調大學排名不重要的人，有的來自排名甚差的大學，也有些是在學術自由的空間裡混日子。改進排名對他們而言，遙不可及，所以排名當然不重要。有的來自排名頗佳的大學，卻故作姿態表示排名並非重點。排名是項指標，只要標準合理、評鑑專業，沒有一所進取向上的大學不重視並改進該校的排名。如果不信的話，只要登入世界出色大學的網路瀏覽一番，就知道他們對自己學校的排名多麼自豪！

常見研究不強的大學自詡教學出眾。他們自我辯解釋懷，有點像窮人認為有錢人不快樂，醜人認定美麗的人虛假，不運動的人假設運動家大腦不發達，不講話的人就以為多講話的不可靠，得不到的愛人就說人家不可愛，情竇初開的少女少男幻想愛情小說的作家必然對愛情忠心專情……。真相恐怕未必如此吧！

輕忽研究的院校反對評鑑，抱怨在排行榜上受了委屈，未贏得應有的地位。部分教師也以教學品質不易檢驗為藉口，駁斥排名不足為訓。殊不知，各種數據充分顯示，教研優劣與排名高低呈正相關（見《教研相長：解開大學教學與研究之謎》）。

評比以質量為基準，有理則遵循，無理多思考；多為成功找出口，少為失敗找藉口。譬如，食安問題在台灣和大陸存在多年，達不到質量評比的標準，大眾得過且過，沉醉於飲食王國的春夢中，直至食油問題引爆才醒悟過來。台灣高教的潛在問題就像台灣的食安問題，早已存在，有必要藉著質量評比確認並改進。同樣的情況，不也存在香港、大陸？

名實相符的學位與學識本是大學應該努力的方向，分析排名評比可以促使達到這項目標。排名表如同股市指數，有其必要性、關鍵性與參考性。當然，無論大學排名或科學家排名，或任何一種特定的排名指標，雖然有參考價值，但絕對不是品頭論足的所有標準。若走火入魔，僅癡迷於排名，不甚可取。

排名榜考慮各種指標，而不同排名榜用的指標可能差別很大，通常包括對大學的印象分數。主觀的評分偏袒某些老大學。根據對現行排名榜的了解，以色列的大學被低估，而大陸的大學則被高估；

香港的年輕大學被低估，而老大學則被高估。

評鑑的道德性

高教的管理層與教師們須明白，眾人心中對教學、研究、選校、就業、捐款等與大學相關的事務，永遠擁有一把排名的尺用以衡量取捨。

至今討論大學的評鑑排名，很少論及個人工作、學術、教學等的評鑑。不管主題是誰，評鑑要合理、專業、有人性。評鑑的目的在於提高教研品質，所以指標要訂得清楚，賞罰要交代明確，更要維護被評鑑的個人與單位隱私。專業性不足、不尊重當事者與有違保留隱私，是兩岸三地有待克服的心盲。

抱怨排名，於事無補。若教育部門有意提升高教質量，就應增加資源、用人得當，以保證獲得合適的回報。排名是一根看風向的稻草，反映出來的現象值得檢討與重視。

錯覺的捐款

某大學推廣中心成立多年，號稱累計有一千兩百名不付費的會員。二〇二二年一月，該中心發信給社會人士，大意是：中心擁有超過一千兩百名會員，要求社會人士捐款，額度從港幣三百元起，藉此贏得外界認同。隨著疫情緩和，中心的活動將全面恢復正常（其實，當時疫情正往嚴重的方向走），以便籌辦學術講座及藝術表演活動。

此一捐募行動值得斟酌。大學並非社會福利社團，不以多人、小額捐款決定對某中心的「認同」，此其一。大學曾投入逾數千萬元的資源，支持該推廣中心，重視中心的價值及其在大學內扮演的角色，不在乎小額捐款的錢數，此其二。重要的是提升中心的質量，校準其與整體大學的定位，以成效求得認同和肯定。

不管喜歡或同意與否，大學收到的捐款額度與大學的聲望與表現成正比，甚至跟大學的排名成正比。任何大張旗鼓，公開認求小額捐款的中心，自貶身價，得不到尊重。如果真要得到認同，應該提出計畫，經評審求取基金會或政府的資助。如果不能得到認可，而只能懇求小額捐款，則將適得其反，引以為戒。

食用油的故事

一九九五年暑假，我訪問上海交大，被路邊香氣噴鼻的煎包及排隊買煎包的人潮給吸引住，想加入隊伍，買個包子。提議被同行的交大教授止住，他說：一個大煎包要價幾毛錢，有肉有菜，靠電力靠油煎，老闆還要賺錢。光是正經的油就不止這價錢。他肯定包子的肉餡來源有問題，油則是地溝油。

望梅止渴，遠觀而不得褻玩焉。

二〇一三年十月的一個早上，剛進辦公室，秘書珍兩眼一瞪，像個「六」字，要我道歉，因為我來自台灣，老誇台灣好，但是那天台灣爆發黑心油事件，引發台、港關注。原來有台灣的食品業者使用造假方式生產販售食用油供煮食，而出口香港的台灣食品可能經過黑心油製作，喜愛台灣食品的珍當然不安心不高興。

二話不說，只好道歉。

過了一年，有報導指出香港貿易公司在出口報單上造假，把飼料用的黑心豬油當食用豬油出口台灣。台灣政府於是即刻停止進口香港豬油，要求所有香港、大陸、澳門出口台灣的油品取得官方證明。

這次該要求珍代表香港，為輸出台灣餿水油道歉。

劣油充市，難道民可使由之、不可使知之嗎？兩岸三地的人民對生產的豬油、沙拉油等食用油喪失信心，彼此採取戒心。到底誰該向大眾道歉？

第十九章 人文社會領域的評比

人文教育與科技教育的輕重之爭由來已久。早期的大學，無論是義大利的博洛尼亞大學，英國的牛津、劍橋大學，德國的海德堡大學，或是美國早期建立的哈佛、耶魯大學，奉行的是貴族菁英和人文教育，著重宗教、思想的哲學探討。就連中國古時的書院以及十九世紀末、二十世紀初成立的許多大學，也都以人文教育為核心。

古德諾的良言

偏重人文、輕忽技藝的學習方式，在工業革命後的西方世界被逐漸調整。日本明治維新劍及履及，緊跟在後，擺脫陳腐空談。當百年前的中國對此趨勢懵然不知的時候，美國政治學家、約翰霍普金斯大學校長（一八九三至一九一四）古德諾（Frank Goodnow）就曾經在二十世紀初，呼籲中國社會改變「重文輕藝」的風氣，給予科技教育適當的地位。

古德諾當時兼任北洋政府法律顧問，他在《解析中國》（*China: An Analysis*, The Johns Hopkins University Press, 1926）一書中指出，中國輕藝重文由來已久，導致許多人擁擠到一條窄小的官道上。

他因而進言相告，破除陳舊、腐朽的文貴藝賤觀念。古德諾具先見之明，歷久彌新。他認為唯有提倡科學，中國才能昌盛。近看台、港、大陸的世界，就科學精神而言，此說仍有相當代表性。見諸事實，至少二十世紀前面大半個世紀，中國不但科技無成就，人文社會也不曾出頭，當然更沒有什麼大不了的學術表現。

古德諾的卓見，在兩岸三地過了半世紀之久，才被姍姍拾起。即使如此，大學或社會有識之士，凡是講到人文學科，馬上表現出三種缺乏自信的焦慮：一是人文學科地位衰落，報讀課程的人數遞減，人文學科課程遭到壓縮；二是人文學科的研究資助不足；三是人文學科課程削減後，大學生、尤其是理工科學生的人文素質整體下降。

以上這些焦慮有否道理，不是本書分析的重點。雖然不同時代有不同的社會議題，不同時代有不同的教研重心，即使在科技創新的二十一世紀，當然應該注意人文社會領域的教研。詩雖言志，文雖載道，不宜各說各話，有必要為人文社會領域的教研做出評比。

一刀切的餅乾

在美國服務過的幾所大學都屬贈地大學。以曾經工作過的德州農工大學來說，它並不是華人熟悉的常春藤大學或者排名前二、三十的名校，但是每年SAT大學檢定考試後，都有許多得滿分的高中畢業生捨名校，選讀德州農工；其實，美國各州的州民每年都有SAT得滿分者捨名校，而進入當地的州立大學就讀。此外，美國高中畢業生不分組別，雖然有些申請人中意醫預科、獸醫預科、或是電腦、工程等專業，學生選擇學科相當多樣，常有SAT高分者首選兩岸三地較不屑一顧的學系，譬如各種語文專業。

回頭看兩岸三地的高中畢業生，若是會考、聯考、指考滿分或高分，有可能跳過極少數兩岸三地等同美國常春藤的名校，而選擇進入普通的大學嗎？甚至他們肯選擇較接地氣的大學嗎？他們肯捨下熱門科系，而選擇凡人較不認同的學科嗎？有多少人曾經根據自己的意向，選擇大學和學科，而非受家人或社會的人、事、地、物左右？大家知道，對於以上這些問題的答案都是否定的。遇到選校或學科，那些平時嚷嚷獨立自主的年輕人一下子全都折腰鞠躬，隨波逐流成了他們的共同心聲。

美國的中學畢業生無論選擇大學或者學科都呈常態分布（normal distribution）。也就是說，十分多樣，得SAT或ACT高分甚至滿分的學生可能選擇上百種的各類大學、成打的不同專業；而兩岸三地的高中畢業生無論選擇大學或學科均遠離常態分布，簡直就是缺乏想像力地拿著cookie cutter，千篇一律地像切餅乾似地一刀切，往少數幾家大學、少數幾個學科裡跑。

專業為先

講到人文學科排名，不得不說一下學科評比。大學的特色專長，在整體排行榜上難以充分顯現。反而學科的單獨排名榜，可視為參考指標，各校可從學科排名的升降，做出改進參考。這是評比的又一功用。中學生選校忽略學科的教研質量，是不明智的抉擇，因為各校整體排名或有高低，而個別學科的排名，卻可能與全校整體排名大不相同。如此只顧選校而忽略學科的情形在美、加甚少發生，然而台、港、大陸則幾成慣例，未能為年輕學生提供最佳選擇。中學有義務指導學生，就自己的興趣能力選擇適合的學科，避免選取較佳排名大學中較次的學科。

以土木、數學等學系而言，在注重現實的香港，想就讀這些學科的高中畢業生，一般首選這些學科較弱的老大學，接下來才會選擇ＡＲＷＵ及《美國新聞與世界報導》工科評比較強的其他大學。如此不考慮各大學不同學科的水平，並不理想，因為如此選擇的結果，既浪費資源，又誤植學生的學習環境。

理想的狀況，應該是就個人的志向選擇專業，然後就該專業表現優秀的大學提出申請。試想若到體育學院學語文、進醫學專長的大學選商業管理、從文學出色的大學進修科技、挑藝術優秀的大學學習數理……等不合理據的思維，則不能求得最佳學習環境，既浪費個人精力，又浪費社會資源。

與此類似，碩士、博士生應以選擇與自己興趣專長相似的優良導師為主，而避免過多考慮大學甚至學系的排名。在興趣專長相合的前提下，依序追尋優秀卓越的指導教授、學系、大學，進而從事探索。

美國人文、社會、藝術學科的優勢

美國的大學以科學、工程、生物醫學等專業傲視全球。那麼美國的大學的人文、社會、藝術學科有優勢嗎？

依照二〇二三 QS 世界大學排名，無論在「人文及藝術」（Arts & Humanities）或「社會科學及管理」（Social Sciences & Management）學科方面的世界最佳五十所大學中，美國約占了三分之一（十六所）。在二〇二三 THE 世界大學排名最佳五十所大學、人文及藝術類（Arts & Humanities），美國有十七所大學上榜，社會科學類（Social Sciences）則有二十三所。

在由上海軟科教育信息諮詢發布的二〇二二 ARWU 社會學排名中，第一和第三名都是美國的大學；前二十名中，美國的大學占十六位；前三十名中，占二十四席；前五十名中，占三十四所。ARWU 排名偏重客觀學術。

在更早幾年的 QS、THE 及 ARWU 的學科排名榜中，美國大學在人文、藝術學科和社會科學領域提供的頂尖課程比例，大致相同。以工科居世界第一的麻省理工學院來說，其人文與社會學科學術一流，聲名卓著；由二十四位教授任教的歷史系，提供世界古代史、北美史、歐洲史等學科領域約七十種專業課程。該校歷史系教授人數少、品質高，教研堪稱世界頂尖。

除了科技之外，美國在人文、社會、藝術等學科的優勢，現今世界無出其右。

學術創新取決於內涵

除了硬、軟體之外，一流學科要具備適切又適時的理念。人文社會學科對硬體、軟體的依賴性甚低，在資源需求上，較對硬體、軟體需求高的理工學科占了上風。就已投入的科研經費（香港嚴重偏低）而言，台、港、大陸的人文社會學科在全體科研中所占的比率，較美國投入的相對高出很多。美國國家科學基金會提供大學基礎科研資助，但是人文社會學科並不在其資助的範圍之內，卻完全無損美國人文、社會、藝術學科的優勢！

一世紀以來，美國引領全球，推廣發展人文社會學科領域。美國在中國研究、日本研究方面的投入，就是明顯的例子。約翰霍普金斯大學的中國研究舉足輕重，其他如哈佛大學、哥倫比亞大學、柏克萊加州大學、西雅圖華盛頓大學等也都設有一流的東亞或中國研究專業。回過頭看，兩岸三地有多少美國研究或者中國研究的權威機構、學術專家？

兩岸的大學校園存在另外一些說法：人文社會學科的研究，在英文當道的西方文化環境下，台、港、大陸沒有發揮的餘地。真是如此嗎？難道以中文寫作人文社會科學領域的研究就不能做出什麼突破嗎？

在創新的要件裡，語文只扮演著輔助角色。二十、二十一世紀英文當道，主要因為創新發揚光大的主導國家使用英文，而不是因為使用英文之後才成就了創新的美國；換句話說，如果日後有哪個國家或文化取代美國，也不會是英文的問題。不論什麼國家，只要能做出突破性的貢獻，則該國的語文就會成為通用的典範，因此英文水平絕對不能作為能否創新的理據。何況，今天通用的英文並不是人類歷史上最通用的語文。如果見解獨到，濟世利民，中文也可以成為世界標準語文！

高教重內容，而不是語文（見第六章）。就教研內容而言，東方的傳統文化、社會變革、哲學探討、經濟憧憬、科技發展，甚至政治生態、兩岸關係、社會福利與變革等，逐漸成為二十一世紀的顯學。隨著中國政經崛起，許多與東方、中國、香港或台灣本身有關的人文社會研究，已迅速成為熱門的科研論題。這些範疇寬廣的課題，有待秉持科學的態度發揚光大。

評比適用於所有學科

綜上所述，不管什麼大學和學科，都有賴健康的心件去開拓和發揚，不能只看軟體、硬體。「品質至上」是各學科應該遵循的共同標尺（common denominator）。一流的機制，適用於包括自然、數理與人文、社會、藝術在內的所有學科的發展，沒有任何專業可以豁免，也不是任何學科可以獨享。

美國人文社會科學教師的薪酬遠低於工程、商科和醫學領域的教師。兩岸三地大學各學科的教師薪酬，根據他們的學術級別而訂；只要級別相同，無論專長，薪酬基本相同。香港及台灣人文社會學科教授的待遇與工程學科教授的待遇差別，較美國兩者同行間的待遇差小好幾倍，而人文社會學科的科研，甚至不在美國國家科學基金會資助的範圍之內。但是正如上一節所指出，美國在人文、社會、藝術學科領域具有無比出色的實力，而兩岸大學學者在前述領域的貢獻相當不明顯，令人不得不思索其中原因。

高教反映當地文化，推行變革難免受到在地文化的感染而遇到阻力。按照兩岸三地現有的文化，也許目前的校園環境、社會生態、掌管高教政策及資源分配的機構，尚不能完全採納辦學自主、自由競爭、市場機制等培育一流大學心件的元素。只有徹底接受這些發展卓越品質的心件，大學才有望成為實至名歸的先進。

心態健康是所有學科進步的前提，包括自然科學、數學、工程、人文、藝術、社會學科。任何特定學科，並無不受評比的例外或特權。

文學家的小故事

也許又有人認為，以諾貝爾物理、化學與生理學或醫學獲獎人數衡量科研的成功，無法評定科技以外專業的表現，甚至懷疑得獎背後代表的定量指標，與評定人文社會學科領域的卓越與否，並無關聯。

認識的一位文學家曾經堅定地表示，她的作品水平甚高、不可能由他人評估，因為別人不懂得評估帶有美學性質的專業。可是：「如果拒絕接受評比，妳將無緣得到心中嚮往的文學獎。」

再說一件香港的評審小故事。對於二〇二一年某項學術評審，有人文教授不滿意評審結果，聲稱：「我送審的四篇都是『A』級論文，而我們全系有幾十位優秀的教授把他們的論文送去評審，為什麼評估的結果，好像全系只有三篇『A』的表現？」

這是個有趣的問題，不知道評審公平與否，不過確信送審的論文都是由人文學者同儕評比後下的結論。評比不應該淪為自我吹噓。

種種評審的枝末細節可以提出討論，卻不足以否定評比對高教的貢獻。如果還有人認為台、港政府與大學對科技學科的投入太多、對人文社會學科的投入太少，那麼這些似真不假的坊間說法，一定要靠客觀論述求得正解。

請記住古德諾百年前的金玉良言，並非捨「重文輕藝」、就「重藝輕文」，他的建言是重視科學。可以再進一步說，重視科學評比，沒有任何學科例外。學生不必像一刀切的餅乾選專業，也不要像一刀切的餅乾選學程、學校。

第二十章　大學學費，教授、畢業生的薪資

我在德州農工大學當系主任時，高薪招聘教授，同時找機會提升系裡原有的教授，對表現卓越的教授給予獎賞，讓同事得到應得的待遇。雖然不曾開口要求大學給自己調薪，但是院長在比較待遇的時候，發現系主任的薪水相對偏低，於是自動調高我的薪資。如果大家都鼓勵並設法為他人調整薪資，不就達到多贏的地步嗎！

即使高教是一盤非營利的生意，還是要規畫經費收支及經營財務分配。不管營利與否，沒有完整的財務計畫，就不能成功；不做投資，就沒有回報。當為別人著想時，別人就會為我們著想；國泰自然就會民安。

學費、薪資、待遇雖然不必然決定幸福感，卻絕對不可能不相關，因此值得分析比較。

收入與學位

如果為了節約成本，而招聘對教研合一的重要性認識不足者，劣幣逐良幣，只會降低高教的質量與價值。以下討論的現象，既是台灣經濟奇蹟外的一章，也是其高教政策失敗的另類面向。

台灣教改頻繁，學位泛濫成災，普遍貶值或者根本就是虛有名號。許多博士、碩士、學士被困得無所適從，若非從屈指可數的幾家名校畢業，大多難以事事，最終成為社會的負擔。在二〇一八年台中市舉辦的某次招聘會議上，儘管招聘廣告只要求六年制小學畢業生的學歷，卻吸引逾千人申請三百個臨時清潔工的職位，其中不乏擁有學士、甚至碩士學位者。

台灣的教育部曾於二〇〇九年至二〇一〇年推動大專畢業生至企業職場實習方案，月薪22,000元台幣，通稱22K，22K多年來成了形容年輕勞動力低薪化的代名詞。根據1111人力銀行調查，二〇二一年大學畢業生的平均月薪，十二年來增加31%、為28,838元台幣，合年薪11,000美元，低於台灣人均GDP的三分之一。今天說台灣的大學畢業生每月賺22K有些誇張，但與事實相差不遠，似在步菲律賓的後塵，造成教育產出與就業機會的差距。菲律賓擁有大學學位者的素質參差不齊；有講流利英語的專業學科畢業生出國，擔任家庭傭工，以獲得微薄的收入營生。22K低薪的另一個極端現象，則是有人完成學業後，不事生產，樂得當個不就業、不進修、賦閒父母家、免費吃住的啃老族（Not in Education, Employment or Training, NEET）。

低薪？普通的說法是台灣物價較低，因此低薪並不為過。那麼台、港、大陸大學學費以及教授、畢業生的薪資可以客觀地比較嗎？政府教改，有否想到改進教師的薪資待遇？

大學畢業生薪資比較

大學畢業生是貢獻社會的重要人力資源，理應得到適當的報酬。在考核大學和整體教育系統的績效時，校友的薪水是一項指標。

正如第三章所述，一九九〇年代後期，台灣經濟繁榮，大學大批湧現，不合格的畢業生過多，誤導民間小確幸。除了以上所述的22K現象，台灣應屆畢業生的薪資，與美國及亞洲其他開發地區相比又如何？

美國的大學畢業生平均起薪是香港學士平均起薪的兩倍多、台灣學士的五倍、大陸學士的七倍。兩岸三地，大學畢業生的人均收入，較美國大學畢業生的人均收入要低得多，但又被認為事出有因，偶引口舌爭論，因為可能需要依序調整他們所在國家與地區的生活成本。

與其將大學畢業生的人均收入與個別國家與地區的生活成本比較，不如考慮應屆大學畢業生的平均工資與他們所在國家與地區的人均GDP，藉以顯現他們與當地其他行業受重視的程度。在提出可比性的條件下，得到圖20.1所示的兩岸三地、日本、新加坡、韓國與美國畢業生起薪占當地人均GDP之百分比。

圖20.1中的比率顯示應支付給應屆畢業生及本國社會普通民眾薪水的相對情況。此一比率表示大學應屆畢業生受社會重視的程度，高比率代表大學畢業生在當地社會受到的評價高。如圖3.1與圖20.1所示，不論他們來自人均GDP多少的社會，將畢業生與同地區其他雇員比較之後，均顯示擁有學

圖 20.1：應屆大學畢業生起薪占人均 GDP 之百分比

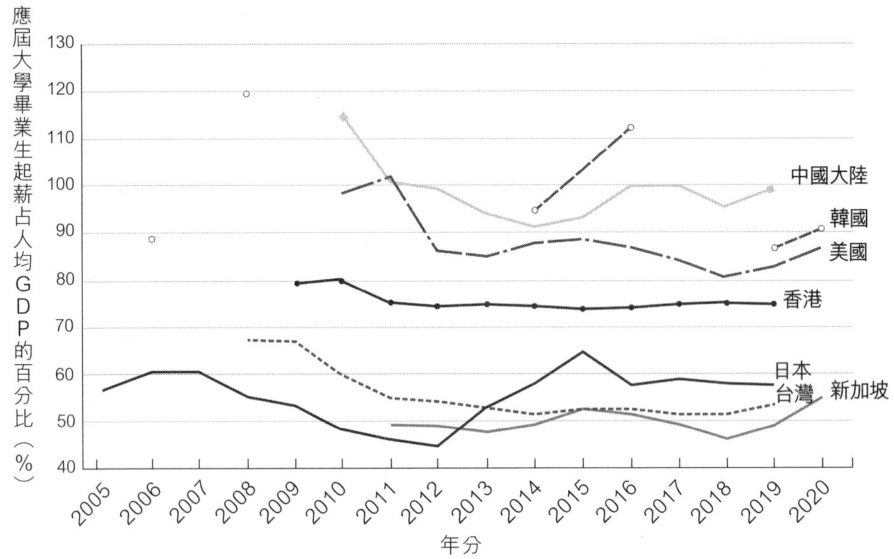

位不一定享有更高的薪資。了解圖3.1中所列國家及地區的GDP後，明顯發現擁有大量學位的社會，未並能提升這些社會的GDP，也間接說明頒發大學學位未能增高個別國家及地區的GDP。

此外，學位未必有助應屆大學畢業生獲得較其他雇員優渥的薪酬。如圖20.1所示，台灣幾乎招收了所有高中畢業生入讀大學，但是他們收入微薄；韓國招收了大量高中畢業生入讀大學，而他們的收入卻相對優厚，其原因在於創新，見本書第五部。

除了薪酬微薄，台灣的大學畢業生職業前景不佳，飽受挫折。可是，另一方面，也有擁有大學學位的人不願屈就社會地位較低、薪水較可觀的實際工作，儘管他們的學歷並不代表本身具有的本領。如此狀況，怎能期待大學教育將一批批學生培養成各行各業的能手？年輕人本是社會的希望，但是空有貶值的學位，卻未必懷有希望。

圖20.1指出台灣推行高教，顯然不曾把年輕人的福祉擺放心中。推行高等教育，大學與政府應該負起責任，探討如何在工作場所對待面臨畢業的學生。圖20.1也指出新加坡大學應屆畢業生的起薪占人均GDP之百分比偏低；由於新加坡人均GDP約達台灣人均GDP的兩倍，故此一偏低的比率影響較小。

學生學費與教師薪資

第二章和第三章提到學費在高教中起的作用，並討論台、港、大陸的大學向學生收取低學費的情況。為了瞭解不同國家和地區的學費水平及其對教員薪資的影響，也將人均GDP與學費作相應的歸一處理（normalized），而不是按照絕對值來比較學費。就此而言，大陸和台灣學生的學費、特別是公立大學的學費，在兩岸三地中最低，亦低於日本、新加坡、韓國和美國。法國、德國等歐洲發達國家推行接近免費的超低學費政策，接受大量政府補貼，算是另類制度。

為了方便討論，以下比較大學助理教授級別的薪資；同樣為了可比性，助理教授的薪資也經過人均GDP相應的歸一處理。經調整人均GDP後，圖20.2顯示了台、港、大陸、日本、新加坡、韓國、英國和美國等國家地區助理教授平均年薪的高低，圖20.3則表示以上國家地區大學學費占人均GDP的百分比。

圖 20.2：助理教授年薪占人均 GDP 的百分比

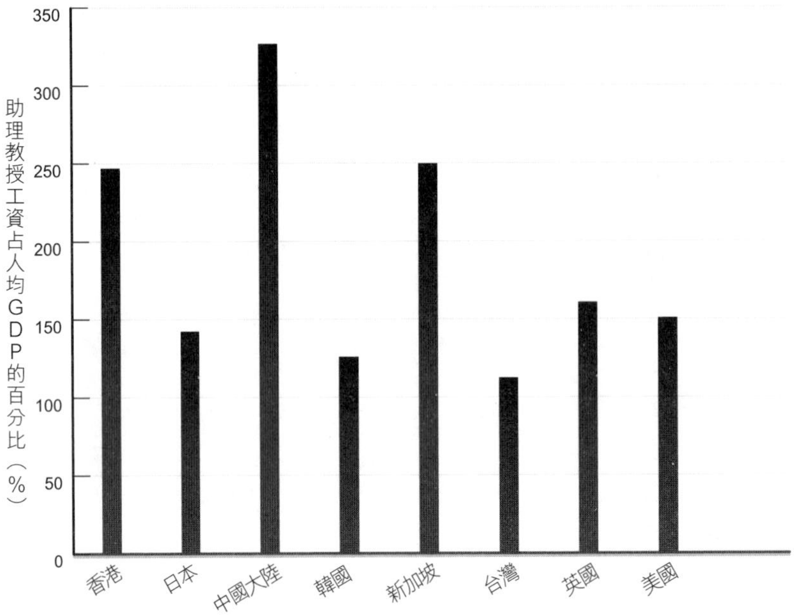

註：1. 美國公私立大學各級教授，包括圖中助理教授年授均以九個月為基準
2. 匯率以 2022 年 2 月 7 日為準 https://www.xe.com/zh-HK/currencyconverter/

圖 20.2 及圖 20.3 可見學費和教師薪資密切相關。大陸公立大學得到政府的大量補貼，因此教師按人均 GDP 而言，薪資算是相當高；大陸國際大學為中外合資辦的大學，按人均 GDP 而言，學生付出超高的學費，公立大學的學費則甚低。至於台灣，相對於人均 GDP，無論公私立大學，教師薪資皆最低，學費也偏低，這是因為學費和教師薪資相對於通貨膨脹，多年來並沒有太大的調整。如果比較學術排名，可以得出類似結論。相對來說，香港與新加坡助理教授的薪資皆高，而香港本地生的學費則偏低。韓國平均學費的數據尚不明確，因此在表示私立和公立大學學費範圍時，以 H 指高端，L 指低端。

這裡有三點值得說明。

圖 20.3：大學學費占人均 GDP 的百分比

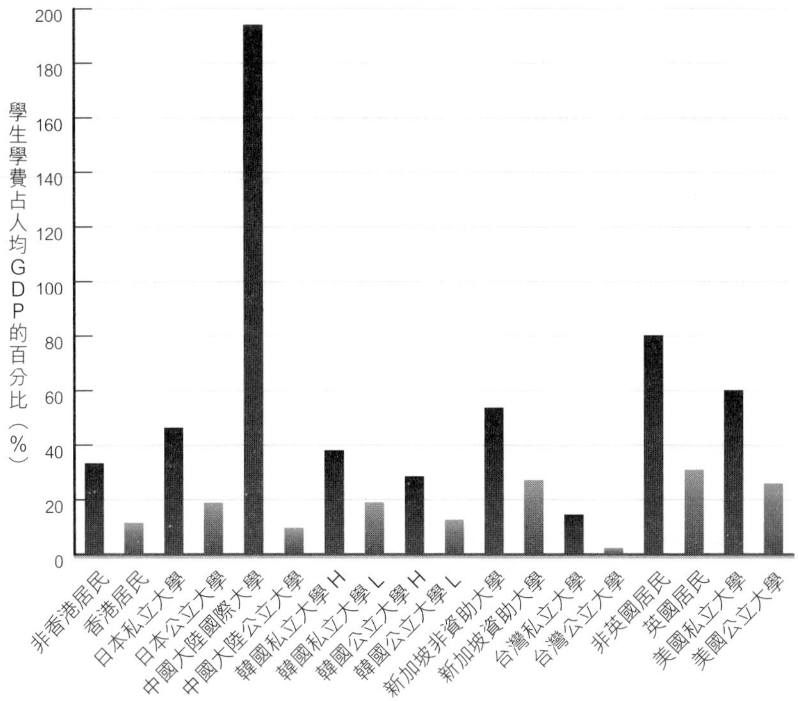

註：1. H 表示學費範圍的高端，L 表示學費範圍的低端

2. 匯率以 2022 年 2 月 7 日為準 https://www.xe.com/zh-HK/currencyconverter/

其一，由於助理教授以上，特別是教授級的薪資起伏甚大，故未比較助理教授以上級別的薪資，否則有些美國的教授料將數倍、甚至十倍以上於台、港、大陸、南韓、日本同等級教授的薪資。將人均GDP歸一化後，如果仔細研究這些地區教授的薪資，就會發現台灣教授的薪水偏低，因為從助理教授到教授等各級間的薪水差別有限。

其二，因為學術專業的不同，助理教授的年薪在不同國家與地區差別很大。譬如，美國商學院助理教授年薪，可能是文學院助理教授年薪的好幾倍。香港商學院助理教授的年薪較文學院助理教授的年薪高20%至30%；而台灣商學院助理教授與文學院助理教授的年薪則不相上下；至於大陸商學院助理教授與文學院助理教授的年薪相比，則因各大學採取不同的作法而有變化，有的像美國差距甚大，大部分則類似台灣，毫無分別。僅此而言，大陸較台、港接近美式資本主義。

其三，如圖20.3所示，各國各地的公私立大學的學費差別可以很大。但是，由於手邊並無有關公私立大學、各級教授薪水的資料，因此圖20.2並未區分公私立大學之間的差異。根據多年經驗，美國各級教授的薪水不因公私立大學而有明顯差別；而台灣、香港公立大學各級教授的薪水和福利較私立大學各級教授佳。與美國不同，台灣、香港公立大學的學術排名，一般遠高於私立大學的學術排名。

台灣製造大量博士，卻未能為他們提供足夠的就業機會，結果出現像中興大學發布的博士招聘廣告，招聘無薪酬的兼職講師，提出的理由是為兼職講師提供培訓機會，以便當事人未來求職圖個方便（二〇一八年九月二十七日《聯合報》）。這跟有大學要求新進員工將一部分薪資返還大學，沒有什麼不同，好像鼓勵他們不求今生、但求來世。大學註冊率差，影響學雜費收益，捉襟見肘的學校只好減薪。教育部統計，部分私立大專校院正教授平均薪資僅六萬多台幣（二〇二二年九月十八日《聯合報》），遠低於香港各大學博士生的月薪！

台灣高教萎靡不振，一再發出警戒，近五年大學專任教職流失逾二千，特別是青壯年教授數連年下跌。圖20.2再次表明，由於政治民粹，一九九〇年代由外行人籌劃的教改，是個災難。高教陷入僵局，餘波後遺，長年未了。正如表18.1所示，台灣的大學排名不高，甚至大幅下降，不足為奇。

政治掛帥，「聞道有先後，術業有專攻」被長期忽略，導致外行擾亂高教，台灣特別嚴重。花有重開時，人無再少年。兩岸三地一再重用官僚主導高教政策，社會崇拜諾貝爾獎得主的名號，視他們無所不能，樂於誤用名號之外非本行的空虛能力，凡此皆與大家過於看重學位和高估名校畢業生如出一轍。台、港、大陸有人自我膨脹於昔日輝煌，在社會推波助瀾下，甚至還以此加持政治影響力；而美國的大學只獎勵個人在專業領域的現有表現，只有活在當下的專業學術表現，才可能得到大學的認可，這值得學習。

高教昂貴

高教理應適度反映教研成本。受教者付出與品質相當的教育費用，實乃天經地義。若性向合適，但不堪付出，則可酌情補助。凡事皆平均，就是不平均。沒草吃的馬兒跑不快，資源匱乏的大學，短教缺研。如果只能靠提供小花招招引青睞，品質拙劣，不足為奇。

具體地說，兩岸三地的高教盲目追求高層次、低品質的通識教育，偏離社會需求，導致本科生比率偏大，擠壓專科生就業市場的不足。其後果是本科畢業生本行就業率下降、起薪工資不漲，甚至低於熟練技工的工資；專科生缺乏實務經驗，學非所用，不能勝任高級技工的工作。

當大陸、新加坡、韓國快速提升高教質量，並策略性地調高大學教授待遇的時候，不免好奇，香港除了曾經以高待遇吸引師資的優勢之外，目前已顯成效的高教能否持續？至於資源稀少、面臨各種危機的台灣高教界，又將如何善後，誰來善後？

表 20.1：四小龍高教比較

國家／地區	人口數（百萬）	2022 年人均 GDP ($)	大學數	百萬人均大學數	同列 QS、THE、ARWU 前百大數占大學數比
新加坡	5.7	66K	6	1.1	0.35
韓國	51.7	38K	190	3.7	0.01
香港	7.5	50K	11	1.5	0.09
台灣	23.7	39K	137	5.8	0

辦大學不像擺地攤，無須灌注資源，說來就來，說走就走。教學研究也不是社會福利，參與者可以不計表現，資源分配人人有分。

進步的原動力

沒有完美的社會，若想進步，先求改善現況。

改善一定要誠實面對現況，了解缺點。品管的出發點是設法指明問題，點出非隨機產生缺憾或失誤的緣由（assignable causes）。心同此理，沒有完美的高教，若想進步，首在面對缺點，而不能只顧瑞氣升騰、歌功頌德。

盛極必衰是因為驕傲，對於缺點習焉不察，所以必然繼而衰落。否極泰來則是因為缺點太多，前無進路、後無退路，因此只要知所改善，就可出隧道見曙光。兩岸政府及社會有時候尚未興盛，只想看到值得歌頌的一面，誇大優點、隱藏缺點。對於政府力挺的老牌大學尤其如是，浮誇的表面報導太多，根據事實的分析檢討太少。

根據表18.1提供的資料，表20.1列出四小龍高教比較。四小龍大學的表現大致和各地的人均GDP成正比，又跟各地的人均大學數成反比；大學的表現由高往低排列乃是：新加坡、香港、韓國、台灣。如果再仔細檢視全民受高教的現況，則明顯看出台灣最佳，而其人均GDP及大學的表現反而不佳。號稱台灣高教普及化最徹底，然而在四小龍中，不但大學畢業生的起薪點最低（見圖20.1），教授的薪水最低（見圖20.2），當然士氣也好不起來。民主化的台灣對民生及高教究竟帶來什麼利基？執政者有反省檢討以上這些「均貧」現象嗎？

理髮師的故事

有個理髮師，剪髮的原則是以最短的那一根為準。若不小心把一根較長的頭髮剪得比短的那一根還短，這根頭髮就成了他的新標準，必須把所有的頭髮重新剪短。他一再犯錯，於是一再調整，不斷設下短髮的標準，直到最終給客人理了個大光頭。當然，光頭的客人不高興，但是理髮師卻達到了他設定的理想目標。

理髮師的故事就像是剪（減）了百業的工資一樣，減短了包括大學畢業生的薪資。正如理髮師以最短的一根頭髮為標準，最低下的薪水成為個人薪資的標準。這像是自我矛盾的民粹，大家抱怨自己薪水低，但又要求「便宜又大碗」，不願餐飲服務業主有錢可賺，凡此種種，已成通例。所以就有牛肉麵店老闆把前面顧客吃剩的剩菜撿出，丟到下一位客人的碗裡，一菜兩吃，藉此降低價錢（二〇一二年五月二十三日，《TVBS》新聞網）。

同理可證，難怪別人也不想見到你坐享較高的待遇，結果是小心眼的「嫉富」，落得均貧的下場，就像理髮師手底下的光頭、牛肉麵店的老闆、大學的教授一樣。全民共享低薪，求得閉門自得的安心，卻又不肯安貧樂道。

社會常有人批評教授薪資太高，實在奇怪。許多人批評台灣的貧富差距大，實在搞怪。貧富差距加大的確是全球性的現象，殊不知由於社會現況，其實台灣是世界上貧富差距較小的地方。不患寡而患不均，歷來是中國人極力追尋的教義，22K的台灣社會，為什麼如今既瀰漫著患寡的憂傷，又承受著患不均的假象？

靠三民主義起家的台灣，百年之後，居然成了社會主義的實踐者，寧不怪哉？

第二十一章　課程設計與專業選擇

赴港任職前，已與大陸同行交流三十餘年。觀察大陸大學的變革，近來許多國際大學的排行榜上，顯示有好幾所優秀的大學超越香港，更大幅領先台灣（見表18.1）。若以大學教授論文產出衡量，大陸的大學表現並不理想，而台灣的大學則更是墊底於兩岸三地（見表18.2）。香港的大學在某些方面也許比台灣和大陸先進，但整體而言不免同屬落後西方先進大學。

除了如第一章所述的心件落後，兩岸三地的大學還有哪些具體的教研指標需要改進？

評鑑—排名評比—就業市場

高等學府的教授和管理層為自己的大學做出主觀評估，並不具說服力。要取信精明的消費者，必須擬訂客觀標準，訂立一套可測量的基準指標，作為評鑑依據。

訂立檢驗品質的基準指標，既是一種方法，也是一種哲學，既可鞭策學校朝著既定的目標進步，又同時凸顯一些平常不受重視的有用資訊。這是必須面對的現實，因為高中生和高中升學輔導員、大學生和大學管理層、公司派到大學招聘人才的代表以及社會大眾，都重視根據公認標準決定大學優劣的排行榜。高中生按排行榜報考大學，大學生參考排行榜申請研究所。

權威性的排行榜在測量高教品質的高低之外，也適時反映就業市場人員的薪資福利。大學本科排名高，研究所的評級表現也不差，校友就樂於解囊捐助，學生也較願意付出較高的代價，換取接受高品質的學習和從事高品質的研究機會，教師的薪資回報自然也隨之水漲船高。獲得排行榜肯定的學府成為公司行號爭相網羅的寵兒，而從高排行榜學府畢業的學生起薪點也顯著較高。高等學府的排名和他們各方面的表現形成正向循環，環環相扣、緊密相連。

品管的經驗顯示，在一個穩健的體系裡，做對事情容易、做錯事情困難（見第四章），使用基準指標進行檢驗，有利奠定穩健體系。兩岸三地的高教界與這樣的理想狀況有些差距。除了排行榜上的有形指標外，課程設計與專業選擇是兩個具體又見微知著的重要指標。這兩項受社會心態導引的指標，與排名沒有明顯的關聯，卻影響學術發展。

課程評比

台、港與美國的大學生修業的學分數類似，本科生必須修滿一百二十個學分才能畢業；大陸的大學生畢業前則必須修滿至少一百五十個學分。此外，如第三章所述，大陸一學期長達二十一到二十二週，此與台灣的十八至十九周，香港的十四至十六周，及美國每年兩個學期的大學，每學期十三至十五周相比，顯然大為沉重。

美國大學生六年的畢業率只有56％。台、港、大陸的大學生忙於應付種種考試，最終畢業率幾乎達到100％。結果，大學畢業生人數暴增，穀賤傷農，文憑貶值，素質不保。即使就業，起薪大減。如果考慮人均GDP如圖20.1所示，台灣的大學畢業生起薪仍然大幅落後，學位品質又屢遭質疑，難免個人不滿、社會不平。若非質量評比指出這些差異，恐怕大家又畫地自限，自我陶醉。

兩岸的大學生大多習慣於靜態地從課本上學習。學生上課之前本該先從課本上自學大半內容，假若只能依賴教授傳授課本知識，已經慢了半拍。同時，教授若只能照著課本宣讀、傳授知識，而未能透過與時並進的學術研究做出延伸推廣，那也太懶、太沒作為了。

求學讀通了一小部分，遠勝於不通地讀了一堆不消化的資料。人工智能依靠大量數據，提供快速的計算決策功能，幫助生活，雖然影響強大，但是另一方面，只具有極低的分析能力，不具備創意創見等重要的軟能力（soft skills）。如果讀了很多書，不研究、不明是非、沒有常識，那麼最多只能像AI一樣在速度和執行上當個機械人，何況沒有哪個人擁有AI的計算能力及執行指令的速度。

理想的情況下，大學生經常參與培養獨立思考的討論，獲取設計學分（design credits）。當然，如果做得不好就只能得低分，低分得多了也許就畢不了業。時至今日，兩岸三地的學生遵循傳統，經由以書本為主的考試取得分數，較少做專題作業（project）和演示（presentation），不被要求探討研究。如要帶動討論，優秀的教師一定要有些學問，而這些學問，則是從研究而來。從事研究，如果不能結合教學，仍然無法促使學生深入探討，更不必談什麼創新。

不同的學習模式之下，學生滿足課業的要求不同，結果美國的大學培養出來的學生具有自覺獨立的思辨能力，創意豐富、創新意識強烈。當今許多課題橫跨學科，如果大學教授在這方面做得不夠，遑論指導學生，更難以回應二十一世紀全球化的創新課題。

瑣碎的專業與散漫的決定

兩岸的大學喜把學科訂得細小又瑣碎，因此學系與學位種類紛陳，又常無厘頭地取些突兀的名稱。舉例來說，有汽車學系的汽車專業；當奈米（nano technology）熱門，就定個奈米學位；推廣觀光熱門，就設個觀光系；想討好社會，就來個創意寫作或文化什麼的專業；甚至還有殯葬管理學系、素食學系、化妝學系等等。這些學程其實都是機械、電機、歷史、市場或食品專業的特例，如此精細的命名，勢必需要經常更換，以配合隨著時間變化的社會需求，有違教育的精神，也不利修習這些學科的學生面對日後就業的挑戰。隨意設些學程，給學生傳達錯誤的印象，以為行為花俏是正常的管道。

琳瑯滿目的瑣碎專業，可以討好少數人於一時，卻違背大學可長可久的理念。美國的大學維持各學科寬廣的基礎層面，藉研究以更新課程與學程，並充實學系的內容，很少設立新學系或新學院，頒發的學位種類較少，更不會隨意設下標新立異的學位。大學教育以質為要，而非以量取勝。台灣變魔術似地遍地開花、廣設大學，而台、港求花招，發展那些無奇不有、短視有吸引力的學科，入學既無品管，卒業又不求質量。

二〇二一年十月十三日，台灣大張旗鼓，報導哈佛大學與北京語言大學合作多年的「哈佛北京書院」，將改為與台灣大學合作。重新命名的「哈佛台北書院」，預計從二〇二二年起，每年暑假選送哈佛學員至台大修讀為期八周的中文課程，參訪台北故宮、士林夜市、陽明山，並學習書法、象棋、剪紙等文化活動。如此這般的課外活動，哪裡值得正規的大學為之高調宣傳？

科學救世是通俗的講法。其實並非科學救世，技術創新才能改變社會。科學轉變為技術是一個過程；知識轉變為技能，同樣也需要一個過程。香港的教育體系過分重視單方面的知識傳授，不懂得活用，不重視研究，以致畢業後無法迅速為大環境增值。

美國人從小學起就培養實幹的動手能力以及邏輯分析能力，課堂作業注重構思、團隊合作、專業道德、溝通、社會責任，還有創新思維和創業精神。大學力倡行之唯艱的業界實習經驗。在嚴格的品質認證下，即使普通的美國大學，其畢業生含金量高，可獨當一面，上任即上手（hit and run）。美國公司為學生提供一學期或一年的實習機會，有助學生熟悉工作，更可能在畢業後獲得實習公司的聘用。

日本企業並不期待大學生求學期間把什麼都學到手，因此聘用後再進行培訓。索尼（Sony）的總裁曾經告訴我，日本企業主流的「終身雇用制」為聘用的大學畢業生投入大量資源，嚴格培訓他們成為量身定奪的專職（tailor-made）員工，並不希望大學自以為懂得企業界需要什麼樣的人才，以免把學生導到錯誤的方向，難以為個別企業服務。與東北大學校長大野英男訪談，他說明日本的大學教育首重實質。

美、日教育各有特色，各有所長。兩岸社會特重學位，大學畢業生——香港尤其突出——樂於選擇工作穩定的政府職位，非美又非日。

非常態的專業選擇

幾年前的暑假裡，香港有中學畢業生因為考不上大學而自殺身亡。其實，雖然上不了大學，當事人日後的出路可能更寬廣，當今未上大學而成大業的中外人士到處都是，何至於走上輕生一途？社會忽視實質學習，過度看重學位，尤其是名牌學位，盲目以為上大學是死亡之外的唯一出路，只為了上大學而上大學，真是大錯特錯、害死人的論調！

與此類似的怪現象，還包括香港中學畢業生中的特優者全無以理工為首選，這與三、四十年前的香港以及目前世界其他地區的現狀大不相同。香港學生選擇專業時，幾無例外的以醫、法、商科為首選，而科技和工程往往被視為最後的選擇，忘了當今全球的文化主流乃是科技。根據近年美國就業市場的調查，理工學科的學生已是就業市場的主力，從事科工專業者的前景愈來愈廣闊。何況科工的發達還能增強社會中產階層的實力，減少貧富懸殊的社會問題。

行行出狀元，健康的社會，優秀的中學生選擇大學學科，應該成常態分布，也就是，文、理、商、工、醫、法、農……各專業，都應該有優秀特出的學生選讀，那麼為什麼擁有世界最高智商的香港人竟然顯示出如此偏差的現象呢？

全民讀大學又得以畢業，看似提升平均受教水平，其實虛擲社會人才，埋沒學生的潛能，使原本可以發揮特長的人，除了獲得一個貶值的大學文憑，其他一無所有。事實上，有的山適合種橘子，有的山適合種芭樂，無限擴充大學或者持長槍短銃一窩蜂地往少數專業殺去，結果是所有的山頭都種滿了蘋果樹，長了許多低品質的蘋果，食之乏味，棄之可惜。

香港副學士

一九九七年始，為了填補中學生畢業後上不了大學的出路，香港師法美國的社區學院制度，製造出許多定位不清、缺專才的學程，安排他們修讀兩年副學士。當初設立副學士學位，其出發點也許是好的。可是，在重視學位的環境下，港生取得副學士後，仍然一心想得個學士學位。

為了照顧副學士的畢業生得個學士學位的願望，補補釘釘，政府再額外設立了附加的學士位置（senior intake），以便這些學生讀畢副學士後，進入四年制課程的第三年，最後得個學士學位。某幾所大學也被要求增收約五千名讀畢兩年副學士的學生，進入四年制大學大三的學程（top-ups）。其實很多的大學專業很難為如此大量的副學士學生安排妥適的額外學程，順利銜接課業，多讀兩年完成學士學位。因此，絕大部分副學士的畢業生都只能選些不需要先修課程的軟性學科，因為他們在修讀副學士學程時本不扎實；如此分兩段學習的學士學位，彼此不連貫，無論教師教學或學生學習都難如意。

當初沒有明確安排中學生畢業後處置的進度，反而採取了零敲碎打的做法，頭痛醫頭、腳痛醫腳，先設副學士學位救恙。如此急就章的手段雖然換得一時答案，卻把今天的問題推到明天解決，害慘大家。既然如此，為什麼不根本增加大學招收四年制大學生的名額？

美國社區學院的學生通常較為成熟，也懂得珍惜得來不易的學習機會，因此畢業後若順利進入四年制大學，表現優秀，成為社會中堅。然而香港的大學學位有限，大學空間擁擠。修讀副學士的學生過度接受低質量的通識教育，未得一技之長，讀畢兩年後，若是不能進入四年制大學，必然手足無措，閒置社會。另一方面，如果大學勉強招收副學士學生，可能導致高學位、高失望率的社會問題。

據了解，副學士畢業生是本地失意、不快樂的一群人。如此後果，或許並非當局本意，卻妨礙社會的穩定與發展，既浪費社會資源，又耽誤個人才華與兩年的時光。不理想的教育制度使得社區學院成了社會的負擔，當非始料所及。

此外，香港社區學院學生支付高於教資會資助大學的學生支付的學費，而美國社區學院學生的學費，則遠低於普通四年制大學的學生支付的學費，這也是家境較差的美國學生選讀社區學院的一個原因。家境較差的學生如果進不了四年制大學，反而要花較高的學資，修讀兩年副學士的學位，誰能說這是什麼道理？

就像通識課未必適合每一個大學生，普通的學士學位未必是個人的最佳選擇，也絕對不是善用社會資源的好辦法。審視「九〇後」「〇〇後」大學發展的實踐歷程，如欲達致人盡其才，應該堅守優質教育的宗旨，慎重思考開辦配合社會發展的技職教育，為高中畢業生提供技能訓練的康莊大道，以取代在職場競爭力不高，又進不了四年制大學的副學士學程。

過了二十幾年，二〇二一年港府終於恍然大悟，準備調整、減少、甚至取消副學士學位，教育由外行人訂政策，執行前又未做模擬，繞了一圈，碰著南牆，只得回頭同意大學減少高年級入學名額（senior intakes），還是由外行人主導。

失蹤醉酒男子搜救自己

二〇二二年八月，兩岸廣泛報導數百例的台灣、香港、澳門青年或失業中年人因求職被誘騙至柬埔寨、緬甸等地從事詐騙，遭犯罪集團控制行動自由，甚至被當成「豬仔」轉賣，情節驚悚，駭人聽聞。據報導，一批被詐騙救回台灣的眾人當中，發現有男子疑是共犯，下機後遭檢方逮捕並聲押。魚目混珠，原來詐騙者居然藏在被騙者之中。這是高級還是低級？是少見多怪、聚眾觀看，還是見怪不怪、自怪其敗？

據土耳其《沙巴日報》二〇二一年九月二十八日報導，一個住在土耳其西北部布爾薩（Bursa）省伊內格爾市（Inegöl）名叫木得魯（Beyhan Mutlu）的男子，因為家人數小時無法與他取得聯繫，擔心他的安全，被舉報失蹤。當局出動人馬，展開搜索。

木得魯與朋友出去喝酒，醉酒糊里糊塗走進一片林地，碰巧遇到一群幫助當局搜尋失蹤人員的救援者，他下意識裡自告奮勇加入搜救行動。走了老半天，聽到救援隊中有人喊著木得魯的名字，他大聲回答：「我在這裡」時，人們經查詢後得知，搜救他人的他，也就是大家要搜尋失蹤的他。

警方聽了木得魯陳述後，開車將「失蹤」的他送回家。木得魯的故事是否似曾相似，經常發生在我們的身邊？日久見人心。撥撥算盤，是否發現原來身旁的政府可能是最大的詐騙集團？

第二十二章　大門雖小處，修士必可觀

台、港、大陸的大學充滿活力，但是學術氣氛有待加強。舉例來說，香港的大學數量少，資金集中，近年頗有建樹，特別是在英國主導的排名上表現亮麗。然而，金融掛帥的香港，重英文與工具，輕歷史與文化。此外，受限於舊有的思維模式，師生之間少有互動，學生缺乏可資學習的楷模，潛力難以發揮。

有感於此，因此我帶頭促使大學回歸學術的基本面向，以「大問問於市，學研研出塵」為努力的目標，提醒大家要記住自己的學術使命。此後將城大定位為專業大學，務求以學生為主、創新為本，勵行校政革新。

以色列的文化

猶太人被譽為聰明的民族。雖然猶太人口在全球占比不到0.25%，卻獲得全球22%的諾貝爾獎。愛因斯坦等勤奮的猶太人，提供哲理創見給世人參酌遵行！

面對阿拉伯外敵環視，散居各地的猶太人於一九四八年在猶太荒漠的西岸、地中海的東邊，建國以色列。「枯藤老樹昏鴉，小橋流水人家，古道西風瘦馬。夕陽西下，斷腸人在天涯。」一道盡建國初期的遊子之情，也準確地描繪出淒苦的沙漠荒野之境。此外，她還要面對無休不止的外患壓陣。

建國後，以色列人勵精圖治，歷盡艱辛，不但成就自己，將不毛之地的沙漠轉化成沃土良田的綠洲，而且造福人類，貢獻世界科技文明。以色列大學自主，沒有特別的上級單位，但是運行順暢，此與兩岸三地的政府處處牽制大學，大不相同。

他們廣採眾議，謀求和平、平等，發出正義之聲，力行正義之道；譬如，專業大學以色列理工學院把全校約一萬四千個珍貴的學生名額，撥20％給阿拉伯裔學生；特拉維夫大學也有政策，力主加大女學生在理工學科就讀的比率至50％；落地為兄弟，何必骨肉親！這種胸襟絕非承繼狹隘的本土文化可以想像。以色列有十二所歷史短而優秀的大學，自從進入二十一世紀，多人獲頒諾貝爾物理、化學、經濟獎；僅以色列理工學院一校，即自產三位諾貝爾獎得主，這項成果不是兩岸三地任何一所大學可及，甚至不是兩岸三地所有的大學加起來可及！

劉禹錫的《陋室銘》膾炙人口，「山不在高，水不在深」形容只要自我修養品德，就不會感到居住簡陋，安貧樂道，惟吾德馨。以色列各行業外表平凡，無論餐飲或是大學，門面樸實不誇張。我獨中意《陋室銘》「苔痕上階綠，草色入簾青。談笑有鴻儒，往來無白丁」的意境，想必形容的正是今天的以色列，舉目都是青綠能量，因為她是全球教育程度最高的國家之一，其公民的識字率及擁有高教學歷的比率亦為世界最高之一。

以色列不比香港繁榮，但是有文化。以色列教育文化其來有自，大學國際排名普通，但是可圈可點，景行行止，令人心嚮往之。請教特拉維夫大學校長波阿特（Ariel Porat）以色列大學成功之道，他說他們有歸屬感（sense of belonging）。尋尋覓覓，不敵歸屬！

過去百年以來，兩岸三地聰明的中國人除了誇誇其談，可有任何令人振聾發聵的創建，貢獻世人？又有什麼哲理為世人珍惜歌誦嗎？

烏克蘭的執著

烏克蘭既是歐洲的大穀倉，也是兵家必爭之地，千餘年來，戰火連天，被各種帝國勢力輪番瓜分，繼而一再轉手。一九八六年車諾比發生核電廠事故（Chernobyl disaster），烏克蘭再度引起世人注意。我曾兩次造訪車諾比核電廠及克里米亞（Crimea），先後細讀烏克蘭歷史，不勝唏噓！

我對護理師的無私貢獻，自年輕時即有理不斷的關愛。白衣天使南丁格爾（Florence Nightingale）家境富裕且受過良好教育；一八五〇年代克里米亞戰事（Crimean War）的中期，她面對英國家人的反對，身先士卒擔任戰地護士並培訓護士，為君士坦丁堡（Constantinople）的傷兵提供醫療護理，因處置得宜大幅減低死亡率而聲名鵲起。她用簡單的圖表分析傷亡檔案，說明大部分英軍死亡者並非直接肇因於戰火，而是來自疾病感染，或由於缺乏適當的護理，所以改善環境衛生至為重要。當年她分析使用的圖表就是今天各行各業通用的圓形餅圖（pie chart）的草圖。南丁格爾不但奠定了基礎護理學專業——她的生日五月十二日因此被定為國際護理師節。她是統計圖形學的先行者，為烏克蘭留下歷史足跡。

二〇二二年春天，俄羅斯入侵烏克蘭，我關注車諾比核電廠安危，並感念南丁格爾在克里米亞的貢獻。何況城大杜經寧與烏克蘭切爾卡瑟國立大學（Cherkasy National University）的庫薩克（Andriy Gusak）保持長久的學術合作關係，於是有再度造訪烏克蘭的念頭。然而戰事激烈，交通阻斷，有心卻被無心惱，只得安排跟該校校長切列夫科（Olexandr Cherevko）舉行視訊對談，了解他們因俄羅斯引發的衝突而遭到的巨大傷害，並向烏克蘭高教界教職員、學生和研究人員表示衷心支持。烏克蘭面臨外敵入侵，一時無法克服，我則若大旱之望雲霓，祈禱和平早日到來，生活教研恢復正常。

戰爭害苦了烏克蘭。外籍大學生幾乎全部出走。陰生古苔綠，色染秋煙碧。烏克蘭的大學跟烏克蘭一樣堅毅不屈，教職員原本薪低，戰事不竭，再接受減薪25%。逆來順受，大學持續教研，始終士氣高昂，運行如故，有如終年長生的苔綠，一路染青周圍的空氣雲霧。

日本的創新

日本的網路資訊做過一項有趣的調查，有問自二次大戰以來，什麼是日本人心目中最重要的發明？大家也許想不到，日本人的答案不是手機，不是音響，不是Lexus，不是重工業，不是日式卡通、民主、時尚產品，而是速食麵，今天流行的杯麵。也就是美國人說的instant noodles，香港人吃的公仔麵，大陸人說的泡麵、方便麵，台灣人曾經因為「生力麵」的品牌響亮，而統稱的生力麵。這個台灣旅日人士研發的簡便快餐，早已通行全球，可生吃、可熱食、可煮、可蒸、可炸，有人當正餐、有人當點心，在許多場合與西式漢堡平起平坐，對日常生活影響不小。

日本重視科技，以創新聞名於世。成田機場曾展示廁所藝廊，大陸觀光客被日式馬桶吸引，瘋狂搶購免治馬桶座，購回後發現原來是中國製造。日本注重如廁禮儀，講究廁所清掃，二〇一〇年流行的「廁所之神」一曲就是一個例子；二〇一五年設立「日本廁所大賞」，表揚乾淨且方便使用的公廁，研議電梯裡擺上乾式馬桶，以為地震受困於電梯內的民眾權宜使用。廁所創新，成就廁所科技、廁所外交。

說起廁所，兩岸三地共同的文化之一，就是廁所的髒與臭。除了極少數的高級旅館與餐廳，包括大、中、小學的廁所通常飄出異味，沒人理會。

與世無爭的修士

二〇一三年七月二日，應邀再次踏足福島核電廠，參訪日本。在傾盆大雨中，走進曾經獲得八次諾貝爾獎、三次費爾茲獎、三次京都大獎的京都大學。京都大學不醒目但整潔雅致的小校門，不奢華但實用而稱職（functional）的平凡建築設備，還有獨立而專注、不受街頭政治干擾的學術氣氛，以及樸實不囉嗦、學養深厚的教授，恰似與世無爭的修士，完美體現了心嚮往之的大學理念。在不顯現的校門內，可以找到許多功成名就的隱士。

校名的情緒

本書第二部分簡要分析當代四種類型的大學，每種類型的大學各有所長，都含有教研的因子。學術水準的高低無關有無「大學」兩字，瑞士洛桑埃普夫爾理工學院（Ecole Polytechnique Fédérale de Lausanne, EPFL）就是個好例子。但是，QS世界大學排名榜上多年位列第一的麻省理工學院，常被大陸的網站叫做「麻省理工大學」，這是什麼樣的心理作祟啊！

無論是哪一類大學，學術水準的高低無關學校規模，加州理工學院可以說是另一個極佳的例子。該校教授僅三百人左右，學生不過兩千一百多名，沒有大學的名稱，也不看重台、港人士心目中的通識教育。在眾人追求大而全的當下，好像犯了大忌，然而無損其學術聲譽。法國巴黎的高等師範學校也無大學之名，其規模較加州理工學院更小，聲譽堪稱世界頂尖。

美國高教穩定、進步，大學不輕易增設學科學位，更少創設新的大學。康乃爾大學與以色列理工學院在紐約籌建的康乃爾理工學院（Cornell Tech in New York），算是特例。該校有意追尋加州理工學院，設立精小、高品質的特色校園。

以色列高教出色，校園與大門皆樸實無華。烏克蘭切爾卡瑟國立大學校園不大，飽經戰亂，老僧入定，學術科研依舊，師生士氣高昂。日本踏實，無論機場或大學清爽儉約、不重門面。大學之優異與否，不在大小，不在名稱，而在有無品質，有無特色，有無士氣及歸屬感。

校園與校門

兩岸三地重視高教，其中又以大陸投入最多。許多大學，新校園占地之廣，動輒數千畝之多，非步行及時可達。建築之巨，有如古時宮廷之深，採光不足，消耗能源，又無環保概念，真是大而不當。由於求速度，校舍粗糙，不曾考慮維修，許多建築與設備僅十年之齡，已呈斑駁，牆壁上或玻璃窗，灰煙層層、蛛網密布，像是久無人跡，卻無人置喙。

台灣與大陸的大學，校園有大小之分，然而保養之差，無分軒輊，此可以廁所的撲鼻臭味及校園雜草叢生為代表。香港的大學，少有寬廣的校園，也無高大堂皇的空間，多的是來往不息的人流和擁擠的設施。多數校園雖小，精美整潔。

即使校園校舍存在許多功能性的缺憾，或許不願疏忽人要衣裝的民俗，兩岸三地的大學重視門面裝潢，甚至過度誇大校門、校徽、校名或校旗的擺設。有的學校，在校園四面八方擺開放大的校名、校徽標誌；有的學校，甚至把校門校名的邊緣，裝潢得像夜總會一樣，額外添加五彩繽紛的跑馬燈，唯恐天下不知。不洗臉、不洗澡、不換衣服，卻撲粉抹脂、穿著花俏，金玉其表沒什麼道理。

二〇一五年暑假，訪問普林斯頓大學。其校園草木蔥鬱茂盛，校名難尋，校門不明，甚至每棟學術樓的樓名都小得難以找到。這其實還是非常保守的說法；說實在的，有幾棟學術樓經仔細觀察之後，根本未找到樓名。

美國人不以謙虛知名，甚至還被套上行為囂張的名聲，但是美國的大學像是古代的謙謙君子，深藏不露。兩岸三地的大學反其道而行，言行不一，學問不一定大，場面倒是不小。

取法乎上，應該專注學術和教學，不求門面，多務實，避論街頭酒肉。當代的教師，要採用當代標準，關注學生學習；當代的學生，尊師重道，不要躲在大門後嚷嚷虛無。享受並珍惜學術自由的氣氛，京都大學是個典範；貌不出眾的速食麵、不登大雅之堂的廁所文化，更是可資學習研發的創新概念。

大學大小不重要，歷史長久不重要，校園寬窄不重要，校名校徽的陳列不重要，甚至名字裡有沒有「大學」兩個字也一點不重要。大學的學術自由氣氛才重要，教研的品質更重要。

大門雖小處，修士必可觀。

敬而無失，公而去私

某學院C院長與大學企業總經理D博士不合，全校皆知。兩人總是為各自單位的利益爭論不休，齟齬不斷。二〇二一年度考核，C院長出任大學考核委員，當討論D博士的個案時，注意到C院長給D博士高分，他主張在全校平均加薪4%的幅度上，為D博士加薪4.5%。這是《呂氏春秋》祁黃羊去私故事的現代版本，讓人另眼相看。

第五部

創意與創新

後浪推前浪
新妝補舊妝
草木新雨露
創新舊江山

應中國質量監督檢驗檢疫總局的邀請，我於二〇一四年九月十五日在北京舉行的首屆中國質量大會上，以「質量與創新」為題發表主題演講。

其他主題演講者包括中國工程院院長周濟以及美國前商務部長古鐵雷斯（Carlos Gutiérrez）。來自全球四十多個國家的企業高層代表、中國國務院及各省市質量部委領導，以及企業主管等七百餘名海內外專家出席了大會。

以小見大

由於出席者的特殊身分，選址進出警護森嚴的人民大會堂。沒想到，演講當頭，準備的簡報，因為現場設備一再出狀況，以至於未能發揮預設的功能，本來應該顯示「百年來的世界，每一次質量的更上層樓都是創新，而每一次的創新都涵蓋了前一次的質量標準」的重要概念，因而無法顯現。

大張旗鼓的質量大會上，當著雲集人民大會堂金字大廳各國專家之面，居然因為人員疏忽而導致電腦展示螢幕閃爍不定。雖然這樣的過失在任何會議上皆時有發生，但如此因小失大，為品質做了壞的示範。失之東隅，收之桑榆，恰好為對品質的評論做了很好的詮釋：品質是創新的前提。將錯就錯，順便以高教、能源安全為例，說明唯有在產品安全可靠的前提下，創新才有意義。

創新、研發

千里之行始於足下。為了幫助讀者理解第五部分，繪製了圖V.1，使用的數據是台灣、香港、大陸、新加坡、韓國、日本及美國一九九六年至二〇一九年間上述國家和地區的研發投入占其GDP的百分比。

從國內研發支出占GDP的比重看，美國二〇〇九—二〇一八年平均為2.8%，二〇一九年首次突破3%；台灣從一九九九年起，逐步上升至二〇一九年的3.5%；香港近年略有上升，但是二〇二一年，則仍然低於1%；大陸一九九六年僅為0.56%，二〇一八年達到2.2%，二〇二〇年更增至2.4%。韓國最高，達到4.6%。

如圖V.1所示，台灣多年來在研發上投入巨額資金。可惜由於心件不彰，投入的潛在收益大打折扣，高教失策，並且引發諸多社會問題。香港的研發投入極低，勉強得以維持圖3.1所示的低入學率。

換言之，台、港情況都不理想。與韓國相比，台灣的大學入學率超高（見圖3.1）而管理不善，與香港的大學入學率超低而陳年守舊的情況同樣嚴重。韓國招收了數量偏高的大學生，但仍持續在研發

圖 V.1：亞洲特定國家及地區與美國的研發投入

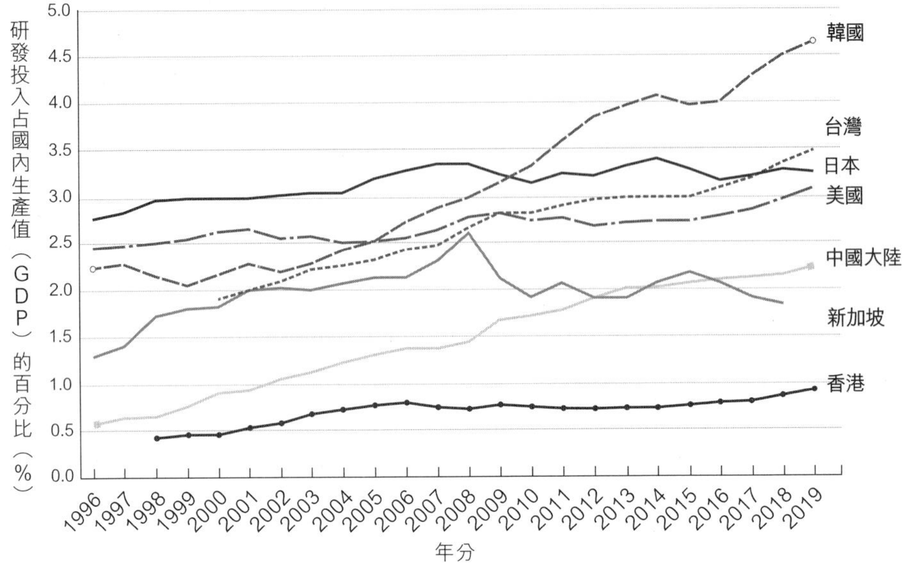

上投入大量資金，表現最佳，高科技企業在韓國成功顯而易見。這些年韓國屢有創意，大陸突飛猛進，台、港大致紋風不動。

如果沒有健康的籌劃，能做好的事情並不多。這部分說明領導力必然影響高教和創新。

知識轉移

在審視高教質量時，通常留意評估大學績效、學生學習、畢業生的就業能力、教師生產率及校友對社會的貢獻等標準。但是，這些只是大學取得卓越成績所需要的一些條件。大學還承擔著其他無形的責任，例如創意創新，培養人才，創造知識，激發思想等等。

大學必須促使知識創造與轉移成為其願

景的重要組成部分，才能發揮作用。知識轉移可以增加價值，獲取或傳播新知識，確保新知識供人使用。透過研發投入而傳播新知識，為有待解答的全球問題提供方案，是過程中的一個重點。為了保持競爭力，大學必須向師生闡明，將知識轉移融入教學、學習、研究及對外拓展中。

近幾年訪談全球數十間大學的校長，了解許多大學設立專責機制，推動知識轉移，並將此作為衡量大學績效的一項重要指標。例如，位於德國汽車之城的斯圖加特大學（University of Stuttgart）設立大學委員會，推動知識轉移，著有成效。

至於產生八位諾貝爾獎得主的英屬哥倫比亞大學（University of British Columbia），則在從事教研的同時，致力知識轉移，協助成立了二百四十五家衍生公司（Spin-off companies）；其中好幾家已成業界翹楚，由大學研究人員創辦的加拿大幹細胞技術（STEMCELL Technologies Canada）即為全球最大的同類公司之一。

創新和知識轉移最具創意的非康乃爾理工學院莫屬。這家二〇一二年成立的新型校區融合教研與創業，首創在校園內成立孵化科創公司，期望三十年內創造兩萬八千個職位、六百家公司，以及產生兩百三十億美元的經濟收益。截至二〇二二年，其在校生和博士後學者在紐約開辦了七十多家科創公司並且吸引了七千五百萬美元的投資。

創新成功的知識轉移，可以關係國家興亡，以色列就是匹夫有責的好例子。人口九百萬的以色列，處於斷腸人之地，自然資源匱乏，地緣政治險惡，自一九四八年建國以來，歷經數次戰爭，倔強成長，如今已是全球領先的「創業之國」（Start-up Nation）。該國獨立不撓，一九二四年開始招生的以色列理工學院居功至偉，培養了70%全國高科技公司的創始者和管理人。其畢業生創立了七百九十二家公司，其中十九家為獨角獸（unicorn），凡此成就讓兩岸三地的大學望洋興嘆。

未來已來，唯變不變。創意創新，誰來推動？知識轉移，誰去執行？人盡其才是瓶頸，執政者的心態更是創新的瓶頸。

第二十三章　創新在於提問

中華文化重共性、隨大流，不鼓勵競爭冒尖。兩岸跟隨時代的腳步，希望創新。創新首在保持一顆好奇心，不停探索；否則，難道年長的人就不能創新嗎？

第十一章提到一位出身名校、大學成績優異，遭時不遇、有志未伸的中年官員。這是一個社會上屢見不鮮、耐人尋味的次文化典故：無有創新事，唯見當年勇。

多提問題

愛因斯坦說過：「我們要學習昨天，活在今天，寄希望於明天。關鍵是不停地提問。」世界存在許多問題，需要探索、解決。要為未來做好準備，利用現在尚未發明的技術，規畫目前並不存在的工作，解決現在看來不是問題的問題。

手邊有現成的例子。不久前人們還透過空郵或平郵寄信給親朋好友，但目前多數人都已改用電郵、微信、微博，或用部落格、臉書、推特、flickr、Instagram、視訊會議傳遞信息或圖片。電話從3G發展到4G、5G、甚至即將問世的6G，iPhone、iPad等愈來愈流行的電子工具。電視更由黑白變為彩色，從高清（High Definition）發展至高維（High Dimension）。汽車則由傳統的燃油、燃氣、油電兩用到電動車，並使用大量的傳感器提高安全度，以及研發中的空飛汽車。這些新的交流工具帶來方便與舒適，卻產生新的問題，催生新的機會，需要探索、解決。

多加思考

下面用幾個小故事來說明探索與創新的重要性。

首先是潔淨水。美國國家研究會曾經報告，指出潔淨飲水延續人類壽命十年，可是目前世上仍有約十分之一的人無安全飲水可用。卡內基梅隆大學（Carnegie Mellon University）環境工程專業的丹科維基（Teri Dankovich）非洲之旅，眼見孩子們喝不到純淨的水，於是製作嵌著奈米銀離子的低價紙，裝訂成書，用以過濾出標準飲水。每一張奈米紙可以過濾一百公升的水，一本這樣的書可供一個人四年的飲水需求。這本大部頭的書被《時代》雜誌選入「二〇一五年最佳的二十五個發明」之列。

還有汽車與自行車的故事。多年前，人們把擁有汽車當作文明富裕的象徵。大陸城鄉居民過往以自行車代步，要不就是坐公車或搭乘地鐵。近年來，隨著經濟發展，大陸的汽車銷售量已超過美國。到二〇二〇年底，中國交通管理登記的汽車數量為二點八一億輛，也超過美國汽車的數量，大陸目前還是全球高速公路無人駕駛汽車的最大市場。當今的趨勢，更是設計和製造自動駕駛汽車、電動汽車、使用氫燃料的汽車，而不是傳統的燃油或燃氣汽車。

與此同時，歐、美等西方經濟發達的國家，為了環保，興起一股以自行車代替駕車的熱潮。以法國巴黎為例，二〇〇七年七月，市政府推出名為 Vélib 的公共單車租用計畫（Vélib 是由法文腳踏車〔vélo〕和自由〔liberté〕兩個字組成）。市民可以用低廉的價錢租用自行車，自行車停放站遍布巴黎四周。一開始，市區有七百五十個停放點，設置一萬部供租用的自行車。啟用第一年，就創下兩億多車次的租用紀錄。這一計畫目前已經擴展到巴黎郊區四十多個城鎮。

二〇一〇年夏天，倫敦推出相應計畫，在市中心設立了三百多個租車點，並提供五千多輛供出租的自行車。台北市也推出類似計畫 Ubike，於二〇〇九年示範營運，行之有效，並於二〇一二年十一月正式啟用整套系統，至今星棋羅布的自行車道頗受歡迎。自行車在香港稱為單車，香港近年在新界推出類似的環保「共享單車」計畫，二〇二二年開闢八十二公里的「單車徑」。

很多人應該經歷過或看見過自行車、機車、汽車、卡車、公車、甚至飛機爆胎。至今幾乎所有跑上跑下的車子皆使用充氣式輪胎，不過因為充氣式輪胎有爆胎漏氣的缺點，於是科技大廠開始研發免充氣的輪胎。

再以減碳為例。二氧化碳對人體有害，濃度過高可使人眩暈、窒息死亡，並產生溫室效應、全球氣候變異。以上說的自行車租賃計畫，也是許多國家努力減少碳排放而採用的另類措施。

減少碳排放是熱門論題。根據《京都議定書》，為減少溫室氣體排放，有擬議採用市場機制，建立以「減碳排放量」為主的交易。溫室氣體交易以每噸二氧化碳當量為計量單位，統稱為「碳交易」，鼓勵減排成本低的企業超額減排，將其所獲得的剩餘碳配額，出售給減排成本高的企業，從而幫助他們實現設定的減排目標。受沙漏的啟發，如果把特殊裝置放進沙漠，通過儲存日間熱能的沙粒，提供夜間電源。其能源轉化率達到60％，至少可以適當儲能並轉化使用，是減碳的好辦法。

大家還知道，二氧化碳有很多工業用途，可以用來滅火，注入汽水可以產生氣泡，增加口感。這裡介紹一個私密小方法。若在燒烤用的牛、豬、雞肉中加入二氧化碳，烤出來的肉特別可口。至於怎樣將二氧化碳加到肉裡，就當個習題，請大家探索吧！

還有將葡萄放入二氧化碳的厭氧發酵（Anaerobic Fermentation），讓葡萄進入無氧狀態，將果糖轉換成酒精，在適當的條件下釀造出香氣柔和、口感豐富的葡萄酒。咖啡豆的厭氧發酵處理也根據同樣的道理，將成熟的咖啡豆置放在密封的金屬容器裡，再注入二氧化碳，促使咖啡豆在無氧的環境下進行發酵與分解，最後發展出誘人的甜味和風味。

固態的二氧化碳乾冰可以製造氣氛。更有趣的是，科學家正研究在二氧化碳中加入催化劑或透過光合作用，使之轉化為汽車燃料。如此一來，豈不類似植物產生能源的方式了嗎？

對於樹木來說，二氧化碳是植物光合作用不可少的有益氣體。目前，科學家已能夠從發電廠的廢氣中獲取二氧化碳，將來更可能從空氣中直接提取二氧化碳。如果成功，不僅可以減少空氣中的二氧化碳，改善環境，還可以舒緩能源緊張問題。到時候，誰又能說二氧化碳不好？說不定哪一天二氧化碳還可以出售賺錢呢？

僅靠有限的知識，抱著死腦筋，不提問題，不懂得融會貫通，很難了解天生萬物的道理，如何創新？

新科技、新挑戰

藉雲端計算之助，大家享受網際網路帶來無遠弗屆的資訊與方便，但是社會也同時受到網路犯罪的困擾。網路犯罪的影響，大致分為：攻擊電腦硬軟體、金融犯罪、網路濫用與霸凌。台灣還有當政者利用網軍治國，詆毀政敵。

舉例來說，美國的網路犯罪，自二〇〇〇年起罪案投訴的16,838宗，飆升到二〇二〇年的791,790宗；估計二〇二一年網路犯罪全年全球的損失總額達六兆美元。此外，雲端計算的安全性與可靠度如何？尤其嚴重的是網路犯罪對國家安全的威脅與破壞性；如果不夠嚴重，為何習近平遠渡重洋，於二〇一五年九月二十七日問路於華盛頓特區，與歐巴馬就網路駭客問題建立對話熱線？為何拜登特別指名俄羅斯為網路罪犯的源頭，有損美國國家安全？事實上，根據美國三大情報機構（聯邦調查局、國安局、中情局）二〇一四年一月發布的《全球威脅評估報告》，美國國家情報總監將網路犯罪列為國家安全的最大威脅。

新科技面臨新挑戰，需要評估風險，確定不良事件發生的潛在原因，並制定緩解措施，以減少事故發生的機會與影響。譬如，遙控飛行器（drone）的出現，可應用於農業、交通、娛樂、拍攝、維護原鄉自然生態等有利民生方面。同時遙控飛行器也是雙刃劍，用錯了可能造成大的危害。二〇一五年一月二十六日，一架兩呎寬的遙控飛行器撞落白宮空地。雖然該飛行器純為娛樂用，當時美國總統和家人正訪問印度，並無危險。但是玩樂小飛機突破白宮的保安防線，引起不安。如果被恐怖分子利用，攜帶彈藥、軍用相機、通信偵察與電子戰設備，將會帶來不堪設想的後果。的確，遙控飛行器已經在中東、烏克蘭等地被當做軍事武器使用。

近年來，社交媒體科技發達，日新月異，在年輕一代人中尤其火爆。以主攻影音分享的手機應用程式 TikTok（大陸「抖音」程式的海外版）為例，最近在歐美、印度增長迅速，全球下載量超越二十億次。僅美國一地，短時間內就積攢了一億用戶，且大部分是大型科技業者和廣告商覬覦的年輕族群，是近年來唯一在科技巨擘長年盤踞的美國網路市場，打出名號的社交媒體程式。

伴隨新科技便利而來的是對個人隱私的憂慮，更由於 TikTok 源自中國，當二〇二〇年美中關係日趨緊張之際，TikTok 成為打擊目標。先是印度政府在中印邊境衝突後，宣布禁用這一應用程式，美國和澳洲在七月也聲言禁止 TikTok，理由是保護隱私和國家安全。蓬佩奧在接受福克斯新聞（Fox News）採訪時公開表示：「在美國開展業務的中國軟體公司，無論是 TikTok 還是微信，以及無數其他公司……正直接將數據饋送給中國共產黨及其國家安全機構。」川普甚至放言，如果 TikTok 在特定期限前不賣給美國企業，就必須關門，而且交易後「很大一部分錢必須交給美國財政部」。

可以肯定地說，人們對包括人臉識別在內等私人信息的合理擔憂，適用於大多數社交媒體程式。隨著各國嚴格監管網路，相繼推出反壟斷及隱私保護法案，使得取得個資授權益加困難。可是道高一尺，魔高一丈，網路詐騙猖獗不止，每年被騙人數及金額均直線上升。

未來學家托夫勒（A. Toffler）早在一九九五年出版的《戰爭與反戰爭》（*War and Anti- war: Making Sense of Today's Global Chaos*）一書中，就構想了一些尖端武器。其實，尖端武器未至，可怕的是新科技帶給世人自找的麻煩；空汙就是一個自找的麻煩。我們應該明白，凡事只要可能出錯，最終就一定會出錯。說到底，成也人，敗也人，人是一切問題的根源。深度近視眼的政府是不是應該戴上眼鏡，避免老在小節上打轉？這才是面臨的最大挑戰。

健康一體化

二〇一九年六月二十五日與洪堡大學校長孔斯特會談後的次日，與同事在攝氏36度的熱浪下，造訪柏林圍牆遺址，並到遺址旁的麥當勞用餐。但是進入麥當勞後，馬上發現店內沒有冷氣！此一現象並不特別讓人吃驚，因為自從德國下達廢核的指令後，電力吃緊，電價高漲，邊區郊外停電頻傳。二〇二二年俄羅斯控制天然氣輸入，屋漏又逢連夜雨，窮困人家遭殃，社會不安。

科技應該造福人群，而今當人們變成了科技奴隸的時候，身材大號的德國平民，反其道忍住酷熱，被逼得遠離科技。皆有失之，何苦來哉！

有人在二元化的推論下，強調以人為本，認為科技進步忽視人文的重要性。但是，何謂以人為本？維持人本，丟掉世界，又有什麼意思？依靠創意，有了創新，不僅可以發現問題，還可以解決問題，維護地球生態。以世界面對的能源問題為例，應有許多解決方法，只是有些目前還不知道罷了。創新科技從政府做起，很多違反創新科技的做法，不也是由政府前導的嗎？

這些影響，一言以蔽之，就是創新，要在人、動物、大自然彼此共存榮的「健康一體化」（見圖

圖 23.1：健康一體化

23.1）下進行。二〇二〇年起橫掃全球的新冠疫情就是個令人難堪的現實例子。在佛家的眼中，人、動物與大自然，本來是一個不可分的生命共同體。古鑑有言：「物惡獨勝，物好共榮」。道家也認為，人與自然和諧，「萬物與我為一」。健康一體化在工業化的西方影響下，習焉不察，今天姍姍來遲，已是汙染嚴重，大地與眾生遭殃。

小朋友的作文

小學老師要求學生以天氣炎熱為文。一位小朋友說，他能活著，要感謝兩個人，一個是張弓搭箭射掉九個太陽的中國人后羿，另一個就是發明冷氣空調的美國人凱瑞爾（Willis H. Carrier）。根據小朋友的說法，如果沒有這哥兒倆，大家早被熱死。還有，他認為曬幸福不是本事，有本事就曬太陽，打敗人的不是天真，是天真熱！如此赤子童心的創意文章，不太可能是學富五車、食古不化的人寫得出來。

吞雲吐霧，半入清風半入喉。「外物無常、內悟常新」，創新要帶著赤子之心。

第二十四章　如何推動創新科技？

推動經濟轉型，須踏踏實實做出規畫，不能口惠不實。舉例而言，美國的愛荷華州以農業為主，曾經擁有像 John Deere, Amana, Pella Windows 等高級機電產品。早在二十世紀初，州政府就希望由農業轉型工業。但是多年來投資很少，所以至今仍然是個農業州。只有願望，沒有行動，不會成功。

小時候，凡是談到日本就會聽到許多負面意見；今天說起韓國，也有人表示不敢苟同。就創意創新而言，日本與韓國都有可資學習的地方，包括重視人文藝術，令人稱道。日本的茶道和中國唐代風格的建築物，與高科技的文明相輔相成，就是明顯的例子。再以航空業為例，早在上世紀七〇年代，大韓航空由於飛行事故頻繁，被列為安全紀錄最差的航空公司之一。時至今日，韓航與世界任何航空公司相比，在安全與服務品質上均毫不遜色。

雖然創新源於自由馳騁、無拘無束的探索，但是還要考慮環境加予的限制，投資仍然重要。據二〇一九年亞洲國家及地區研發開支占GDP的比率所示，日本占3.28％（見圖V.1）。日本的科技領先世界，與研發投入大有關聯，不僅研發經費占比名列世界前茅，由企業提供的研發經費也相當出色。再看看亞洲四小龍中的韓國、新加坡、台灣和香港，就不難理解，科技產業的發展需要投資與行動，才能促進經濟發展，造就中產階級。

韓國

韓國採取中央決策的模式，制定與執行科技政策，垂直整合產業結構，經營項目幾乎涵蓋上中下游所有範圍。政府曾經訂下汽車工業超越美國、電子產業超越日本、漢醫藥研究超越中國的宏觀願景。

韓國於一九六一年成立經濟企畫院。一九六七年將隸屬該院的技術局擴展為科學技術處，一九九八年升格為科技部；一九九九年設立以總統為主席的國家科學技術委員會。二〇〇一年，將規畫、預測、評估與調查科技的韓國科技評估及計畫研究院職能擴大，包括擬定科技政策的協調計畫經費，評估科研機構與科技部實施的研究計畫。

二〇〇八年，韓國前總統李明博主導訂立「科學技術基本戰略計畫」，二〇一二年發展重點產業，提高研發預算占ＧＤＰ的比率。三星成為世界大型的手機品牌，韓國成為世界第三大造船國，並可能在二十年內成為世界第三大核電廠設備輸出國。正如圖V.1所示，以上所有這些成就都得利於超高比率的研發投入。

創新超出數理科技，涵蓋文藝、影視、教育、時尚、新媒體、供應鏈管理、網路文化等。關注韓國的發展三十多年，韓國面貌一再更新，除了三星和現代等科技企業成績顯著之外，其輸出的社會文化，如韓文學習熱潮，經由韓流吸引世人注意。二〇二一年五月韓國政府公布「韓國半導體策略」，擬在十年內投入四千五百億美元，打造南韓成為全球最大晶圓製造基地。

文化與科技相輔相成。韓國應用寬頻帶動文創產業，由影視作品和時尚產業匯合而成的滾滾韓流，席捲全球，其動力與政府的政策分不開。發展韓國料理為「世界五大飲食之一」是又一個例子。韓國對科技產業的投入，效果明顯，回收豐碩，自有因果關係。

新加坡

新加坡一九九一年制定第一個科技發展五年計畫。其科技研究局一方面調查研究產業的需求，提供支援；另一方面訂立全球人才招聘政策，並為高中預科、大學生和研究生實行培訓計畫，以確保充足的研發人才。新加坡興建生物醫藥園和資訊傳媒園，提供一流的基礎設施，增加對外國企業和全球人才的吸引力。二〇〇三年，啟動 GET-UP 計畫，向企業提供技術、人力、財政和拓展海外市場的援助，鼓勵中小企業吸收和運用新技術。

配合政府的科技政策，二〇〇〇年成立新加坡管理大學（Singapore Management University），提供管理方面的課程，很快受到全球注目。新加坡決策果斷，高執行力令人刮目相看。

新加坡的資訊技術居全球領先地位。生物製藥業發展迅速，輝瑞製藥、諾華和惠氏等國際大型製藥公司均在新加坡設立生產基地。新加坡面積較香港小，然而整體發展引人注目，與其科技的投入絕對相關。新加坡稱得上是跨國合作的典範，勞斯萊斯公司在新加坡生產巨無霸飛機引擎，僅為近例。

二〇一一年及二〇一二年新加坡兩度取代香港，分別成為亞洲第一大外匯交易中心及第一大金融中心。六十年前，新加坡的人均ＧＤＰ與台灣、香港、韓國不相上下，而今不僅遙遙領先其他三小龍，還超越美國，與其科技創新成功大有關係。

台灣

台灣師法美國國家科學基金會的設立，領先其他亞洲三小龍在一九五九年成立行政院國家科學委員會，專責科技研發。當時認識到土地與人力成本逐漸提高，傳統產業競爭優勢衰退，於是依據市場潛力、產業關聯、附加價值、技術層次、汙染程度及能源依存等六大原則，以科技研發作為努力方向，選出適合發展的新興工業。一九八〇年，於新竹創立科學工業園區，引進高科技產業，培訓本地人才和延攬優秀海外人才，其後又分別建立中部和南部科學工業園區。

台灣對科研的投入堪與世界先進同步，對創新的意念曾經十分強烈。過去三十年，台灣在半導體、電子及資訊等高科技產業方面，成就顯著。曾經訂立科技白皮書，把西部聯合成為科技走廊。

遺憾的是，政爭內耗，早期的科研投入被打折扣。法政背景人士輪流掌權，特別是當今政府的官員議員，大部分從選戰中打拚出頭，機智口才與政治表演出眾，施政遠離邏輯常態。譬如，處理能源環保荒腔走板；為了政治原因，台灣二〇二一年新冠疫苗採購停滯、二〇二二年快篩試劑缺貨，均嚴重落後亞洲已開發經濟體，直到全民陷入疫苗接種人數超低、死亡率攀升的窘境後，才遽然驚覺醫療量能不足，卻仍然笑罵由他笑罵，無人負政治責任。

與民主成功的韓國相比，台灣的研發經費合理，可惜高教失策，政經失序，投資意願差，科研失焦。巧婦難為無米炊，只能眼看鄰近國家與地區突飛猛進，領盡風騷。

香港

香港的工業基礎狹窄，嚴重偏向金融、房地產和商業，導致產業結構失衡，破壞和諧與多樣性，無法培育強大的中產階級。

三十年前，香港有志之士以密集座談等方式提倡創新，引不起共鳴。二十多年前，董建華響應以科技作為香港發展的方向，卻因為金融危機，後繼無力。香港雖然在二〇〇〇年起先後成立創新科技署和應用科技研究院，但是，近年只看到零星的小項目，少見實質的成果。香港缺乏完整的科技政策，就創新科技而言，迂滯保守，遲至二〇一五年十一月才成立創新及科技局。

香港大概是世界唯一沒有國防支出，又不須把結餘上繳的地方，但是對科研資助僅占其GDP的0.93％，省下的這一大筆國防經費，都用到哪裡去了？香港的製造業只占本地生產總值的1.1％；科研投入乏力，杯水車薪，遠遠落後北鄰的深圳。與二〇〇〇年方才起步的深圳比較，儘管香港的學術研究具有優勢，在論文發表及引用方面領先，但在科技工業化和商業化方面十分欠缺。

由於經貿順暢，香港是世界上科研成果的享受者，對於創新未必有急切感，口惠不實，因此少有成果。科技創新是永續發展的支柱，若不此之圖，貧富差距必將每下愈況，因此造成的社會不安，並不是靠社會福利救濟就能解決。由於經常表述這一主張以及許多工業家的提議，林鄭月娥總算關注這些歷史性缺陷，在二〇一八年互聯網經濟峰會上設定目標，於二〇二二年將科研資助增至六十億美元或香港GDP的1.5%。她的繼任者力主與周邊城市的產業鏈結合，發展創科，構建國際科研之都，具體措施尚不明朗。

大陸

就微觀來看，學位與創新沒有必然的關係，兩岸三地學位授予的方式更是多少限制了創新。從宏觀上看，大陸欠缺自由競爭，重短利，世界人才招聘局限又保守，與創新的原創性格格不入。

在獨斷指揮下，大陸專心一意，大刀闊斧研發科技。根據《二〇二〇版歐盟工業研發投資記分牌》，從具體研發支出額計算，中國自二〇〇〇年以來，每年增長16%；自二〇一五年超越歐盟二十七國後，一直穩居世界第二。二〇一九年為5,148億美元，預計將在二〇二五年超過美國。

為了急於表功，大陸官員樂於投入財力，支持科研、辦學。可是新官謀求近利，一旦上任，便提出另一套計畫。區、縣級，甚至省、市級黨政領導推翻前人計畫，變臉比翻網頁還快。此與香港舉步不前、台灣民粹政治掛帥的行徑大不相同。與新加坡相比，彼此的管治方式類似，大陸資源較佳，心件較差，成效打折。

大陸IT工業表現亮麗，但是基礎重工業落後。舉例來說，大陸的鋼鐵生產量居世界之首。然而，進口大量礦石，每單位鋼鐵所用的礦石、煤炭、電力等資源遠高於發達國家，消耗寶貴的資源，導致嚴重的環境汙染。鋼鐵過度量產，極其昂貴的特殊鋼鐵，反而有賴進口，才能滿足國內高科技之需求。大陸低附加價值的鋼材占了產出的絕大部分，鋼鐵工業的利潤遠低於美、日同行製造的高端鋼材。就像是蘋果的最大利潤由美國獨得，大陸僅賺點代工微利。

大學扮演的角色

進入知識經濟時代，企業透過諮詢、專利許可支持科研的模式在韓國獲得成功。殖民統治時代的香港沒有科技政策，不難了解；但是，九七之後的香港，雖然擁有充沛的人力資源，科技依舊搖擺，繼續落後於人。除了社會的認知文化因素，不免懷疑官僚除了執行過時的微管，在輔助新企業與鼓勵創新方面，是否寫些空頭支票（lip service），或者果真虛有其表？

台灣普及高教，逾百萬的大學生及逾二十萬的研究生，照理可以為自創品牌提供人才基礎。但是與韓國相比，相形見絀。韓國自從一九九九年推出韓國腦力21計畫以來，全力投入產、學、研的結合，到了二〇二〇年，已獲得21,997項美國專利，超過台灣的12,141項。為什麼台灣的科技產業一度領先，如今即使擁有充沛的大學畢業生，反而落後於人呢？

中美貿易摩擦持續升級而影響國際貿易與投資機會，台灣是否想在製造業市場上增加一些份額？欲持續保持動力，除了現存、不久將過時的電子產業優勢外，是否有開發新的增長點和找出具有競爭

表 24.1：美國、英國、大陸、日本、新加坡、韓國、香港及台灣的大學獲頒美國實用專利數

國家 / 地區	大學獲頒美國實用專利的數量				
	2021	2020	2019	2018	2017
美國	6785	7336	7208	6329	6406
英國	170	212	215	195	187
大陸	2098	1665	1391	1003	1017
日本	701	788	814	701	788
新加坡	100	108	106	100	105
韓國	1008	1351	1340	1187	1163
香港	185	163	167	132	139
台灣	355	407	452	430	466
其他國家地區	1295	1193	1339	1111	1028

性的利基產品？能源、生技、雲端計算、資訊服務都是擁有發展潛力的領域。政府是否擬定了可行、有效、超越代工思維的扶植政策？台灣政府有像韓國、新加坡一樣，擁有獨立自主的科創政策嗎？大學扮演了什麼角色和功能？

如果關注大學的專利產出，則值得探討美國專利授予的分布情況。今特以表24.1列出二〇一七至二〇二一年間，美國、英國、大陸、日本、新加坡、韓國、香港及台灣的大學獲頒美國實用專利（U.S. utility patents）的總數量。多說無益，此表顯示的是以上國家及地區高教創新表現的一項參考指標。

確切地說，美國產、學、研的發揚光大，有賴其近百所具有極高研究力的教研合一的大學。半個世紀以來，美國的高教不僅是全球規模最大，外籍生人數最多，而且是最優異的高教體系，由以下成果可見一斑：發明的教學軟體和出版的無數教科書（見第四、八章）；大量諾貝爾獎獲獎人數（見第

十三章）；尊重學術自由與大學自主（見前言、第十五章）和自由競爭（見第十三章）；教授出眾、學術排名領先（見第十八章）；專利、發明創新（見第二十四章）。其高教成功、對世界文明貢獻歸功於政教分離、多元資助、法治下的自由傳統、績效文化、市場競爭、專家治校等機制。

產、學、研聯合體在全世界都有不少可圈可點的例子。借助大學之力，科學園區促進高科技產業發展。近年美國的大學首創的創新角落（Innovation Zones）是以大學為主力的創新園區，目前有五個創新角落，其中成功的包括四十五家科創公司落地的喬治亞理工學院科技廣場（Tech Square），後起之秀康乃爾理工學院。創新角落便捷而又直截了當推廣大學人才庫。城大推出的 HK Tech 300，投入五億港幣給學生及校友成立三百家科創公司，算是亞洲首創。

在一定時期內以政策支持特定產業的做法非常普遍。韓國在制定第一個經濟發展五年計畫時，提出保護汽車工業，汰劣存優，集中扶植「現代」集團為主力產業。荷蘭自一九九六年起由國家全額支持農產研發，如今成為全球農產品第三大出口國，二〇一九年出口淨值達九百四十五億歐元。韓國、荷蘭的重點產業為中產階級的福祉提供助力，全拜投資研發之賜。

有別於地產或股票買賣，二十一世紀社會命脈的科技可以創造財富，是中產階級的支柱。前瞻性的科技政策與投資研發引導創新，促進經濟增長，甚至決定一個國家或地區的興衰。兩岸三地發展醫療服務，推動精緻農業與動物醫學，可仿傚荷蘭的做法，透過信貸營造產業蓬勃環境，而非優先依靠補貼農家等政治、經濟權宜之策。

產、學、研互動不僅可以提升科技水平，而且還能促進創意、擴大邊際效益和溢出效益。與美國比較，為什麼台、港竟然視產、學、研如無物，而沉溺在產、官、學三棲的漩渦裡自求多福、不能自拔？

創新科技與知識產權

為了防止大型科技企業壟斷市場，歐、美及中國紛紛制定反壟斷市場的法律。其中受影響的有Facebook、Google、阿里巴巴等。這是繼上世紀八〇年代將AT&T分解後，另一波反獨占企業的行動，料將還有其他科技公司受影響。這些行動表示資本主義並非無止境的擴充，更非允許公司無止境的謀利。在制定反壟斷市場行動的同時，大家積極推動創新科技，並且保護知識產權。

台、港面對的許多問題，乃是由於不了解高教創新、創業與民生福祉三位一體的重要性。適當投入相關科研、前瞻性的資源與優質文化，可以增進生活質量，排除阻礙社會進步的關口，以及降低社會動盪的不確定性。投資與創新研發不再是該不該做的問題，而是在執行政策、鼓勵企業投資方面做得夠不夠的問題。科技研發有輕重緩急，兩岸三地的社會制度有異，挑戰不同，有賴系統規畫。科技研發的政策就請交給專業人士處理，若想突破，請先從政府改造起步。

創新取決於能力、內容與組織。大陸為了實踐「中國創造」的憧憬，創新的企圖心既較台、港強烈，其全力而為的毅力與決心，又勝過台、港。大陸重教育與學習、尊崇廣博的知識，執行任務的人力資源豐富，是強項；但是先進管理人員嚴重不足，黨政人員跋扈，是缺口。

創新科技有賴知識產權的保障，知識產權為科技商業化提供必要的誘因，有助大學拓展科研。知識產權和專利影響技術轉讓，並顧及創新和技術。侵犯知識產權的行為包括模仿品牌或產品，不尊重註冊商標，通過反向工程（reverse engineering）抄襲，未經許可翻譯外國文字，以及使用無專利保護資格的軟體產品。韓國、日本、甚至美國都有過偷竊知識產權的不良記錄；台、港更曾經是抄襲模仿之徒的天下，尤其是大學教科書的翻印。大陸近年來取代台、港成為主要模仿者，對於知識產權保護與涉嫌竊取知識產權的行為，不久前還受到投資大陸的海外公司廣泛批評。

中國人對藝術與時裝行業的剽竊行為司空見慣，但是隨著越來越多的中國公司持有專利，這種不當行為及對侵犯知識產權的投訴情況正在改善。根據湯森路透（Thomson Reuters）二〇一一年的一份報告，「隨著中國不斷加強創新以改善其知識產權紀錄，目前已超越美國和日本，成為世界最大的專利申請國」。預計這一趨勢以及進行中的中美貿易戰，將促使中國採用國際標準，並鼓勵中國對知識產權做更好的保護。如果大陸因為這個挑戰而覺醒，才有可能成就中國的創新復興。

排除產業發展的政治性干擾

出訪巴黎，在地鐵站處處見到中文簡體字與韓文醒目並列的指示牌，感受到中韓在歐洲大都會引人注目的程度。由此想起四小龍之一的台灣。台灣以中小企業為主的廠商各自為政，很難與以政府為統帥、以國家政策為指導綱領的競爭對手匹敵。

相比之下，台灣曾經訂立過二〇〇二年的「兩兆雙星」與二〇〇六年的「品牌台灣發展」計畫，二〇〇九年和二〇一〇年又分別提出六大新興產業和四大智慧型產業。可是因為受優先保衛政權的影響，使得產業偏離民生福祉。加以口號充市，缺乏雨露滋潤，抑制了繁榮生長，科研創新後繼乏力。

比較顯著的，近年有核四和航空營運等事例。核四計畫在一九八〇年代提出，幾經周折，過了二、三十年，花費逾百億美元，至今封存，並送出核燃料。早知如此，何必當初。倘若計入時間價值與運轉損失，全民承受的代價實在驚人。

有夢最美，執政前，矢言廢核，保證絕對不缺電、十年內電價不漲。執政後，完工的核四，棄而不用，終於領教缺電的壓力，承認對低備載容量率的不安，於是多管齊下，先於二〇一八年四月漲電價。究竟為了什麼原故，政府提出一個又一個總額一百億美元的預算，用以投入再生能源、前瞻計畫及增加天然氣採購與周邊設備？即使如此大費周章，似乎仍然沒有順暢供電的把握。二〇二一年台電以降壓方式面對危機，號稱此為穩定供電，無關缺電。在採取降壓供電的權宜之計後，又逆勢加碼投入逾三十五億美元，強推火力發電。

以上的非核計畫，尚未計入運轉經費及國際石油、天然氣價格的高度不確定性及可能涉及的國安困境，更未考慮包括環境汙染、罔顧空氣汙染導致肺癌成為台灣癌症死因之首，許多難以估計的經濟面損失。根據台大公共衛生學院二〇一六年的一份報告，台灣每年有六千人因空汙而死於肺癌。到底何時、由誰來吸收這些代價？

當下有誰真心在乎或因低備載電力容量，而可能導致科技企業外移、阻礙新科技企業內移等問題？除了已知的經濟損失及花費，還有誰計算過那些高調的電價、低供應的電力備載、意興闌珊的投資意願等相織而成的機會損失（opportunity cost）？

台灣與外界沒有電網連接，其98%的能源來自進口，每年電力平均消費量在四小龍中位居前列，卻享有極其廉價的電力。適當定下電價、準確反映不同時間消費模式的差別收費，有助節能和環保。然而政治意識形態踐踏民眾福祉，台灣至今依然沒有由專業人士設計、摒棄黨派之見的能源環保政策，亦未可預見新能源研發的重大突破。

較遠的，發生在一九九五年我擔任德州農工大學系主任時，服務於達拉斯美國航空公司（美航，American Airlines）的校友銜命造訪，探尋以桃園機場作為亞太轉運樞紐的技術可行性；最終了解台灣政府反對三通，此計未成。美航的結論有道理，因為若無三通，桃園機場並不具備承擔轉運站的條件。如今看來，無論贊成與否，三通已成事實，桃園卻與轉運樞紐錯失交臂。時機不再，台灣在文化、觀光、貿易、物流、國際交流等方面造成的機會損失，就請大家當習題，演算推導一下吧！

科技產品層出不窮，帶動全球經濟發展。新加坡小國寡民，對產業創新勇於拚搏，不失時機自我調整，於二〇一〇年訂下十年發展大計，立志成為高技術人口、創新經濟體的全球性都市。也許有人認為新加坡不夠民主，不宜比較。

那麼韓國呢？韓國經歷多次政黨變革，無損政策連貫性，民主發展對經濟進步起到正向加成作用。雖然台灣在民主化的道路上邁出大步，但它究竟是民生的助力抑或阻力？這些年來，社會陷於政治對抗的淤泥之中，政府沒有宏觀的科技政策，執政者又不能網羅長才，主導科技國政。文化推廣也少有考慮到科技因素，屢屢拿著雞毛當令箭，一再顧此失彼，如何期望邁向明天？

產業發展，就消極而言，要排除政治干擾；就積極而言，要重視製造業的基本面，避免動輒倚賴政治、經濟福利的手法，救一時之急。新加坡與韓國，一個人口數與土地面積比台灣小，另一個則比台灣大，兩者都是學習的對象。台灣偏偏喜以東方的瑞士自許。殊不知中立、均富的瑞士，擁有歷史上的先天優勢，台灣須在民生福祉上建立共識，排除政爭對產業發展的干擾。

「日暮鄉關何處是，煙波江上使人愁。」切勿陶醉於自我感覺良好、充滿矛盾、均而不富不仁的社會。

黃教授 vs 沈教授

黃教授是國立中山大學出色的資深教授，機緣當下，二〇一七年接受城大聘書。之前，他帶領三位台灣中青壯年教授提出研究計畫，順利通過專家評審，期待政府部門撥放經費。然而以主持人將離台就任新教職的原故，把他的研究資助排除在外，四人團隊當初擬訂培養學生、科研扎根台灣的機會就此落空。

無獨有偶，二〇一三年，美國知名應用數學沈教授加入城大，當他了斷辭去美國的教職時，正好得到美國研究基金會的資助。不同的是，美國的大學同意他在香港繼續執行研究計畫。兩年後，美國海軍再加撥幾十萬美元的經費；為了方便研究，鼓勵他在香港就地進行。

教授從事教研，不為營利。從宏觀的方向博覽天下，學術無國界，誰能貢獻人類，就由誰出面。退一步看，科研的目的乃是投資未來，能為當地增加活力、帶進福祉，管他三頭六臂，但求能者主導。就算再退一步，以狹隘的範圍分析，如果只想獨善其身，而未必在乎兼善天下，則學術資助既非施捨，也非社會福利，教授憑本事從事經嚴格評審的科研計畫，值得衷心感謝。

持著專業的心態處事待人，面對有意離職的優秀人才，主事者要設法挽留；挽留不了，應該反省；反省之後，千萬不要拿石頭砸自己的腳。

說到這裡，可以看出美國與台灣高下分明。美國：管他／她身處天涯海角，無論膚色、出身、性別、文化、地域、政經背景，天下英才歸我用，務求順利執行福利為民的研究計畫，此乃上策。雖然基於抗拒中國的原故，旅美的華裔學者曾經受到排擠，至少有調整的機制收納人才（見第十五章）。台灣：東南閩文化，春秋幾度花，當朝顧土精，何處是兒家？因人廢事，把有利自家的研究停頓取消，以政亂教，丟了人又丟了計畫，等於拿石頭砸自己的腳，不知歸類何策？

黃教授或沈教授分別從事之前批准的研究計畫，成事與否無關香港。他們雖然占用城大的時間與資源，但是身在曹營心在漢，事成則分別有利台灣或美國，事敗則分別有傷台灣或美國。寄居他鄉，心繫故土，陟罰臧否，不宜異同。台灣政府以表裡不一的四大方向、八大策略回應大陸的三十一項惠台措施，從黃教授或沈教授的故事，看到黑白門戶，是非錯置。究竟為了什麼，台灣竟然如此這般阻礙自己前進？

第二十五章　創新人才那裡找？

參加二〇一八年為香港中學生舉辦的「創新科技」研討會。演講結束前，提了兩個問題。第一個問題：是否有人有志於學習當代科技？兩百多名學生竟然無一人舉手！心想就算只有少數人舉手都是好的。再三追問後，多人回答道：科技工作沒前途、待遇差、工作不穩定、工作時間太長；另外就是自認缺乏創新能力。

另一個問題：是否有人知道林百里和李開復是誰？做什麼的？在場學生面露茫然，無人答得上來。如此回應這兩個問題其實是香港人的普遍認知，表示香港的教育的確有問題！

林百里與李開復

儘管林百里和李開復兩人都是行業叱咤風雲的人物，然而絕大多數香港人不曾聽說過他們。林百里是全世界最大筆記型電腦製造廠商廣達的創辦人，在調景嶺困乏的環境下長大。十八歲負笈異域，就讀台灣大學。畢業後與朋友創業，建立筆記型電腦王國，至今仍說著帶有香港口音的國語。說句香港人感興趣的題外話，他位居《富比士》全球前五百名富豪榜；以香港的標準來看，可是富甲一方的工商鉅子。

李開復是中文網路創新的先驅，華人圈中具有偶像光環的明星。他又是熱心教育的創業者，二〇〇九年放棄高薪優職，創辦「創新工場」，扶持和鼓勵年輕人創業。二〇一五年十二月邀請李開復演講，絕大多數來自香港以外的聽講者，裡裡外外、水泄不通地擠滿了兩個演講廳。演講後，熱情的聽眾層層圍住李開復，久久不散。如此情景，香港少見。二〇二一年七月及二〇二二年七月新冠肺炎大流行的當頭，他再度抵港，以遠距方式演講，又是一陣轟動。

資訊爆炸的社會，電腦、網際網路、雲端計算成為生活中不可或缺的一部分，然而這兩位與之緊密相關的行內猛人，卻鮮有港人聞之，令人產生疑問，社會缺少了什麼？

高錕與崔琦

香港人對科技興趣淡漠，有跡可尋。兩位港人先後獲得諾貝爾物理獎。一位是高錕，因曾任中文大學校長，從而知道的人稍多。另一位是專攻理論的崔琦，一九五一年十二歲時由上海隻身來港，讀完中學後赴美留學。高錕與崔琦分別於二〇〇九年及一九九八年獲諾貝爾物理獎。此外，高錕以工程學科的專業得諾貝爾物理獎也屬少見。

高錕和崔琦是香港的光榮，但是他們在香港以外華人社會的知名度，反而高出許多。看到這種現象，不禁懷疑，香港為什麼如此與眾不同？當代科技與文化皆發達的新貴韓國，夢寐以求，渴望出個諾貝爾獎得主而不得，香港居然不懂得愛惜手上的羽毛。

與香港有淵源的頂尖華人科學家，除高錕、崔琦外，還有張立綱、王佑曾、卓以和、丘成桐等多人。不妨進一步自問：這許多與香港有緣的科技千里馬，何以未得伯樂賞識一展長才、縱情馳騁？何以他們的科研只容發揚光大於西方、優先根植於西方的科技工業呢？間或有人表示不平，卻又不理解為什麼香港的大學裡本地學者少，各高端學科的本地學者又特別少。答案簡單，因為只顧賺錢，師法賺大錢的長者去也！

驕傲與遺憾

華人的資質固然睥睨世人，但是優質的高教尚未在兩岸三地生根。以諾貝爾物理獎與化學獎獲獎的華人為例，大都在西方大學就讀本科。此外，他們的研究生涯包括博士學位，皆在西方取得，研究成果也全成於西方。

港人將本求利，講究以小本博大利。風氣所及，當今的尖子學生，鍾情金融財貿，以為獲利較高較快。此非年輕學子之過，亦非年輕學子之福，實乃上焉者作風保守，未能了解高科技在現代世界扮演的角色。

高錕一九六六年發明光纖通訊，光纖足跡遍布全球、深海及太空。然而自一九七〇年始，政府未能及時給予扶持。當初，港英殖民政府若能投資千萬港元，將他的發明轉化為科技產品及相關服務，則香港有最大的機會成為世界通訊之都，五十年來必然獲利逾兆億計。再進一步，當年若以光纖科技引領，發展通訊軟硬體及周邊技術，如醫療器材、能源、運輸等產業，則何須遲至今日還處在思考發展創新科技產業的階段？

再說個離譜的小故事。有位專欄作家，二〇〇九年寫了篇文章。文章大意是，他當中文大學的學生時覺得高錕不是好校長，如今驚聞他獲得諾貝爾獎的新聞，才發現當初自己錯了，高錕原來是個「多麼好的校長」。得諾貝爾獎跟是否當個好校長有什麼關係？不清楚為什麼他以前認為高錕不是好校長。這個作家自認以前錯了一次，看來二〇〇九年他又錯了一次。他不懂光纖通訊跟民眾日常生活的關係，或者高錕為什麼得獎，那更錯了第三次。這個小故事再次說明香港社會對大學教研的生硬不解，卻老是喜歡對著大學天南地北指東畫西。

科技是高生產力的基石。高生產力帶來高利潤、高福利、高附加價值。高錕在中文大學創建電子學系，固然是項成就，可惜大才小用，此後未能有更大作為。彼時的新加坡方立國數年，科技尚未起步；新竹科學園遲至十年後才建立；韓國科技正做初期探討；日本也才開始推出高品質的汽車及半導體產業。如今，以上各地的科技發展都遠遠走在舉步維艱的香港前頭。

反思

說到科技成果，眾人往往只見產品謀利，未必了解科技發展對推動社會福利的效果。當前香港社會貧富差距甚大，金融、房地產業雖稱繁榮，鮮有著力點，也難直接造福大眾，而貧富分化，微弱的中產階級早成社會失衡的莫大顯憂（非僅隱憂）。發展科技，正好彌補產業結構單一的缺失，有助改善社會生態，造福眾生。以台灣為例，其高科技蓬勃發展，曾經帶動產業升級，催生出人數眾多的中產階級。

作為培育社會棟樑的政府及高教工作者，應該為香港的「八〇後」、「九〇後」、「〇〇後」的Y、Z世代年輕人做些什麼示範？如果他們因為受本地產業結構單一的限制，不勤快又不願往大陸或其他地區發展，等到春去秋來，難道不會落得冠蓋滿京華，斯人獨憔悴？普通人每天的生活都極可能接觸到林百里（筆記型電腦）、李開復（中文網路）、高錕（電話通訊、醫療）、崔琦（電子）的足跡。他們離眾人如此接近，而大家卻對他們的影響力懵然不知，這是誰的過錯？

科技文化是當代文化的主流，請問香港流行的究竟是什麼樣的文化？莫非真如唐初高適所說：「尚有綈袍贈，應憐范叔寒；不知天下士，猶作布衣看。」說起布衣，還可以隨手介紹一個身邊靠高科技白手起家的布衣。

楊建文

相信很多人不曾聽過楊建文的名字。他非七老八十，學位也不出眾，但憑藉超群的學識見解，赤手空拳，創下傲人事業。

楊建文，生於香港，長於香港。二〇〇四年，摩托羅拉（Motorola）採用楊建文為該公司Razr系列手機設計生產的屏幕。他一九八六創辦「伯恩光學」，從事光學研發生產，立基於廣東惠州，市值達一千兩百億人民幣。二〇二二年，公司營業額突破一千億人民幣。楊建文個人身家逾兩百億美元，富甲一方，慷慨好義，一言九鼎，捐了兩億港幣給城大，雖然是一位慈善家，但是低調得竟鮮有港人聽聞其名。這又是一個人才外流的例子。

林百里和楊建文都沒有獲得研究生學位，這與第十一章中討論的觀點一致：學位不等於學識，也不保證成功。由於類似的原因，你想知道科技企業領導者，譬如大公司總裁，有多少是名校的畢業生嗎？

大公司總裁的學位背景

二十一世紀大陸的創新科技蓬勃發展，科技企業如雨後春筍般大量湧現，在全球高科技公司中占一席之地。許多出類拔萃的科技公司創始人，如騰訊的馬化騰、華為的任正非等，均不出身一流的大學。也許有人認為楊建文、馬化騰、任正非等都是特例。在好奇心下，進一步探討美國、大陸、台灣、香港大型企業總裁（CEO）的學位背景，以表25.1列出。

美國公司的主要企業經營者，大都畢業於州立大學。美國《財富》世界五百強（Fortune 500）有五百零六位CEO，其中只有九十六位或19%畢業於同時列入QS、THE、ARWU和QS畢

表 25.1：美國、大陸、香港、台灣大型企業 CEO 的學位背景[a]

國家／地區	大型企業 CEO 數[b]	平均年齡	畢業自頂尖大學 CEO 人數[c]		沒有大學學位的 CEO 人數
			公立	私立	
美國	506	58	35 (260[d])	61 (212[d])	34
大陸	499	56	70 (105[e])	1 (0[e])	271[f]
香港	99	57	24	2	26[f]
台灣	49	65	24	1	6

註：a 本表數據以 2022 年 7 月 1 日為準

b「大型企業」在美國指位列《財富》世界五百強的公司；在大陸指排名前500名的公司；在香港指排名前 100 名的公司；在台灣指市值排名前四十五名的公司

c 美國的頂尖大學是指同時名列 QS 2023、THE 2022、ARWU 2022 和 QS 2022 畢業生就業能力前 100 名的美國頂尖大學（見表 18.1）；大陸的頂尖大學是指名列 QS 2023 和 THE 2022 前 500 名的大學；香港的頂尖大學是指名列 QS 2023 和 THE 2022 前 200 名的大學；台灣名校是指名列 QS 2023 和 THE 2022 前 500 名的大學。兩岸三地的名校標準已被放寬，因為在大陸只有五所大學（見表 18.1）符合為美國大學設定的標準。對於香港和台灣尤其如此，因此放寬標準，以求分析有意義

d 指美國所有《財富》世界五百強公司的總裁

e 如第三章所述，此處是指畢業自大陸政府確認的「985 工程」大學。共 105 位總裁畢業於「985 工程」大學中的 39 所大學

f 無大學學位或缺乏相關資訊

業生就業能力四種世界排名前百的優秀大學，約7%或三十四位CEO並無大學學位，只約有42%的總裁畢業於私立大學。擁有大學學位的CEO中，則有55%畢業自州立大學，並非華人熟知的那些私立大學。這完全推翻了海峽兩岸許多人的看法，他們即使花大錢都極其希望進入美國的私立大學。

大陸大型企業的CEO中，有54%並無大學學位或缺乏相關資訊，畢業於名校的更是只有14%。私立大學在大陸和香港微不足道，因此幾乎沒有任何公司的總裁畢業於本地的私立大學。

由於香港僅一校而台灣並無大學同時列入QS、THE、ARWU和

QS畢業生就業能力四種排名世界前百大的優秀大學（見第十八章），所以把頂尖大學的條件放寬。香港大型企業的CEO中，約26％並無大學學位或缺乏相關資訊，而台灣則有12％無大學學位。台灣擁有大學學位大型企業的CEO中，37％並不畢業自當地通認的頂尖大學。換句話說，49％台灣大型企業的CEO並不來自當地通認的頂尖大學。

值得留意的是，包括美國在內，大公司總裁從名校畢業的比率只有18％。世易時移，谷歌與Facebook等高科技公司對傳統大學的畢業生需求更少，只想雇用那些接受技術培訓和掌握編程技能的人。

以上觀察結果再次表明，無論是兩岸三地、美國或者其他地方的大學，都需要深刻反省，名校或者大學學位並非登上大型企業CEO的通行證，當然也都不是事業成功的保證書。但是，台、港、大陸依然有許多人太看重一紙證書，而非關注學識，究竟為了什麼？

臥虎藏龍

大家應該同意順應時代，須把眼光放開。可是，當要求年輕人把眼光放遠放大時，有否想到教研機構首先要跨越語文界限，把眼光放遠放大，爭取往亞太及世界地區發展？當鼓勵年輕人創新、發揮創意的時候，政府有否想到自己要先創新、發揮創意？

李安的《臥虎藏龍》成形於台灣，半途而廢於台灣；轉而求助支援於香港，香港將本求利，自始看不出什麼端倪；大陸自顧不暇，當年也沒有創意的眼光。《臥虎藏龍》最後得到美國公司的青睞，一拍即合，劇本經重修、適應西方口味之後，中國式的唯美古典武俠片，就此搭上好萊塢的便車，揚名世界，得獎無數。「臥虎藏龍」單是全球票房收益即達八億美元，為哥倫比亞電影公司帶來可觀回報。

此外，還有其他成形於台、港、大陸的創業大餅，步著《臥虎藏龍》的軌跡，並沒有在兩岸三地發揚光大，反而因外地的大力支持而立業於外地。對臥虎藏龍的兩岸三地而言，難道不算是一個可惜的例子嗎？

有記者問，為何香港經濟繁華，獨缺創新，又少創業？當局為求安定、安心，給高教訂下各種框框，以利分配大學的財政資源、安排受教名額，不願審視停滯又過時的大學定位（見第七、八章）、自身都沒有創新……等等，都是原因。當然，如此行事安全，不出小亂；然而，如此做法有違創新，料出大禍。

科技發展是日新月異的事業，香港錯失扶持高錕、就地發展光纖通訊的機會。當前有能源、環保等亟待解決的課題，如果懂得把握機會，今後還會出現目前尚無從預測的新興領域，在金融之外供創榮景。二〇二一年城大投入港幣五億推出 HK Tech 300 計畫，提供校友及學生成立創新公司，反應極其熱烈，至少有兩家公司共襄盛舉，額外加投港幣近四億，唯獨港府不知所措。

記者又問，大學如何發揮創意？政府與社會有必要改善本地創業環境，尊重教研專業。否則，如果整天忙著滿足政府設下的框框，有誰認可大學的創意？又有誰會浪費時間，自找麻煩？

賈伯斯

賈伯斯（Steve Jobs）當年跨入一個未知的領域，提出新款的個人電腦概念，有別於ＩＢＭ的設計與微軟的操作系統。當蘋果陷入困境的時候，他對拯救蘋果諳熟於心的方案，沒人聆聽，甚至還一度被他創立的公司驅逐出去。賈伯斯認為，治癒蘋果的方法不在降低成本，而是要跨出框框，透過創新擺脫困境，這一點與兩岸今天的文化多麼不同。

果然，德不孤，必有鄰。蘋果創造價值，時至今日，進入《財富》世界五百強前十名，成為世界最有價值的品牌。賈伯斯的商業靈感來自披頭四合作創造的奇蹟。他深信偉大的商業成就，乃由團隊發揚光大。

除了科研卓越的科學家之外，身邊有很多科技界大成就的華人，如佳明（GPS Garmin）的創辦人高民環、雅虎（Yahoo）的創始人楊致遠等，證明華人工商創新的能力可以超群出眾。然而，他們幾乎全在西方受教育、在西方做研究、在西方創新創業獲得成果，而受舉世注目。

莫非大學若存若亡，尚未發揮最大功效，社會結構尚不足以醞釀頂尖的成果？如果大學教研果真合一，如果社會夠成熟，如果政府達到現代化的水準，則必然能夠培養出令人驕傲的本土人才。展望創新前景，荊棘叢生，除非興利除弊，恐怕事倍功半，徒勞少功。在眾人盲目追求學位，體制僵化的現況下，以華人的智慧，「黃金堪作屋，何不作重樓」？

資源重要，人才更重要。

楊夢甦的故事

楊夢甦是城大的講座教授，多倫多大學（University of Toronto）化學博士。聽說他外務太多。基於好奇心，看了他的學術經歷，發現除了研究出色之外，他跟畢業生合作，開了幾家生物科技的小公司。有一天碰見他，聊起專注一事，提議：為了充分發揮才能，要麼留校做科研、擱置公司經營；要麼離開大學、專心經營公司業務。如果選擇前者，可以擁有公司的股份，並擔任顧問、董事；如果選擇後者，可以獲聘為大學兼任教授，兼課並指導研究生。

很多時候最理想的結果不在妥協的中間點。他選擇了前者。無獨有偶，二十五年前我在德州農工大學當系主任時，也曾遇過一模一樣的例子。不同的是，當事人麥可教授選擇離開大學、專心公司業務，今天成就出眾。

二〇〇八年，與大學內閣整合學科、開創前沿專業。二〇一四年展望前景，在陳腐守舊的反對聲浪中，把早先的化學與生物學系一分為三：環境生物領域的教授併入新成立的能源環境學院，化學專才留在更新後的化學系，而少數專長生物化學的教授則納入新成立的生物醫學系。當時校內外不乏嘲笑兼妒嫉者，眾說紛紜，不外乎認為城大起步已遲，政府又不重視，不會有前途。

請楊夢甦出任生物醫學系系主任，給他三十位教授的名額，務求將其建成首屈一指的生物醫學專業。他在詫異之下接受重責，全球招聘傑出教授，五年後把學系建成傑出的現代生物醫學系。

之後，我在尋找賽馬會動物醫學及生命科學院院長期間，給了他第二個意外，請他代理院長，但表明此乃代理並非真除，因為院長必須具備動物醫學專長的背景。他欣然答應，全力以赴，再次表現出眾。一年後，他釋下代理院長的重擔，準備回生物醫學系全心從事教研。

此時，在委員會的支持下，給了他第三個出其不意的任務，敦請他出任負責研究及科技的副校長。城大科研領域全球出眾、名列前茅，獲美國專利數多年居香港各大學的首位，也是香港獲日內瓦發明創新獎最多的大學。看重他的科技推廣專長，正是領軍研究及科技的理想人選。

二〇二〇至二一年新冠疫情肆虐，全球測試病毒，洛陽紙貴，在測試新冠病毒與基因試劑方面執全球牛耳的 Prenetics，就是楊夢甦與他的學生成立的眾多公司之一！二〇二一年暑假欣聞 Prenetics 已獲認可為達到十億美元最低資產額要求的獨角獸公司，這是極少數香港各大學畢業生創立的高科技獨角獸。

如果因緣際會，得貴人相助，因以成功，一樂也。如果能當人家的貴人，見證成功，充實幸福，更乃大樂！香港有人才，就看重不重視他們；有資源，就看有沒有用對地方；可以創新，就看有沒有心！香港的問題也是機緣，台灣與大陸又何其不然。別人不做的，大學做！

第二十六章　高教的創意與風險

報導稱，大陸有位縣級小學的老師，給小男孩的數學考題答案打了零分，只因為他的答案打破陳規。此事引起軒然大波。

事情是這樣的，老師問學生：「小朱迪口袋裡有383塊冰糖，125塊棉花糖和231枝棒棒糖。早上她吃了209塊冰糖，74塊棉花糖和147枝棒棒糖。會得到什麼樣的結果？」小男孩腦筋很快，沒像其他學生做減法，馬上答道：「她會得糖尿病！」這位老師毫無想像力，沒有給男孩任何分數！

還有一個大學工學院的故事值得介紹。多年前有位工學院院長鼓勵教授提出創意，為了表示誠意，他公然徵求提案。有位教授要求休假半年到夏威夷海灘尋求研究靈感，院長欣然批准。此事很快傳開，馬上又有位教授做出同樣要求，院長卻駁回申請。第二位教授感到不高興，要求解釋。院長說：「你的提案沒有創意啊！」拷貝抄襲可以不用大腦，創意要用點心思。

再據報導，中國駭客訓練基地裡，一群十多歲的青少年，未入大學而僅憑藉著幾本入門書籍，就能馳騁爭霸網路世界。他們擺脫傳統理論的包袱，製造出想像不到的病毒與反病毒，不禁再度令人懷疑正規教育是否失去了功用，或走錯了方向。

教育的創意

科技為人類帶來工業發展、社交網路、健康和娛樂。近年推出的智慧型手機、平板電腦、商用無人機及其他先進電子產品等可以增進工作效率和生活便利。然而，創造適宜居住的環境，應該反思行為模式。從關注教育的角度思考，為了確保科技催化變革，尚須定期審視大學的角色、使命，以及課程設置。

利用現代通訊科技，可汗（Salman Khan）顛覆傳統，搭建網站「可汗學院」（Khan Academy），透過免費教學影片講解數學與科學課程，吸引全美兩萬多所學校定期收看，在校老師只負責解答學生的疑問。「可汗學院」月訪量高達五百萬人次，遠超過麻省理工學院開放式課程網站一百五十萬人次的月訪量。自二〇〇九年網站設立以來到二〇二一年底，全球三百多萬訂戶逾十億人次經 YouTube 收看「可汗學院」的節目。

「可汗學院」網站並不出自大學的教育專業，也未與高校掛勾，卻能達到如此震撼的效果，為本書的立論做了另一個註腳，值得大學及研習大學教育的專業人士思考。

跟工業創新一樣，高教的成功有賴投資、追求卓越、鼓勵創意與創新。日本的 Global COE、韓國的 Brain Korea 21 都對重點學科投入巨額經費，扶持優質教研。就此而言，兩岸三地如果具有投資回饋的概念，就會認真看待教研成效，而不僅當個創新科技的使用者，一味被動地把大學視為滿足眼前人力市場需求的機器，盲目重複陳舊的教研方式，罔顧作出可長可久的具體貢獻。

歷史證明，不會有某個社會、某個國家在文化或科技領域永遠領先。高教現代化有必要把具創新思維的教師和學生聚集在一起，激發潛能。如果重視卓越，就不會先入為主，更不會粗糙地對待大學，呼之則來，揮之則去。

線上與線下

機械化印刷術發達的民初年代，有學究逆流而行，非線裝書不讀，非毛筆不用。四十幾年前，開始實施學生評鑑教授的教學成效時，反對的聲浪很大。二十幾年前，對於遠距教學（distance learning）使用非傳統的方法郵遞講義，許多教授不以為然，認為有傷教學。十幾年前，微軟簡報軟體（Power Point）流行，有教授堅持用黑板講課，頂多願意用桌面型投影片作為輔助工具。事後證明，孤舟蓑笠翁，獨釣寒江雪，以上的懷古堅持都禁不起考驗。

而今網路傳遞資訊，廣泛又快速，導致購物的模式發生根本改變。尤有進者，網上交流，對某些課程來說，遠較傳統的授課方式更有效率，也更確切。師生隔空互動，不時帶來驚喜。但是仍然有人主觀認為，除非面對面講授，任何形式的授課都不算互動，也不可能有效教學。網際網路授課因此遭到質疑，很多人無根無據，盲目相信只有小班教學才具成效。

二〇一一年，史丹佛大學正式開出的 MOOC 課程，吸引十六萬學生。之後，多校推出各種題材的課程，《紐約時報》因而將二〇一二年定為 MOOC 元年。概念來自遠距教學的 MOOC 課程，藉著無遠弗屆的網際網路得以即時、多樣、有效，且具彈性地傳遞給全球的學習者。這是教學的革新與創意。由傑出教授充分準備，主講而風行全球的課程清晰、精緻、成效卓著。

根據現有資料，提供MOOC課程的許多講者都來自教研合一、排名居前的一流大學。目前MOOC全球課程講授種類與選讀人數超多的大學——史丹佛、哈佛、麻省理工學院正巧在QS、THE和ARWU三種國際排名表上名列前茅，而大陸帶頭採用MOOC授課的清華、北大、上海交大也是兩岸三地排名居前的大學。

MOOC或許是課程設計上的小事，卻是市場導向評鑑下的必然結果。風行草偃的MOOC本身就是由研究與教學完美結合衍生而出，為教學帶來新氣象、新契機。譬如，學生彼此評分，大班授課、個別學習，溝通未必面對面，有教無類、因材自學，調整個人的最佳學習時段與狀況，學習間從事研究等都值得稱道，絕非傳統的教學理論可以想像。台灣大學經MOOC開出的機率課程，居然可以吸引逾十萬人選修。誰說大班課開不成？又怎能說大班課堂上，師生無法溝通？

二〇二〇年初，新冠疫情逞凶，波及全球，一時間工廠停工，商店停業，學校停課。有的國境關閉，或強施隔離措施。城大創全球先河，於二〇二〇年二月七日起，即時把傳統面對面的講堂授課，調整為用ZOOM為基礎的遠距教學，以減少因師生接觸而導致病毒傳播的危險。透過互動的網上教學平台CityU-Learning，讓遍布全球一百一十個國家和地區的師生，按原訂授課表進行實時、全校、全面性、師生互動的網上教學。二〇二〇年九月並進化為CityU-Learning 2.0，進行混合式課堂，同步面授及網上教學。同時，採用虛擬實境技術方面的經驗，為某些課程進行虛擬實驗，以取代傳統實驗室動手的實境實驗，效果超出預期。

為確保師生安全，如今網上教學普及至全球大、中、小學。在某些方面，用功的學生可能知道得比教授快又多。面對此情此景，網上教學或報告，用詞務必精確，準備務必充足，以便應對台下隨時上網查驗資料的聽（觀）眾。

第十章強調，如果學生不必傾聽課堂授課，而可經自學增進知識，那為什麼還要讓教授主授這堂課？作為教授，難道不該探討傳道授業的內容與方法，從而教導學生網路上得不到的學問？教學需要研究，大學應該思考如何克服互聯網對教學的挑戰，甚至主動與互聯網配合，提供豐富教育的內涵。不知道上網學習是否能達到最大的成效，但是確信，教授應該做到讓學生離網之後，還能有上大學不虛此行的感覺。

秀才不出門能知天下事，待在家裡未必不具國際觀，也未必不能貢獻世人。不患人之上網不己知，患不知人之下網仍不知己也。

無風無險，無創不新

在工業革命的催化下，大量生產減低生產成本，提高產品的產出量，大眾均霑其利。上世紀的品質革新理念，進而在量之上，提升產品的品質。之後，為滿足顧客的個性化生產，於是又在提高產品的平均品質、減低同類產品品質的差異之外，增加了大眾對產品多樣性的個別訴求。

在以上質量發展的歷程中，問責的概念被高調提出，平衡了製造業在產品品質與廣告宣傳之間的真實性，讓產品不因廣告誇張的宣傳不實而打折扣。正如第十八章所述，品質的認同，近年從製造業擴大到服務、教育等百業，對民生福祉貢獻很大。

高教並非謀利事業，亦非政治機構，其基準就是接受責任，確保教育機構從事的教研活動具有成效。但是，問責制傳到香港，被無限放大成制衡的代名詞，連學生代表都想監察校政。社會及媒體以問責之名監督大學，政府則以問責之名控制大學，將注意力和精力轉到監管大學運營的細枝末節上，甚或常將問責作為動亂、執行權力的理據。許多躍躍欲試的門外漢，以問責庇護私利，或者用來推銷政令、約束他人。

若想採用國際規範行事，從事教研，問責者必須遵守行事規範，就事論事，否則問者要先被責。大學實行的問責制，各方均有責、人人遵行，而不局限於某個特定層次，以免從事教、學、研等事務的當頭生出混亂。如果問責變成究責，只問責不問因，只究程序不究創新，走火入魔，逃避風險（risk aversion），有礙心件的進步，不但抹煞創意，也造成社會錯亂。

廟小和尚多、缽深功夫差。說來說去，原來政府才是高教創新的瓶頸。

「清華海峽研究院」二〇一五年透過校友組成的自強工業基金會推動創新，在新竹清華大學設置辦公室。二〇二一年十一月政府質疑遭中共滲透，教育部火速裁罰，再次風聲鶴唳。台灣的大學或教授若與大陸的大學或教授交流，屢遭責難，動輒得咎。（二〇二一年十一月十二日《風傳媒》夏珍專欄）。

創新的一大特色就是勇於冒險。高教現代化的要件，除了要克服政策僵硬、資源投入不足之外，必須面對辦學遭遇到的內在及社會的保守態度，包括接受創新而可能導致失敗的風險（risk taking）。

創意、創新有助創業

也許最難回答的一個問題是：學位到底有什麼用處？

千萬不能把一所名校的學位看成是獲得好工作的通行證。同樣，沒有學位者也不應在勞工市場上被邊緣化。條條大路通學問，第十一章指出，半途退學、甚至從未讀過大學而成功的人不在少數，所以大學不一定把你帶上成功之路。有時候徒具學位反而一定不能帶來成功！有學問者不一定有學位；在許多情況下，有學位者往往沒有什麼學問。徒有學問，不能實踐，沒有任何效用！

所以大學應該為創意而實踐力行，而絕對不能只顧頒授學位。研究者需要將研究帶入教室，教學者同樣需要了解該學科的先進趨勢、新的概念與爭辯的課題。解決開放性的問題，才是教研面對的任務。

高教界與工業界一樣，充滿競爭，需要與同行競爭資源、聲譽與認可。檢討學科領域，要問些有實質意義的問題。近年來，許多學科已被合併或取消，如不願被時代拋棄，就必須決定哪些學科需要繼續或者謀求改進。因應社會需求，大學訂立的課程範圍不應太狹窄。有些關鍵的探索領域和專業教育——如能源與環境、創意媒體、生醫工程和智慧城市等——往往橫跨多個學科領域。透過交叉探索，才能找到發展利基，並開發些新學科、新領域。

大學可被視為一個跨學科的實驗室，學生獲得專家指導，追逐、實現自己的興趣與理想。有內在動力、創意而又善於表達的學生，才是最有望成為帶領行業朝前發展的關鍵人才。很多時候，大學或教師並沒有給學生充足的機會，認可他們的潛能。

曾經擔任美國國家科學基金會主任與國家標準與技術研究院（National Institute of Standards and Technology, NIST）院長的比門（Arden L. Bement）指出，身處的世界，彼此之間緊密關聯，一人患傷風，眾人打噴嚏。此說不幸印證了今天殺傷力超強的新冠病毒。創新與創業成為二十一世紀的主旋律。比門認為，創新與創業可以傳授，尤其當出現危機的時候。他並舉出戰爭或動亂期間的運輸系統、火箭及導彈技術、夜視等技術的發展作為例子。

如果對這些問題的社會及文化背景一無所知，僅靠技術與理論遠遠不夠。少了創新，就少了創業。高教如果落後，就像現有產品被快速淘汰一樣。上世紀八〇年代，有王安電腦發跡和沒落的先例，本世紀有AT&T的殞落以及曾經領先手機市場而不保的愛立信（Ericsson）教訓。

創業者必須敢於夢想，反思既有的文化價值，在審視社會的價值觀外，指明方向，出謀劃策，執行活動。這些元素絕非墨守成規的往日情懷可以企及。不幸的是，香港政府雖然算計無數，但是滿足於陳年做法，強調「人力資源」分配，忽視「人才挖掘」計畫。這讓人想起傳統的會計只顧平衡帳目，未知唯有堅守「力行導向」（activity-based）的會計才是創新的道理，才有可能成就創業。

大家談論AI，預測其眾多用途，但有多少人知道，作為一個學科和研究領域，人工智能已有四十多年的歷史？從事創業活躍、發展迅速的ＡＩ和ＩＴ科技，免不了面對高風險，不容許失敗的日本文化是風險投資（Venture Capital）不發達的重要原因。三木谷浩史和田中良和依靠網路創業，成為日本富豪榜上家喻戶曉的著名人物，是少數日本ＩＴ行業的特例。

美國人創業實現自己的夢想與滿足自己的興趣；華人則更重視文憑滿足虛榮。所不同的是，即使美國人創業失敗，較能淡然處之。日本人扎實，中國人小聰明。可是，中國社會和日本社會也有類似的地方，對失敗的寬容有限，創業者一旦失敗，很難東山再起。系統創新法（Systematic Innovation）可以為創新、創業指出一條道路。創新、創業回饋大，但是終究有風險需要面對，一定要有不屈不撓的毅力。

台、港、大陸高教面對的挑戰

與周邊國家與地區比較，香港的大學數量不多、規模較小，入讀的學生人數也少。因此，雖然政府投入研發的數額占國民收入的比率相當低（約為新加坡的五分之二、大陸的三分之一、台灣的四分之一、韓國的五分之一），無論從大學師資或者學生角度衡量，人均分享的資源數額仍較高。香港高薪養廉，待遇優渥，若不考慮政治因素，得以吸引世界各地更多的專家學者。

曾為四小龍之首的香港，起步早於台、韓、新加坡，由於政經地理位置特殊，社會繁華，不可謂與此無關。香港以前沒有自己擬定的教育政策，不曾考慮教育生根，不需要創新，也不鼓勵創新。自然，創新不曾被考慮評鑑。

九七之前，香港得利於大陸與國際變動的歷史、政治因素，百年來左右逢源，是個自絕於外力衝擊的福地。缺乏天然資源的香港，食衣住行育樂有幸不缺，既無國防問題，也不必擔負國防經費，非但無人覬覦，反而受到各方關照。

九七之後，以往依賴甚巨的保護傘褪去，食衣住行育樂依舊不缺，國防經費轉由大陸接手，港人因而節省巨額花費，遠較世界絕大部分的國家、地區幸運。過去的港英管治，不曾給港人獨立思考、扮演社會公民角色的機會。如今一國兩制把港人推上掌握教育方向盤的自主位置，反而六神無主、大夢不醒。

享受如此的自由度，香港像是草原上鬆了韁繩的馬匹，在新苗未長、蕭規曹隨的色彩未褪之下，春風不改舊時波，對於眼前競爭激烈的高教環境張皇失措，空喊國際化，卻依然不了解為什麼要創新。

當大家把就業市場的餅做大、做得更有內容的時候，香港緊盯傳統的帳房手段處理教育問題。雖然口中喊著扶持創業，卻綁手綁腳，出無對策，坐看千帆競渡、萬木爭春。

除了二〇一二年表面上大學的三改四之外，香港的高教沿襲舊時英式的管理架構，未曾檢討那些由於思慮不周詳，而造成的後遺症，如本書前幾章討論的各類社會問題：行政繁瑣，利益糾結，缺乏方向感。香港財政充裕，未必要汲汲於回收快的短期投資。社會要接受危機感，提出無形的（intangible）中長程計畫，不必把大學創新當做一般開支而斤斤計較。「問渠那得清如許，為有源頭活水來。」如果教研創新不能植根香港、貢獻世界，哪有資格談國際化？

那麼，台灣和大陸又如何呢？

人口為台灣三分之一的香港，僅有八所政府資助及少數非政府資助的大學，人口為台灣兩倍有餘的英國僅有一百餘所大學，而人口為台灣五分之一的新加坡也僅有五所大學，何況香港與新加坡政府的財政都遠較台灣充裕。台灣高教發展的瓶頸，在於曾經有一百六十多所資源欠缺的大學。即使到了二〇二二年春季，多所被迫退場、合併後，仍須面對一百三十七所超額大學——考生數銳減，導致二〇二二年秋季，五十一所包括頂尖國立大學的招生缺額數高達一萬四千多名——招生不足的窘態困境，無疑地嘆我貧兼病，當渠雪上霜。

多年呼籲，若要持續發展，當局應當導劣扶優，重視品質，設立機制，策略合併、扶持教研兼優的重點大學，疏導辦學無力的大學；為學生另闢天地，從事專業訓練，兼或產生創新創業有成的大家。今天所剩的一百三十七所大學即使減半，仍然不少。台灣在二〇〇〇年前曾經憑有限資源獲得驕人的經濟成長，而今資金稀薄，凡事政治掛帥，高教深陷困局。以醫學專業來說，台灣目前已有十二家大學頒授醫學學位，甚至有的招生並不理想。可是二〇二二年至少還有三家大學提議成立醫學系，有無思考過辦系經費、師資、設備哪裡來？品質怎麼保證？為何不考慮加強現有的醫學系，以達到醫療教研最大的邊際效應？

發展當代教育，經費人力投資至關重要。多年前台灣五年五百億台幣（約十八億美元）的撥款，杯水車薪。有大學將經費用來整治下水道或蓋學生宿舍，恰恰反映出大學基礎設施普遍落後，聽之汗顏。多年來植根於政治民粹的教改，有違第十三章所述的高教原則，不僅使台灣陷入困境，更無法奢談教育創新。

隨著大陸市場經濟體制的發展，競爭、公平、效率與品質都是眼前面對的困境。此外，與高教相關的教研道德問題，以及大學中潛存的浮躁與不平，皆待處理。大陸大學的發展，凸顯出量的擴張過快，如果不能即時處理由於大學大眾化而導致品質失控，大陸將重蹈台灣覆轍，束縛人才的發揮，減緩社會經濟的進步。

大陸的高教正以前所未有的速度增長，但執行和結果，並不總能符合官方的雄心。政府制定全國範圍的議程，大筆投資，令人鼓舞。另一方面，由於專權的政治操作，阻礙了教育創新。

教育創新需要專家帶頭思考：盲目上大學是大家必須面對的共同問題，而未能為上不了大學的學生提供一技之長，也是個大問題，都是盲目教育政策下造成的後果。

美國與台、港、大陸的距離

創新是全球的熱門話題，也是各級政府關注的焦點。創新要以科學做基礎，將創意轉化成為民生謀福利、為永續長遠發展的目標，而不只是推動科學研究、工業建設的例行動力，更絕對不只求賺錢、奪權力。

先進企業投資未來，非在低廉的人力成本，而是重視生產品質、可靠性、創新能力及群聚效應

（industry cluster effect）。創新有十分嚴肅的意義，包括了社會、政治、法律、環保、公益、國際合作等各層次的考量。創新之下，不能忽視道德、法律及人道。為了支持社會發展，高教應該率先尊重年齡、性別、宗教、種族及觀念差異等方面的多樣性。當權者必須重視人才，和而不同，認可多元化社會有利學術創新。第六章、第九章和第十七章都舉了一些未經過驗證，而以訛傳訛的錯誤認知。

在創新的驅動下，社會對大學的科研產出要求殷切。應該將「經濟增長」訂為重點議題，認可高教為勞動力市場提供所需的技能與知識。學生憑藉創新能力，終究會成為明天的雇主或自創企業。如果不能造福人群，即使科學創新也沒有太大的意義。就此而言，兩岸三地面對的大小問題也許不同，但是目標一致，各有改進的空間。

產、學、研成果豐碩的美、歐得自於企業界對大學投入大量資助，因此大學的回饋較多。兩岸的大學在與業界的合作方面，大抵乏善可陳。少了業界投入，不要怪大學不能即時提供所需的人力資源。教研不合一，產業不會有希望。

香港擁有以法治為主的經濟體系，同時得天獨厚，具有無天然資源，卻不缺天然資源的優越條件，以及還算不錯的多所大學。有錢的香港雖然有外觀漂亮的科學園區，但是終究沒有科技政策，也不能善用科管專才，難怪成效不彰。

台灣民主制度推行的結果，尚未能把事情做對（Do the things right），更未能重視做對的事（Do the right things）。前者注重做事情的程序過程，是伸張正義；後者注重做好事情的本質，是創新的範疇。眼下的氛圍，正如圖20.1及圖20.2所示，創新不如制衡，社會因而駐足不前，不足為奇。人民的福祉沒有放在執政者的心裡。

其實合作與競爭並不衝突，有競爭才有進步，其爭也君子，競爭之下亦可找到合作的伙伴。台灣、香港口中的創新，只看到走過的程序過程，卻不了解先進高教的心件，但見丹誠赤如血，誰知偽言巧似簧。中國與韓國的科技合作早在一九九二年建交時就已開始，中國從歐盟引進先進技術，如今在高鐵、高速電腦與衛星研製領域具備先進的技術能力；長征系列被評估為可靠的運載火箭，繼美國後於二〇二一年五月十五日助「祝融號」成功登陸火星探勘。兩岸三地為何不把握時機，利用同文同種的利基，合作互補，拓寬永續發展的道路？

據瑞信（Credit Suisse）二〇一六年在深圳投資論壇上提供的信息，中國訂立目標到二〇二二年研發經費將超越美國。美國的一些頂尖大學都有開設中國研究的科目，在行有餘力之下，獨具慧眼，不約而同地把觸角伸入大陸。即使中美間有些利害衝突，雙方並不停止對彼此的探索了解。至於與大陸一箭之隔的台、港，到底有什麼看法或計畫？

台、港地理位置接近，香港卻沒有研究台灣的專家，台灣也沒有研究香港的專家。港人馮明珠赴台留學，卓有成就，出任台北國立故宮博物院院長直至二〇一六年五月退休。曾經試問過成百上千港人，卻幾無人聽聞其名；台灣對旅港的台灣人也都「莫宰羊」。同樣道理，香港或台灣有沒有研究一水之隔的大陸的權威學術單位或者專家？香港可有研究香港本土的學術專家或學術機構？台灣呢？大陸呢？台、港、大陸彼此不了解，也未必了解自己。

香港與大陸的距離比台灣近，台灣與大陸的距離又比美國與大陸近。可是美國與大陸的心靈距離反而比台灣近，而台灣與大陸的心靈距離又比香港近。

山與山的距離是雲，樹與樹的距離是風，人與人的距離是心，心與心的距離決定兩岸的高教心件。台、港與大陸雖然距離相近，卻存在不少迷惘，大陸與台、港又何其不然？

第二十七章　政策導向，遠離奈管

亞洲的大學重視科技教研，卻少有把科技政策列為研討專題。此類情形，香港尤其明顯，因為香港甚至並無科技政策。香港教育機構運作精緻細密，前景反而迷茫，重規管不重突破。

美國高教經驗

美國並無全國統一的高教體制，聯邦政府透過戰略性發展項目，提供援手給經同儕評比、表現出色的大學，於是大學在面對學術自主、獨立於政治干擾的環境下，從事有前景的教研。美國的大學生可能沒有兩岸三地的大學生聰明，但是美國大學頒授的學位品質有保證。一般的大學畢業生無論在創新創見、獨立思考、尊重他人、對社會的投入、待人處事各方面都比較直接了當。

二戰後，美國加大基礎研究投資，保持科技領域領先世界的地位。一九五八至一九六八年間，政府對大學科研的資助增長了五倍。這種以創新為主、產業為副，鼓勵大學從事基礎研究的做法，一直延續至今，大大加強了大學在人文、社會、醫、農、法、商、理、工各學術領域全方位的競爭力。

美國的大學和國家實驗室是改造世界的兩大力量，從ＤＮＡ到基因構造、致癌基因研究；從人工智能到3D列印、現代通訊；從半導體、電腦到量子計算；從醫療儀器到器官移植、產前照護；從沙克疫苗發明、發現朊毒體（prion）到冠狀病毒疫苗（coronavirus vaccine）；從幹細胞到愛滋病的治療研究，以及食物的耕種、儲藏、運輸的改進、文化藝術的創新，甚至環保、新能源、動物醫學、新媒體等，都有大學參與研究。

科技發展離不開研發投入。據*Battelle R&D Magazine*二〇一〇年十二月發表的全球研發經費展望報告，美國自二〇〇九至二〇一一年，連續三年的投入占全球研發基金總數的三分之一。美國企業參與研發的程度，甚至高過聯邦政府的科研投入，在二〇一四年四千六百五十億美元全國研發總額中，企業投入達三千零七十五億美元。

儘管美國聯邦政府近年來在研發方面的投資整體下降，但是美國企業非常活躍，無論從數量或金額衡量，規模都是世界最大。據歐盟發布的《二〇二〇版歐盟工業研發投資記分牌》，在二〇一九年全球研發投入TOP2500家企業中，美國以七百七十五家位列榜首；中國五百三十六家排名第二；歐盟四百二十一家，日本三百零九家，世界其他地區四百五十九家。至此，美國仍是全球整體研發投入支出最多的國家，二〇一九年達六千一百二十七億美元。為了應對中國和其他國家的競爭，即使在新冠疫情肆虐、經濟前景不明朗的情形下，參議院於二〇二一年六月批准了拜登政府提出規模高達兩千五百億美元的科研投資法案，八月十日通過了一兆美元的大規模基礎設施議案。

美國聯邦政府的衛生及公共服務部（HHS）、國家科學基金會、國防部（DOD）、能源部（DOE）、航空航天局（NASA）和農業部（USDA）等六大部門提供大學科研總額90%以上競爭性的科研經費。此外，國家實驗室（National Laboratories）也間接資助大學科研活動。長期以來，聯邦政府在資助大學研究方面發揮重要作用，一九六〇年代末，研發的比率達到73%，目前仍維持60%左右，約每年三百億美元。

與此同時，企業對大學研發的資助則從一九六〇年代占全部資助總額的3%，上升到今天的6%。拜登政府二〇二二的會計年度投入國家科學基金會逾一百億美元，藉之提供美國大學的基礎科研。即使在經濟蕭條、財政萎縮時期，美國對產、學、研的互動也絲毫不見減緩。美國國力強盛，非為無故。

高品質的高教昂貴。美國州立大學受州政府的資助，只占年度預算的10%到20%，其差額有賴學費、科研經費、募款所得等支付。業界經各種管道支持科研與教學，是美國高教貢獻社會的功臣。以喬治亞理工學院為例，該校二〇二一學年州政府撥款僅為年度決算總額的15%，學費收入占19%。其預算的51%則來自為聯邦及州政府、軍方或大型企業所承擔的科研項目及各種競爭性的撥款和合同。按此分攤，每位教授一年必須爭取到六十萬美元的研究經費。

另據美國教育促進暨支援協會（Council for Advancement & Support of Education）出版的調查結果「主動支援教育」（*Voluntary Support of Education*）顯示，全美大專院校在二〇二〇財政年度，共募得四百九十五億美元非專項交付（non-deliverable）捐款。按美國高教機構的統計，大學的捐贈基金（endowment）規模總額超過六千億美元。美國科技領先、高教的進步與政府、業界的投入大有關係。

政策與市場導向

成功的高教或科技發展，從屬於政策導向。就教育而言，政府在政策制定之後，應放手讓各級學校經由市場機制自行發揮。若不此之圖，而堅持微管，則違反了現代經營管治的原則，成效必微。

就科技而言，發達領先的美國，得利於其前瞻的政策。前美國國家標準局（National Bureau of Standards，NBS後改名為NIST）局長布蘭士康（Lewis M Branscomb）曾經指出，美國的科技政策奉行四項原則：

1. 基礎科研最終產生新技術、新產業；
2. 聯邦政府必須為滿足某些特定國家目標的需要，積極探索發展新技術；
3. 政府不會透過直接投資的方式，從事特定商業技術的開發或幫助指定企業；
4. 聯邦政府的任務，在創造一個有效率的市場環境，並在必要時指導企業的投入方向。

以上導致美國成為當今世界創新與高教巨人的原則，可以一體適用於兩岸三地。制定高教政策，政府至少可以把國防支出導入教育、科研、產學規畫。在策略性投入之後，社會或企業的發展自然會跟隨政策的走向運行。大家應遵行先進的心件，尊重專業治校，追求學術卓越的氛圍，讓學術回歸學術，教研回歸教研！

解心盲，去心垢

在教育生態環境中，優越的大學追求卓越，所以資源分配都是以產出卓越為著眼點。例如，當兩人或兩所大學遞交了各自的研究資助申請書，相關機構評審之後，決定哪一位的研究計畫較好，再批准其申請。絕不會因為心中存在定見，而認為應該把這項資助撥給某些個人，那項資助撥給某所大學。如果這樣做，就遠離卓越，破壞了英才教育的觀念。現今社會，像這種倡導建立理想的教育生態環境、進行客觀學術評估的意見，有時候竟然因為怕權勢人士的指責，而做不到，甚至不敢一提。

他山之石，可以攻玉。高等教育如果能做到以下三點：

1. 提升教研投入，倡導自由競爭，促使擺脫舉步不前的過時心態；
2. 參考美國高教，檢討現行高教的執行方式，剷除利益衝突，導正傾斜撥款的做法；
3. 政策導向，專家掌舵，以創新為主，遠離兩岸三地執政者最擅長的微管與奈管。

則今天面對的許多茫然失措的問題便可迎刃而解。花飛隨流水，漁郎來問津。請政治的手腳遠離大學，解開心盲，去除心垢。

《荀子》王霸篇

荀子認為：「主道治近不治遠，治明不治幽，治一不治二。主能治近則遠者理，主能治明則幽者化，主能當一則百事正。夫兼聽天下，日有餘而治不足者，如此也，是治之極也。既能治近，又務治遠；既能治明，又務見幽；既能當一，又務正百，是過者也，過猶不及也。辟之是猶立直木，而求其影之枉也。

不能治近，又務治遠；不能察明，又務見幽；不能當一，又務正百，是悖者也。辟之是猶立枉木而求其影之直也。故明主好要，而闇主好詳；主好要則百事詳，主好詳則百事荒。君者，論一相，陳一法，明一指，以兼覆之，兼照之，以觀其盛者也。相者，論列百官之長，要百事之聽，以飾朝廷臣下百吏之分，度其功勞，論其慶賞，歲終奉其成功以效於君。當則可，不當則廢。故君人勞於索之，而休於使之。」

微管，不可取。奈管，差矣！

後語：大學如何引領潮流？

大學是創造知識、引領潮流的地方，但在凡夫俗子的眼裡，大學淪落成學位頒授的專責單位。有學生只想從大學得個學位，最好是名牌學校的學位，甚至有時候愈多愈好。許多大學為了學位而操心，不得不配合頒授，也順便給掌權者多個控制大學的機會，因為無論教學或者研究都必須依靠掌握在政府手裡的資源，再加上政府還會隨性地給大學添加許多天馬行空的規則，讓人不知所從。

更何況產、官、學三棲被視為台、港、大陸當紅炸子雞，彼此相互依存、循環互利、相濡以沫。上行下效，學生中的勢力眼，為財為權是從，不少學運不就是這麼來的嗎？愈是如此，包括媒體、政客、商界等外行者就愈想在無足輕重的小事上，謀自己的私利、找大學的碴。

無論民主與否，或者哪一種民主，台、港、大陸的政府系出同門，習慣高高在上，利用機會穩定政權，自訂章程，照表操刀，要求大學為政府服務。從正面看，大學設法滿足學位價值、訂下條件，學生可以從學習中得到學問技藝，畢業後找個理想工作，兼或發展事業；有良心的大學，按部就班，推廣科研，培育學生。大部分的大學則呼應官府、妥協民粹，無力獨立執行前瞻計畫，當然達不到引領（instrumental）社會的功能，而最多只夠做些水波不興的微小改變（delta difference）。

大學引領社會，應該走在思想開放、自由探索、獨立運作的道路上。所以教研要合一，政教要分離，而不應讓學位商品化，被動地跟著潮流，向政治低頭。

大學如果不能引領潮流，誰來引領潮流？

清流之氣屠呦呦

若非先前獲得二〇一一年拉斯克（Lasker Award）臨床醫學獎，恐怕沒人知道屠呦呦是何許人也。二〇一五年她再度以一件成果獲頒諾貝爾醫學獎，實質討論的仍然少，空表讚嘆的總是多。無端不服氣的人很少，張皇失措不了解為什麼得獎的人太多。眾人心中一句問話，究竟怎麼回事？

平地一聲惹風雲，她的得獎為大陸，甚至台、港的高教界帶來一股清流之氣，有助遠離浮躁，其代表的精神意義，遠重於中國神州大地獲頒第一座科學性諾貝爾獎的歷史紀錄。屠呦呦對世人貢獻之大、在兩岸社會甚至學術界知名度之低、科研虛華性之少、中國本土氣息之重，兩岸人士難以對應她得獎之際，正契合此書的出版。

兩岸大學居然未聞其人，又未聞其事，還過時地以為從金雞納樹皮中得到的奎寧，仍然是治療瘧疾的良藥，更以為瘧疾早已絕跡，不值聞問。殊不知自從二十世紀五〇年代以來，具有抗藥性的瘧原蟲已讓模仿奎寧基本結構合成的特效藥失去療效，導致每年約一百萬人因罹患瘧疾死亡，正是屠呦呦找到了拯救千萬人生命的新方法。

這有什麼好吃驚的。看看宋代張伯端的〈贈白龍洞劉道人歌〉，就知我意：

「要取魚時須結罾，莫待臨淵空嘆羨。聞君知藥已多年，何不收心煉汞鉛。休教燭被風吹滅，六道輪迴莫怨天。近來世上人多詐，盡著布衣稱道者。問他金木是何般，噤口無言如害啞。卻去伏氣與休糧，別有門庭道路長。君不見破迷歌裡說，太乙含真法最良。莫怪言辭多狂劣，只教時人難鑑別。惟君心與我心同，方敢傾懷向君說。」

屠呦呦好似真道人，度世人。世人心件不彰，兩岸三地的高教等著被度吧！參考評鑑，發揮優質心件的力量，大學有望成為就學者的必要，而非裝飾品。菜餚烹調得可口，難道不是較擁有廚師執照更重要？

可是，為什麼許多人關心學位遠勝過學識；或者說，大學該如何力行教研合一的理念，達到提供學生成就學識最大的邊際效用？大學應當做到什麼地步，才不至於不堪回首月明中，受那些沒有學位的成功者，以出色的表現、有意無意地輕蔑大學的存在？

進一步看，傳授知識與技能，少了理想，雕欄玉砌應猶在，只懂得舉頭望明月、低頭看手機，那大學與電腦、手機又有什麼不同？

一家哲理之言

說起哲學先賢，東方有孔孟諸子百家，西方有代表西方政治哲學鼻祖的蘇格拉底（Socrates, c. 470-399BC）、柏拉圖（Plato, 427-347BC）和亞里斯多德（Aristotle, 384-322BC），以及將懷疑置於信仰之先，得出「我思故我在」結論的笛卡爾（René Descartes, 1596-1650）、批判天主教但尊崇孔子的「法蘭西思想之父」伏爾泰（Voltaire, 1694-1778）和論述民主政治哲學思想的盧梭（Jean-Jacques Rousseau, 1712-1778）等。

之後，開啟唯心主義的康德（1724-1804）被認為是繼蘇格拉底、柏拉圖和亞里斯多德西方最具影響力的思想家之一，黑格爾（Georg W F Hegel, 1770-1831）則是客觀唯心論哲學的代表人。

進入十九世紀，歐陸哲學引領風騷。其重要者包括齊克果（Søren Kierkegaard 1813-1855）的存在主義、叔本華（Arthur Schopenhauer, 1788-1860）的人生悲觀主義論、尼采（Friedrich Nietzsche, 1844-1900）的形上學；更有以歷史唯物論、辯證法和對資本主義批判的馬克思主義，馬克思（1818-1883）和恩格斯（1820-1895）最為人知。

由十九世紀跨入二十世紀初的哲學開啟者包括「現象學」的胡塞爾（Edmund Husserl, 1859-1938）和對中國學術界有相當影響的邏輯學家羅素（1872-1970）。到了二十世紀中期，哲學變成了專業學術，後現代主義的海德格（Martin Heidegger, 1889-1976）與傅柯（Michel Foucault, 1926-1984）勉強為人所道，他們對思想的啟迪不痛不癢。

話說「時間」是文學家思古憂今的點綴話，李白的「今人不見古時月，今月曾經照古人」就是一個例子。岳飛也說過「花有重開日，人無再少年。」陶淵明《雜詩》其一：「人生無根蒂，飄如陌上塵。……及時宜自勉，歲月不待人。」說明凡人身不由己，受時間的主宰，處於時空中的侷限。

「時間」更是哲學及科學領域的重要主題。許多哲人為之著迷，孔子感嘆逝者如斯，戰國《尸子》

以「四方上下曰宇，往古來今曰宙」作為空間與時間的「宇宙」總稱，《尸子》算是最早提出時間跟空間兩提並論的哲學觀，中國在時間的框框裡押了幾千年。

佛教聖者解脫時空，神遊法界，逍遙自在，修行山洞十年如須臾，清淨自性，不有執著，不改其志。近代的哲學家對於時間持有兩種不同的觀點：牛頓（Isaac Newton, 1642-1727）認為時間是宇宙的基本結構，一個依序列方式出現的維度。包括康德在內的則認為時間只是一種心智的概念，配合空間和數學，可以讓人類對事件進行排序和比較。

數學物理學家閔考斯基（Hermann Minkowski, 1864-1909）解釋時間是除了空間以外的第四維度，這就是閔考斯基時空（Minkowski space）。《尸子》時間與空間純屬抽象的天地概念，最終由認知時空關係相對論的愛因斯坦（1879-1955）得到印證。同時代表達電磁學定律的麥克斯韋爾（James Maxwell 1831-1879）、量子力學「測不準原理」的創始人海森堡（Werner Karl Heisenberg, 1901-1976）和以提出量子力學的普朗克（Max Planck, 1858-1947）等數學物理學家做出哲學表述。他們對世界產生了無與倫比的影響，對人類創世紀的貢獻，遠超過去幾百年來除馬克思及牛頓外的哲學家！

然而，之後近一個世紀的哲學世界幾乎一片空白，思想界死氣沉沉。

鴟與鵷雛

照理說，書讀得越多，思想就越豐富；讀書的人多，思想社會必然多樣又交流熱絡。但是縱觀歷史，思想家最多或者思想鼎盛的時期，並非來自承平世界，而是處於紛亂的春秋戰國，或者第一、第二次世界大戰缺乏政治干預的時代。很多思想家沒讀什麼書，又是哪來的學問呢？仔細看來，只有政治遠離學術，百家才能齊放。

嚴格來說，今天兩岸三地高教普及、但是並不發達，有學位的太多，有學識的太少，而成一家哲理之言者則根本付之闕如。威權橫行，雜人闖蕩，政府插手，大學噤聲。政治糾纏大學，社會對「政教分離」只能私下應和，沒人敢公開響應。

大學本來應該引領潮流，不受政治導引，也不該像代工似的跟著世俗或者被政客牽著鼻子走。否則，怎麼可能出現思想家、哲學家？黑格爾、叔本華、馬克思、恩格斯、普朗克、愛因斯坦都出自一九四九年蘇聯占領區東德之前的柏林洪堡大學。一九四九年至今的柏林洪堡大學除了往日情懷，毫無建樹。

萬法唯心造。《莊子．秋水篇》有說：「鴟仰而視之。」似乎有人心想：「不知腐鼠成滋味，猜意鵷雛竟未休。」（李商隱語）。

二十一世紀西方的民主露出缺陷，半生不熟的台式民主搖搖晃晃，有當權者專政、行如老式共產黨，猶有過之；大陸的共產社會不斷朝資本主義修正，有當權者唯利是圖，無有不及。

教研少合一、政教難分離。而今鴟不少，鵷雛太少，兩岸三地無有不及，大學何時才能夠脫離束縛、散發出漣漪，催生些經世之論？

圖表參考資料

1. 表 0.1：中國大陸留美學生人數
https://opendoorsdata.org/fact_sheets/china/ 來自國際教育協會（Institute of International Education, IIE）發表的公眾報告（Open Doors Report）；表中數字不包括台、港的留美學生。

2. 圖 3.1：美國及亞洲相關國家和地區高中畢業生入讀大學的入學率
香港：https://cdcf.ugc.edu.hk/cdcf/statEntry.action. 二〇一二年前，香港中小學採用十三年制，難以記錄大學升學率。Hong Kong: Education Bureau https://www.edb.gov.hk/attachment/en/about-edb/publications-stat/figures/Enrol_2020.pdf (no. of high school students = S6+S7+repeaters)
Hong Kong: University Grants Committee https://cdcf.ugc.edu.hk/cdcf/statEntry.action?lang=EN (First Year Student Intakes (headcount))
大陸：Ministry of Education https://www.statista.com/statistics/1113954/china-tertiary-education-college-university-enrollment-rate/
美國：國家教育統計中心，National Center for Education Statistics https://nces.ed.gov/programs/digest/d20/tables/dt20_302.10.asp (% of recent high school completers enrolled in 4-yr university or college)
新加坡：Statistics Singapore https://tablebuilder.singstat.gov.sg/table/TS/M850261(no. of secondary students)
Singapore: https://www.singstat.gov.sg/-/media/files/publications/reference/yearbook_2019/yos22019.pdf (T22.6

Enrollment in University First Degree Male+Female)
日本：Ministry of Education, Culture, Sports, Science and Technology https://www.statista.com/statistics/1198580/japan-higher-education-enrollment-rate-by-gender/
韓國：Statistics Korea; Korean Educational Development Institute: https://www.statista.com/statistics/629032/south-korea-university-enrollment-rate/
台灣： Ministry of Education https://stats.moe.gov.tw/files/important/OVERVIEW_U10.pdf
缺少某些國家和地區二〇一〇年前的數據。

3. 圖3.2：1950-2021年間，台、港、大陸新生兒人數
United Nations–World Population Prospects (https://population.un.org/wpp/)

4. 圖3.3：1950-2021年間，台、港、大陸的出生率
United Nations–World Population Prospects (https://population.un.org/wpp/)

5. 表17.1：台、港、大陸、美國及全球各類事故死亡人數比較
核電
Sovacool, B. K. (2010). A Critical Evaluation of Nuclear Power and Renewable Electricity in Asia. Journal of Contemporary Asia. 40(3). 369-400.
https://www.tandfonline.com/doi/full/10.1080/00472331003798350
地震
https://zh.m.wikipedia.org/zh-hk/%E8%87%BA%E7%81%A3%E5%9C%B0%E9%9C%87%E5%88%97%E8%A1%A8
https://zh.wikipedia.org/zh-mo/%E4%B8%AD%E5%9C%8B%E5%A4%A7%E9%99%B8%E5%9C%B0%E9%

9C%87%E5%88%97%E8%A1%A8

https://en.wikipedia.org/wiki/List_of_disasters_in_the_United_States_by_death_toll

https://scweb.cwb.gov.tw/zh-tw/page/disaster/6

https://www.emdat.be/database

https://data.earthquake.cn/datashare/report.shtml?PAGEID=disastershow

車禍

https://roadsafety.tw/Dashboard/Custom?type=%E7%B5%B1%E8%A8%88%E5%BF%AB%E8%A6%BD%E5%9C%96%E8%A1%A8#dash_item_1876

https://www.td.gov.hk/tc/road_safety/road_traffic_accident_statistics/accident_trend_since_1953/index.html

https://www.statista.com/statistics/276260/number-of-fatalities-in-traffic-accidents-in-china/

https://www.chyxx.com/industry/202202/996611.html

https://en.wikipedia.org/wiki/Motor_vehicle_fatality_rate_in_U.S._by_year

https://crashstats.nhtsa.dot.gov/#!/PublicationList/38

新冠肺炎

https://www.worldomesters.info/coronavirus/

https://covid19.who.int/WHO-COVID-19-global-data.csv

肺癌

https://www.stat.gov.tw/lp.asp?CtNode=1829&CtUnit=690&BaseDSD=7&xq_xCat=05

https://dep.mohw.gov.tw/DOS/lp-5069-113.html

https://www3.ha.org.hk/cancereg/topten.html

https://www.censtatd.gov.hk/en/EIndexbySubject.html?pcode=FA100094&scode=160
https://www.hk01.com/article/294399?utm_source=01articlecopy&utm_medium=referral
https://www.sciencedirect.com/science/article/pii/S2667005422000047
https://gco.iarc.fr/today/data/factsheets/populations/160-china-fact-sheets.pdf
https://gis.cdc.gov/Cancer/USCS/#/Trends/
https://www.cdc.gov/cancer/dcpc/research/update-on-cancer-deaths/index.htm

6. 圖 20.1：應屆大學畢業生的起薪占人均 GDP 之百分比

大陸：麥可思人力資源調查 MyCOS Human Resources Surveys https://www.statista.com/statistics/252912/monthly-salary-of-university-graduates-in-china/

香港：教資會 https://data.gov.hk/en-data/dataset/hk-ugc-ugc-average-annual-salaries-graduates

台灣：勞動部 International Monetary Fund (IMF) https://www.statista.com/statistics/727592/gross-domestic-product-gdp-per-capita-in-taiwan/

Taiwan (2008-2016) https://kknews.cc/zh-hk/education/q25gm3y.html

Taiwan (2017-2019) https://yoursalary.taiwanjobs.gov.tw/Salary/SalaryHome#。

新加坡：人力資源研究和統計局發布的工資報告 https://www.statista.com/statistics/975552/median-monthly-starting-salary-local-university-graduates-singapore/。Singapore (2020 數據) https://blog.seedly.sg/graduate-starting-salary-nus-ntu-smu-sutd-sit/#nus

韓國雇主聯合會、韜睿惠悅。

日本：厚生勞動省《薪酬結構基本統計調查》：Ministry of Health, Labour and Wealth https://www.mhlw.go.jp/toukei/itiran/roudou/chingin/kouzou/19/index.html。

美國：全國大學與雇主協會薪酬調查

US (2010 & 2011) https://www.cpp.edu/career/documents/nace-salary-survey.pdf

US (2012) https://www.shrm.org/resourcesandtools/hr-topics/compensation/pages/2012-graduate-salaries.aspx

US (2013) https://directemployers.org/2013/04/25/salaries-climb-for-the-class-of-2013/

US (2014) https://www.naceweb.org/job-market/compensation/overall-starting-salary-for-class-of-2015-graduates-up-4-3-percent/

US (2015 & 2016) https://ecc.uic.edu/wp-content/uploads/sites/78/2017/10/nace-salary-survey-spring-2017.pdf

US (2016 & 2017) https://www.naceweb.org/job-market/compensation/class-of-2017s-overall-starting-salary-shows-little-gain/

US (2018 & 2019) https://www.naceweb.org/uploadedfiles/files/2021/publication/executive-summary/2021-nace-salary-survey-summer-executive-summary.pdf

US (2020) https://www.naceweb.org/job-market/compensation/average-salary-for-class-of-2019-up-almost-6-percent-over-class-of-2018s/

韓國：數據不全

人均 GDP：https://data.worldbank.org/indicator/NY.GDP.PCAP.CD

7. 圖 20.2：助理教授年薪占人均 GDP 的百分比

各國人均 GDP International Monetary Fund, World Economic Outlook Database, April 2021

https://www.imf.org/en/Publications/WEO/weo-database/2021/April

助理教授薪水：

https://www.glassdoor.com.hk/Salaries/us-assistant-professor-salary-SRCH_IL.0,2_IN1_KO3,22.

htm?clickSource=searchBtn

https://www.glassdoor.com.hk/Salaries/japan-assistant-professor-salary-SRCH_IL.0,5_IN123_KO6,25.
htm?clickSource=searchBtn

https://www.glassdoor.com.hk/Salaries/singapore-assistant-professor-salary-SRCH_IL.0,9_IM1123_KO10,29.
htm?clickSource=searchBtn

https://www.glassdoor.com.hk/Salaries/taiwan-assistant-professor-salary-SRCH_IL.0,6_IN240_KO7,26.
htm?clickSource=searchBtn

https://www.glassdoor.com.hk/Salaries/uk-assistant-professor-salary-SRCH_IL.0,2_IN2_KO3,22.
htm?clickSource=searchBtn

https://www.glassdoor.com.hk/Salaries/china-assistant-professor-salary-SRCH_IL.0,5_IN48_KO6,25.
htm?clickSource=searchBtn

https://www.salaryexpert.com/salary/job/assistant-professor/china(second source for China)

https://www.glassdoor.com.hk/Salaries/hong-kong-assistant-professor-salary-SRCH_IL.0,9_IN106_KO10,29.
htm?clickSource=searchBtn

https://www.glassdoor.com.hk/Salaries/south-korea-assistant-professor-salary-SRCH_IL.0,11_IN135_KO12,31.
htm?clickSource=searchBtn

8. 圖20.3：大學學費占人均ＧＤＰ的百分比

各國人均ＧＤＰ International Monetary Fund, World Economic Outlook Database, April 2021

https://www.imf.org/en/Publications/WEO/weo-database/2021/April

美國：https://www.usnews.com/education/best-colleges/paying-for-college/articles/paying-for-college-infographic

日本：https://www.studyinjapan.go.jp/en/planning/academic-fees/
新加坡：資助 https://smartwealth.sg/cost-of-university-fees-singapore/
非資助 https://www.income.com.sg/blog/cost-of-university-in-singapore
台灣：公立 https://ntuinfo.ntu.edu.tw/pdf/fee_ba109.pdf
私立 https://enroll.kmu.edu.tw/tuition-fee/
英國：https://www.topuniversities.com/student-info/student-finance/how-much-does-it-cost-study-uk
大陸：公立 https://www.sohu.com/a/322304703_120023972
國際學生（以下六個資料來源的平均數）
https://www.xjtlu.edu.cn/en/admissions/domestic/fees-and-scholarships
https://wku.edu.cn/en/admissions/international-students-admission/
https://www.sicas.cn/School/98/Contents/110828103710360.shtml
https://m.cucas.cn/fees?sid=1299
https://www.nottingham.edu.cn/en/study-with-us/undergraduate/tuition-fees-and-finance.aspx
https://shanghai.nyu.edu/undergraduate-admissions/cost-and-financial-aid/cost-of-attendance
香港：公立大學教育資助委員會（$42,100），私立香港恒生大學（本地及非本地生學費）
韓國：https://studylink.com/countries/south-korea/

9. 表20.1：四小龍高教比較
https://zh.wikipedia.org/zh-tw/%E4%BA%9A%E6%B4%B2%E5%9B%9B%E5%B0%8F%E9%BE%99

10. 圖V.1：亞洲特定國家及地區與美國的研發投入
二〇〇〇年之前，世界銀行（World Bank）https://data.worldbank.org/indicator/GB.XPD.RSDV.GD.ZS?end=

2018&start=1996&view=chart

二〇〇〇年之後的數據（經合組織 OECD）：

https://data.oecd.org/rd/gross-domestic-spending-on-r-d.htm.

香港政府統計處 https://www.statista.com/statistics/632546/hong-kong-research-development-expenditure-ratio-to-gdp/

除台灣外的國家及地區：https://data.worldbank.org/indicator/GB.XPD.RSDV. GD.ZS ?・locations=HK-SG-KR-CN-DE-US-IL-DK-SE-CH.

台灣二〇〇九至二〇一一年：http:// www.chinatimes.com/cn/newspapers/20160216000054-260202.

台灣二〇一五年：http://www.epochtimes.com/gb/17/3/15/n8926759.htm.

台灣二〇一六年：https://udn.com/news/story/7238/2813191

11. 表24.1：美國、英國、大陸、日本、新加坡、韓國、香港、台灣及以色列的大學獲頒美國專利數

PatentsView (https://patentsview.org), a platform from the Office of the Chief Economist at USPTO (https://patentsview.org/what-is-patentsview)

附錄：學術管治的基本原則（以英文版為準）

自從二〇〇八年，城大倡導政（治）教（育）分離，以確保大學體現其學術使命，多元共融，引領世界。

任何外部人士不應干擾大學的學術管治；保持政治中立可以確保維持學術自由和大學自主。教學、研究及知識傳播是大學的重心，學生、教職員及校友都不應利用大學宣揚其個人政治觀點或謀一己之利。為持續鞏固研究和專業教育方面的國際優勢，大學矢志恪守中立和自主原則的教研環境，支持以遵紀守法的基礎從事理性討論，秉持相互尊重、合作的精神包容各種觀點。學術自由和大學自主是大學的核心價值，必須得到尊重。

政教分離是學術自由和大學自主的根本。

Basic Principle of Academic Governance

Whilst the University remains committed to engaging with the society, since 2008, CityU has consistently argued for the separation of politics and education to ensure that CityU's academic mission can be fully achieved to become a leading global university.

External parties should not interfere with or disrupt the academic governance of a university, and asserting political neutrality ensures we maintain academic freedom and campus autonomy. Students, faculty, staff and alumni should not use CityU for the promotion of personal political viewpoints or individual agendas outside our core missions of teaching, research and knowledge transfer. To consolidate our global excellence in research and professional education, we will sustain a teaching and research environment in which the principles of neutrality and autonomy are strictly observed. We support, on a law-abiding basis, rational discussion and we accommodate a range of views in the spirit of mutual respect and collegiality. Academic freedom and campus autonomy stand among our core values and must be respected.

The separation of politics and education is fundamental to academic freedom and campus autonomy.

高等教育的心盲：台灣、香港、大陸與全球大學的困境和危機

2023年2月初版　定價：新臺幣580元
2023年2月初版第二刷

著者　郭位
叢書主編　李佳姍
校對　賴韻如
內文排版　薛美惠
封面設計　江宜蔚

出版者　聯經出版事業股份有限公司
地址　新北市汐止區大同路一段369號1樓
叢書主編電話　(02)86925588轉5395
台北聯經書房　台北市新生南路三段94號
電話　(02)23620308
郵政劃撥帳戶第0100559-3號
郵撥電話　(02)23620308
印刷者　世和印製企業有限公司
總經銷　聯合發行股份有限公司
發行所　新北市新店區寶橋路235巷6弄6號2樓
電話　(02)29178022

副總編輯　陳逸華
總編輯　涂豐恩
總經理　陳芝宇
社長　羅國俊
發行人　林載爵

行政院新聞局出版事業登記證局版臺業字第0130號

本書如有缺頁，破損，倒裝請寄回台北聯經書房更換。　ISBN 978-957-08-6749-7 (平裝)
聯經網址：www.linkingbooks.com.tw
電子信箱：linking@udngroup.com

國家圖書館出版品預行編目資料

高等教育的心盲：台灣、香港、大陸與全球大學的困境和危機/郭位著．初版．新北市．聯經．2023年2月．448面．17×23公分
ISBN 978-957-08-6749-7（平裝）
[2023年2月初版第二刷]

1.CST：高等教育　2.CST：比較研究　3.CST：文集

525.07　112000139